KATZEN DER WELT

Katzen der Welt

EIN LEICHT VERSTÄNDLICHES, REICH BEBILDERTES
NACHSCHLAGEWERK ÜBER ALLE RASSEKATZEN DER WELT
MIT WERTVOLLEN INFORMATIONEN
ÜBER ZUCHT, PFLEGE UND AUSSTELLUNGEN

Angela Rixon

KÖNEMANN

This book was designed and produced by
Quarto Publishing plc
The Old Brewery
6 Blundell Street
London N7 9BH

Original title: The Illustrated Encyclopedia of Cat Breeds

Art Director: Moira Clinch
Senior Art Director: Penny Cobb
Designer: Karin Skånberg
Senior Editor: Sian Parkhouse
Copy Editor: Sandy Ransford
Editorial Director: Mark Dartford
Photographer: Paul Forrester
Picture Researcher: Jo Carlill
Picture Manager: Giulia Hetherington

© 1996 für die deutsche Ausgabe
Könemann Verlagsgesellschaft mbH
Bonner Str. 126, D-50968 Köln
Redaktion und Satz der deutschen Ausgabe:
Thomas Heider, Bergisch Gladbach
Übersetzung aus dem Englischen:
Franca Fritz, Heinrich Koop, Hürth;
Birgit Lamerz-Beckschäfer, Datteln; Beate Felten, Köln
Lektorat: Alexa Frank, Düsseldorf
Druck und Bindung: Sing Cheong Printing Co., Ltd.
Printed in Hong-Kong

ISBN 3-89508-163-9

EINLEITUNG

INHALT

LANGHAARRASSEN

HALBLANGHAAR

ORIENTALISCHE RASSEN

EINLEITUNG

Die domestizierte Katze genießt eine besondere Stellung in der menschlichen Gesellschaft. Man findet Poesie- und Prosasammlungen, Nachschlagewerke über Rassen, Handbücher zu Pflege, Zucht und Ausstellungen; Katzendarstellungen auf Briefen und Stoffen, sie schmücken Glas und Porzellan: Die Katze ist das meistabgebildete Tier der Welt.

SCHON DIE ALTEN ÄGYPTER haben Katzen geschätzt und Geschichten über sie aufgezeichnet. Und obwohl der Katze wechselhafte Schicksale widerfuhren, hat sie sich ihre Gestalt und ihren Charakter fast unverändert erhalten. Die Hauskatze toleriert den Menschen neben sich. Sie genießt die Annehmlichkeiten der häuslichen Umgebung, ohne dabei ihre Unabhängigkeit aufzugeben. Die angeborenen Verhaltensmuster ihrer wilden Vorfahren finden

sich selbst in einer hochgezüchteten Rassekatze, deren Fell und Körperbau kaum noch an ihre Ahnen erinnern. Selbst die verwöhnteste Schoßkatze erliegt dem Jagdtrieb und legt dabei alle körperlichen Fertigkeiten und Fähigkeiten ihrer Urahnen an den Tag.

Eine Katze im Haus zu haben kann gleichermaßen beruhigend wie belebend wirken. Kein anderes Haustier ist so sauber, so pflegeleicht und verhält sich so umsichtig. Jede Katze besitzt eine ganz eigene Schönheit. Die große Vielfalt der Züchtungen, Farben und Varietäten bietet jedem Katzenliebhaber die Möglichkeit, seinen Favoriten zu finden.

Die Katze ist wohl das am weitesten verbreitete Haustier der Welt. Wo Menschen leben, leben auch Katzen, sei es als wilde Streuner oder als Haustiere, die Nager, Insekten oder Schlangen im Zaum halten sollen. Dabei bewahrt sich die domestizierte Katze, trotz ihres vertrauten Umgangs mit dem Menschen, eine Aura geheimnisvoller Unabhängigkeit.

In ihrer Widersprüchlichkeit kann die Katze liebevoll, aber auch frech sein. Sie verbindet Vorsicht mit Mut. Phasen völliger Entspannung wechseln mit erstaunlicher Agilität. Wenn man eine Hauskatze beobachtet, kann man sich leicht ihren erfolgreichen Vorfahren vorstellen, ein Säugetier namens Miacis, ein Zeitgenosse der Dinosaurier. Schon immer halfen ihr Können und ihre Schnelligkeit der kleinen Katze, Räubern zu entkommen und selbst Beute zu schlagen. Dank ihrer typischen Gebißform und ihrer einziehbaren Krallen konnte sie sich bei der Evolution der Fleischfresser behaupten.

Eine ruhende Ginger ziert den Deckel einer kleinen Metallschachtel (oben links), ein Puzzle zeigt eine Katzenfamilie aus einem Kinderlied (oben), während ein Trio von stilisierten Katzen ein ungewöhnliches Souvenir ergibt, in der Art russischer Babuschka-Figuren (links).

Auch hochentwickelte Rassekatzen wie die Abessinierkatze (rechts) verfügen über alle Jagdinstinkte.

DIE EVOLUTION DER KATZE

Dinictis Dieser Vorfahr der Katze, ein katzenartiges, fleischfressendes Säugetier, bewohnte die Erde vor etwa 50 Millionen Jahren.

Pseudaelurus Vor etwa 25 Millionen Jahren entwickelte sich dieses relativ langbeinige Säugetier mit noch katzenähnlicheren Zügen.

Felis lunensis Die Martellis ist nur eine Art der Wildkatzen, die sich im Laufe der Evolution entwickelt haben. Diese Spezies lebte bis vor ungefähr 12 Millionen Jahren.

Felidae Die heutigen großen und kleinen Katzen. Hochentwickelte und erfolgreiche Fleischfresser, geschaffen zum Jagen und Töten.

SELEKTIVE ZUCHT
Über Jahre wurden Katzen gezielt gezüchtet, um den Standards der Katzenzuchtvereinigungen zu genügen. Hier zwei extreme Typen, die grazile, langköpfige Orientale (links) und die schwer gebaute, rundköpfige Perser (unten).

Die genetische Struktur der domestizierten Katze veränderte sich durch selektive Zucht teilweise so stark, daß einige Rassen nur schwer mit denen der ägyptischen Kornkammern zu vergleichen sind. So verkleinerte man die Nasen der Perserkatzen, während die der Orientalen verlängert wurden; bei einigen Rassen entschieden sich die Züchter für einen schweren, bei anderen für einen leichten Knochenbau. Aber trotz aller Versuche, die Natur formen zu wollen, blieben die grundlegende Form und Biologie der domestizierten Katze unverändert – sei es eine preisgekrönte Chinchilla oder eine streunende Hauskatze. Die große Katzengöttin Bastet wacht weiterhin über *Felis domesticus* und stellt sicher, daß alle Katzen in Größe und Charakter grundsätzlich gleich sind; zärtliche und anspruchsvolle Tiere, die zwar gute Begleiter sind, sich aber niemals dem Menschen unterordnen oder gar unterwürfig sein werden.

Dieses Buch möchte die interessante Vielfalt der Katzenwelt, ihre Rassen und Unterschiede vorstellen. Es beschreibt außerdem die verschiedenen Anforderungen der Rassen an die Pflege und dient ferner als Einführung in die Welt der Ausstellungen.

HERKUNFT

Vor 50 Millionen Jahren, im Erdzeitalter des Eozän, lebte ein wieselartiges Geschöpf namens Miacis. Aus diesem wilden, robusten Säugetier entwickelten sich zahllose Arten von Fleischfressern. In diesem frühzeitlichen Tier können wir den Urahn unserer lebenstüchtigen Hauskatze erkennen.

Weltweit können sich grundsätzliche alle Katzen miteinander paaren. Das beweist, daß sie alle einer einzigen Spezies angehören und von einem gemeinsamen Vorfahren abstammen.

Die Domestizierung der Katze nahm vermutlich im Nahen Osten ihren Anfang. Dabei war es mit großer Wahrscheinlichkeit die afrikanische Wildkatze *Felis lybica*, die sich dem Menschen annäherte. Dieses Tier ist in seiner Zeichnung der heutigen Tabby sehr ähnlich. Viele Schädel, die man auf altägyptischen Katzenfriedhöfen gefunden hat, gleichen aber auch denen der Rohrkatze, *Felis chaus*. Es scheint, daß die alten Ägypter beide Arten gezähmt haben; aber die afrikanische Wildkatze war sicher verbreiteter und leichter zu domestizieren.

Ägypten war das größte Kornanbaugebiet der Antike. In riesigen Kornkammern wurden die Erträge reicher Ernten für schlechtere Zeiten gelagert. Zweifelsohne waren Katzen als Schädlingsbekämpfer unentbehrlich. Auch schätzten die alten Ägypter die Verwandtschaft von Katze und Löwe. Die von ihnen verehrte Göttin Bastet wurde zuerst mit einem Löwenkopf, später mit dem einer Katze dargestellt; sie galt als Mond- und Liebesgöttin. Katzen brachte man wegen ihrer Fruchtbarkeit mit der Liebesgöttin in Verbindung. Für die Beziehungen dieser Tiere zur

DAS ALTE ÄGYPTEN
Die Katze wurde vergöttert und gleichzeitig zum Schutz der Kornkammern und bei der Vogeljagd eingesetzt.

BASTET
Die Katzengöttin Bastet mit einem Sistrum, das als heilige Rassel zur Abwehr böser Götter benutzt wurde, und mit einem kleinen, löwenköpfigen Aegis oder Schild. Beide Gegenstände dienen dem Schutz der Kätzchen zu ihren Füßen.

DIE HERKUNFT DER HEUTIGEN KATZE

Alle Katzen stammen von dem wieselartigen Miacis ab, das vor ungefähr 40 Millionen Jahren lebte. Sie teilen sich diesen Vorfahren im übrigen mit anderen Fleischfressern, wie Bären, Zibetkatzen und Hunden.

KLEINKATZEN
Felis

FLEISCH-
FRESSER
Carnivora

KATZEN
Felidae

SÄUGE-
TIERE

GEPARD *Aciononyx*

PFLANZEN-
FRESSER
Herbivora

GROSSKATZEN
Panthera

LÖWE *P. leo*

TIGER *P. tigris*

LEOPARD *P. pardus*

NEBELPARDER
*P. nebulosa**

JAGUAR *P. onca*

SCHNEELEOPARD
P. uncia

HAUSKATZEN *F. catus*
AFRIKANISCHE GOLDKATZE *F. aurata*
ASIATISCHE GOLDKATZE *F. temmincki*
BORNEO-GOLDKATZE *F. badia*
SCHWARZFUSSKATZE *F. negripes*
ROTLUCHS *F. rufus*
WÜSTENLUCHS *F. caracal*
GOBIKATZE *F. bieti*
FISCHKATZE *F. viverrina*
FLACHKOPFKATZE *F. planiceps*
KLEINFLECK- od. SALZKATZE *F. geoffroyi*
WIESELKATZE *F. yagouaroundi*
IRIOMOTEKATZE *F. Iriomotensis*
ROHRKATZE *F. chaus*
CHILENISCHE WALDKATZE *F. guigna*
BENGALKATZE *F. bengalensis*
LUCHS *F. lynx (F. pardina)*
MARMORKATZE *F. marmorata*
LANGSCHWANZKATZE *F. wiedi*
BERGKATZE *F. jacobita*
OZELOT *F. pardalis*
MANUL *F. manul*
PAMPASKATZE *F. colocolo*
PUMA *F. concolor*
ROSTKATZE *F. rubiginosus*
SANDKATZE *F. margarita*
SERVAL *F. serval*
TIGER- od. OZELOTKATZE *F. tigrinus*
WILDKATZE *F. silvestris*

* wird zum Teil als eigene Gattung klassifiziert

Mondgöttin sprachen auch die sich verändernden Pupillen: Man nahm an, daß sie sich mit dem zu- und abnehmenden Mond weiteten und verengten. Ägyptische Statuen der Bastet dokumentieren anschaulich ihre Verbindung mit Fruchtbarkeit und Lust: Sie wird als aufrecht stehende Figur mit einem wachsamen Katzenkopf dargestellt, in der einen Hand ein Sistrum, in der anderen eine Rassel. Diese symbolische Fruchtbarkeit der Göttin wurde noch betont durch die Darstellung mehrerer Kätzchen (meist fünf Tiere) zu Füßen der Statue. Die alten Ägypterinnen trugen häufig Fruchtbarkeitsamulette mit Abbildungen der Bastet und ihrer Katzenfamilie.

Die ursprüngliche ägyptische Bezeichnung für »Katze« war *mau*, was sich vermutlich aus ihrem Ruf »Miau« herleitet, aber auch »sehen« bedeutete. Die Ägypter nahmen an, daß der unbewegte Blick der Katze die Fähigkeit verlieh, die Wahrheit zu entdecken und ins Jenseits zu sehen. So hieß Bastet »Herrin der Wahrheit«. Integriert in die Mumifizierungszeremonie, sollte sie ein Leben nach dem Tod sicherstellen.

Katzen spielten im Leben der alten Ägypter eine derart komplexe Rolle, daß man sie verwöhnte und anbetete. Nach dem Tod einer Katze trug die ganze Familie Trauer. Ihr Körper wurde einbalsamiert und in einer geweihten Gruft beigesetzt. In Ägypten fand man Tausende Katzenmumien, von denen einige so gut erhalten sind, daß sie zu unserem Wissen über die ersten domestizierten Katzen beitragen.

Die Katzenhaltung verbreitete sich langsam, beginnend in den Ländern des Nahen Ostens. Um 1000 v. Chr. findet man die Erwähnung einer Hauskatze in einem Sanskrittext. Die etwa 500 v. Chr. entstandenen indischen Epen *Ramayana* und *Mahabharata* enthalten ebenfalls Geschichten über Katzen. Zu dieser Zeit verehrten die Inder eine Mutter-

schaftsgöttin in Katzengestalt namens *Sasti*, und lange war es für Hindus religiöse Pflicht, mindestens eine Katze zu ernähren. Etwa 400 n. Chr. erreichten die ersten Katzen China. Im 12. Jahrhundert hielten sich reiche chinesische Familien gelbe und weiße Katzen. Auch auf den Märkten wurde mit Katzen gehandelt. Während der Regierungszeit des Kaisers Ichi Jo (986–1011) kamen Katzen als Haustiere aus China nach Japan. Es wird berichtet, daß eine weiße Katze des Kaisers fünf weiße Kätzchen warf; eine Amme sollte die Kätzchen wie Prinzen aufziehen. Es finden sich in der japanischen Literatur viele Geschichten über Katzen. Die beständigste Figur dort

Die lockende Katze auf Talismanen und Amuletten; sie soll Glück anziehen und Böses abwehren.

ist die Maneki neko, die lockende Katze, die man auch heute noch etwa auf Amuletten findet.

Vor den Hexenverfolgungen des Mittelalters wurden Katzen weltweit mit Zuneigung und Respekt behandelt. Aber die Götter der einen Religion werden leicht zu den Dämonen der folgenden. Im Fall der Katze beschleunigten ihre Nachtaktivität, ihre Unabhängigkeit und ihre erotische Ausstrahlung diese Entwicklung während des 16. und 17. Jahrhunderts. Als die Hexenverfolgung ihren Höhepunkt erreichte, waren auch Katzen davon betroffen. Noch bis ins 19. Jahrhundert wurden schwarze Katzen als Hexen gefürchtet.

Schließlich wendete sich das Schicksal der Katzen erneut. Nun galten sie als wertvolle Besitztümer, und vor allem Katzen mit ungewöhnlicher Farbe und Zeichnung wurden bevorzugt. Sie überquerten die Kontinente als wertvolle Geschenke, und so entstanden die vielen Rassen und Varietäten, die wir heute kennen.

Im Mittelalter blühte die Hexenkunst. Der Überlieferung nach besaßen die Hexen häufig eine schwarze Katze als »Vertraute«, und man nahm an, daß sie sich in die Gestalt dieses Tieres verwandeln konnten.

DIE KARTEN

Die kleine Karte zu Beginn jedes Abschnitts gibt das Ursprungsland der jeweiligen Rasse an.

Nordamerika

Die Tatsache, daß die domestizierte Katze erst seit ungefähr 100 Jahren systematisch gezüchtet wird, macht es schwer, die Ursprünge bestimmter Schlüsselmerkmale ihres Aussehens und Körperbaus zu bestimmen. Der untersetzte Körper der Perserkatzen und verschiedener Kurzhaarrassen deutet auf einen Einfluß der europäischen Wildkatze hin, während die leichtknochigen, schlanken anderen Kurzhaarrassen, wie die Abessinier, in der Körperform eher der afrikanischen Wildkatze ähneln.
In Asien kennt man seit Jahrhunderten leichtknochige Katzen. Die isolierten Genpools trugen zur Vereinheitlichung spezifischer Farben und Fellzeichnungen bei. Es bedurfte nur weniger Mutationen in Bau, Fellänge, Farbe und Zeichnung der ursprünglich wilden Arten, um die Zutaten für die Zucht aller heutigen Katzen zur Verfügung zu stellen.

REX
Die erste Cornish Rex, deren lockiges Fell durch ein mutiertes Gen hervorgerufen wird, entdeckte man 1950 in einem Wurf.

MANX
Die Isle of Man, zwischen England und Irland gelegen, wird allgemein als Herkunftsland der Manx angesehen.

DIE VERBREITUNG DER HAUSKATZE

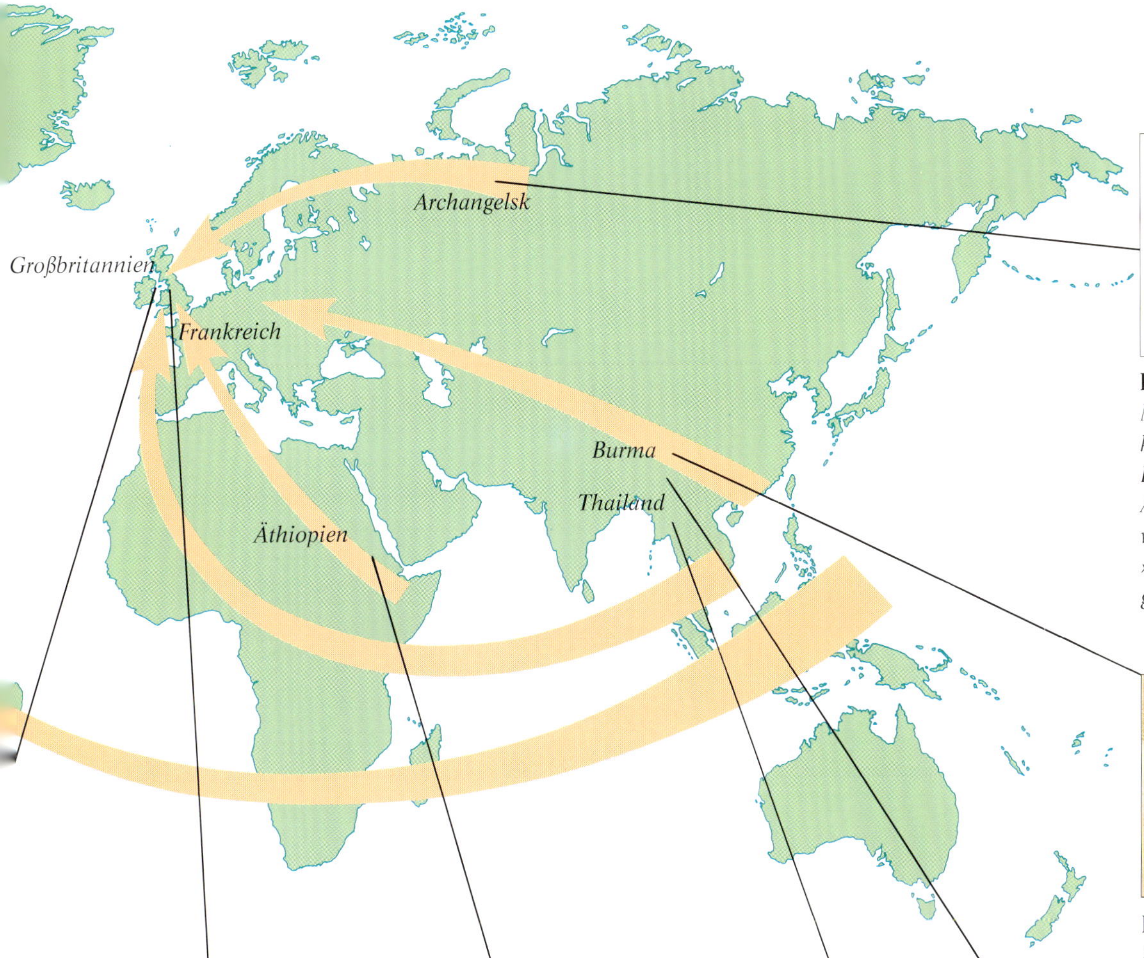

Archangelsk

Großbritannien

Frankreich

Burma

Thailand

Äthiopien

RUSSISCH BLAU
Man nimmt an, daß kurzhaarige blaue Katzen aus dem Hafen Archangelsk mitgebracht wurden, die später »Russisch Blau« genannt wurden.

BIRMA
Nach Ende des Zweiten Weltkriegs wurde ein Paar Tempelkatzen nach Frankreich geschickt, aus dem diese Zucht entstand.

CHINCHILLA
Die Chinchilla entwickelte sich im 19. Jh. in England aus Kreuzungen von Katzen verschiedener Farben mit Persern mit Silver-Tabby-Färbung.

ABESSINIER
Nach Ende des Abessinischen Krieges wurden diese Katzen um 1880 von Soldaten aus Äthiopien nach England eingeführt.

SIAMESEN
Sie kamen um 1880 aus Äthiopien nach England. Die ersten Siamesen sollen die Lieblinge der thailändischen Königsfamilie gewesen sein.

BURMA
1930 wurde eine Katze namens Wong Mau aus Burma in die Vereinigten Staaten gebracht. Sie gilt als Urmutter dieser Zucht.

KÖRPERBAU

Seit über 100 Jahren versuchen Katzenliebhaber Körperbau, Fellfarbe und -zeichnung ihrer Lieblingskatzen zu verfeinern. Durch sorgfältig kontrollierte selektive Zucht ist es ihnen gelungen, neue Abwandlungen und sogar völlig neue Rassen zu erschaffen.

ALLE RASSEN DER HAUSKATZE verfügen im Hinblick auf allgemeinen Körperbau und Größe über dieselbe Form wie ihre Vorfahren – im Gegensatz zu Hunden, bei denen die selektive Zucht zu vielen Formen und Größen geführt hat. Daher sind Katzen von vielen Abnormitäten des Skeletts verschont geblieben. Aber gelegentlich erlebt man auch bei Katzen Defekte. Dabei handelt es sich vor allem um verkürzte oder geknickte Schwänze, gespaltene Gaumen, abgeflachte Brustkörbe und Polydactylismus (zusätzliche Zehen). Im allgemeinen scheint die Evolution bei der Katze besonders wohlmeinend vorgegangen zu sein: Die Katze konnte ein perfekter Fleischfresser von handlicher Größe bleiben, prädestiniert für die Kleintier- und Vogeljagd. Das Skelett der Katze erlaubt flüssige, koordinierte und elegante Bewegungen in jeder Geschwindigkeit. Ihre straffe Körper- und Beinmuskulatur befähigt sie zu eindrucksvollen Sprüngen. Die einziehbaren Krallen

ermöglichen ihr Sprints über kurze Distanzen, das Beutegreifen und das Erklettern von Bäumen. Das Katzengehirn ist groß und gut entwickelt. Ihre anpassungsfähigen Augen meistern auch extreme Lichtbedingungen. Die beweglichen Ohren können selbst leiseste Geräusche auffangen, und die empfindliche Nase wertet mit dem Jacobsonschen Organ im Mund auch die schwächsten Gerüche aus.

Es sind Rassezuchten entwickelt worden, um bestimmten Standards in Körperbau, Farbe und Fellzeichnung zu genügen. Heute gibt es zwei Haupttypen der Rassekatze: die mit stämmig schwerem Körper und den schlankeren, eleganteren Typus mit leichtem Knochenbau und langgestrecktem Kopf.

Bei den Katzen vom schwereren Typ gibt es eine große Bandbreite von Farben und Fellzeichnungen. Diese Katzen können sowohl lang- als auch kurzhaarig sein: Zur ersten Gruppe gehören die Perserkatzen und ähnliche, während man die Kurzhaar-

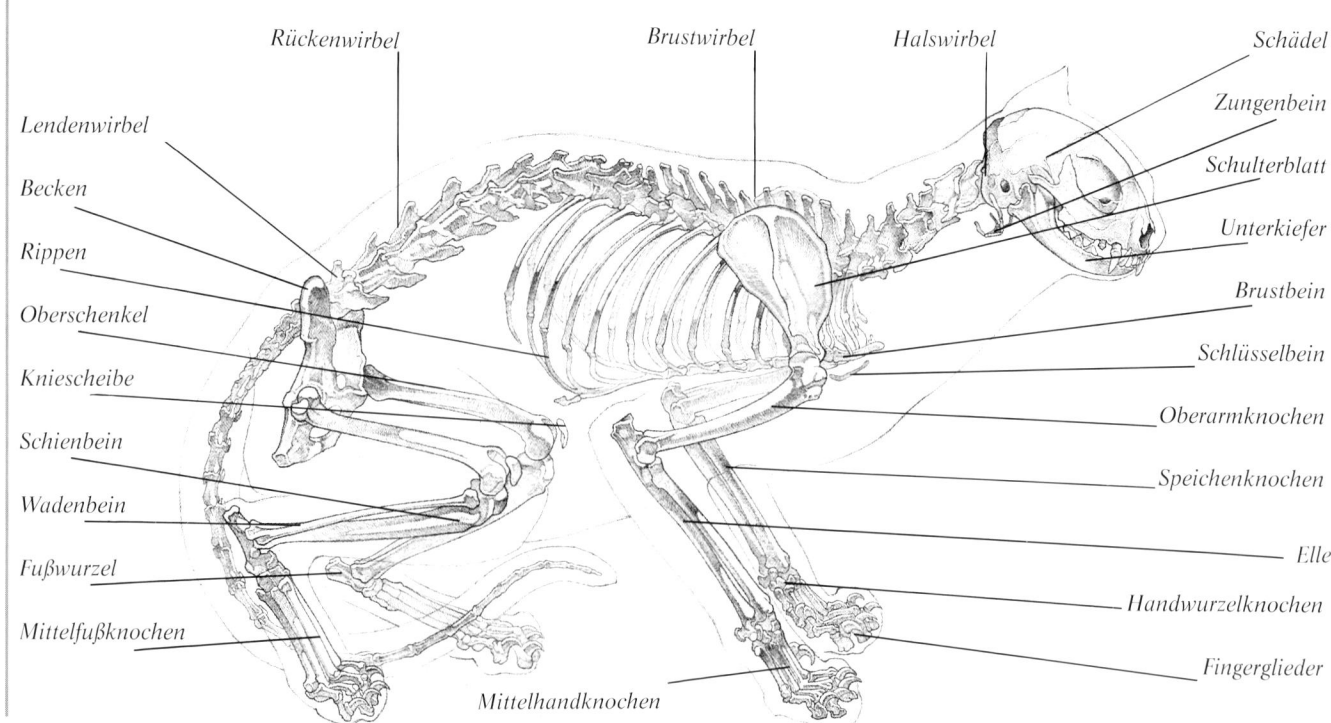

Rückenwirbel · Brustwirbel · Halswirbel · Schädel · Lendenwirbel · Zungenbein · Becken · Schulterblatt · Rippen · Unterkiefer · Oberschenkel · Brustbein · Kniescheibe · Schlüsselbein · Schienbein · Oberarmknochen · Wadenbein · Speichenknochen · Fußwurzel · Elle · Mittelfußknochen · Handwurzelknochen · Fingerglieder · Mittelhandknochen

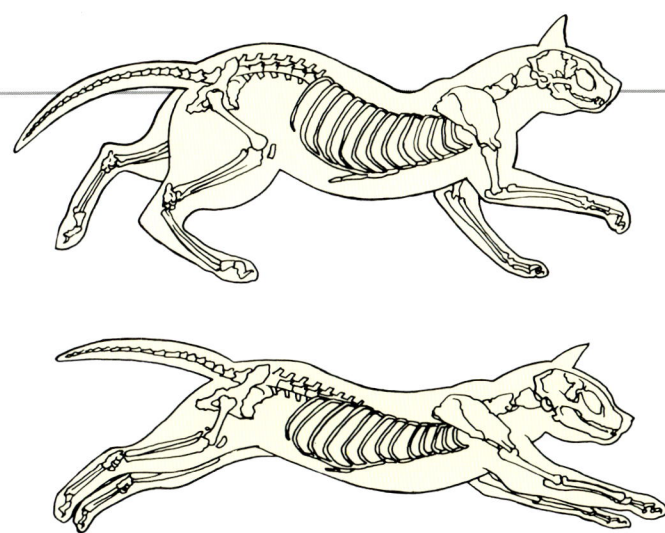

Die Katze ist das perfekte Raubtier. Ihr Skelett besteht aus einem Rahmenwerk von wirksamen Hebeln, die mit starken Muskeln verbunden sind. Die Katze kann in kurzen Beschleunigungsschüben nach vorne schnellen.

katzen unter Britisch, Amerikanisch, Europäisch Kurzhaar sowie Exotic Shorthair zusammenfaßt. Leicht gebaute Katzen weisen größere Unterschiede in ihren Charakteristika auf. Die Orientalen, einschließlich der Siamesen, sind mit einem sehr feinen Knochenbau, ihren sehr lang gestreckten Körpern, Beinen und Schwänzen, keilförmigen Köpfen und großen Ohren am weitesten vom schweren Typ entfernt. Daneben gibt es die etwas schwereren sogenannten anderen Kurzhaarrassen (Foreign Shorthair) und die Rexkatzen. Einige Rassen haben sich aus der Mischung von schweren und leichten Typen entwickelt; bei ihnen findet man gemischte Merkmale.

Katzen halten ihre Muskeln jederzeit einsatzbereit. Eine erwachende Katze gähnt und streckt sich – zuerst das Rückgrat, den Schwanz und die Vorderbeine, dann die Hüfte und die Hinterbeine.

DER REGULIERUNGSREFLEX

Daß Katzen die Fähigkeit besitzen, jederzeit auf allen vier Pfoten zu landen, entspricht nicht ganz der Wahrheit. Aber oftmals ist eine fallende Katze in der Lage, ihren Körper während des Falls so zu drehen, daß sie bei der Landung keine ernsthaften Verletzungen davonträgt. Informationen, die das Gehirn von den Augen erhält, werden mit Impulsen des Gleichgewichtsorgans in den Ohren kombiniert, um ein Steuersignal zur Ausrichtung an die Nackenmuskulatur des Tieres zu senden. Der Kopf wird in eine aufrechte, horizontale Lage gebracht, und der Körper richtet sich vor der Landung dementsprechend aus.

SEHVERMÖGEN

Katzenaugen unterscheiden sich von denen des Menschen in vielerlei Hinsicht. Sie empfangen einen kleineren Anteil des Farbspektrums und haben weniger Zäpfchen, dafür aber mehr Stäbchenrezeptoren, was eine bessere Helligkeitswahrnehmung erlaubt. Die Iris des Katzenauges kann sich weiter öffnen und schließen; der Augapfel ist kugelförmiger und in Relation zur Körpergröße wesentlich größer als der des Menschen.

Die Behauptung, daß Katzen im Dunkeln sehen können, trifft nicht zu, obwohl Katzen ihre Pupillen sehr weit öffnen können. Die Pupille verengt und weitet sich mit mittels eines ausgeklügelten, in Form einer Acht angeordneten Netzes von Muskeln in der Iris. Innerhalb des Auges wird das Licht vom Tapetum lucidum, einer lichtreflektierenden Struktur in den Augen reflektiert, was eine bildverstärkende Wirkung zur Folge hat.

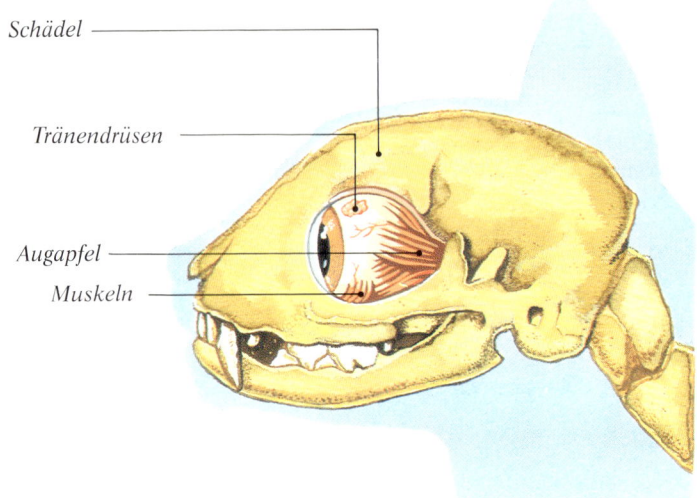

Schädel

Tränendrüsen

Augapfel

Muskeln

Das Auge der Katze sitzt in einer Knochenhöhle. Es ist abgepolstert mit Fettkissen. Die Tränendrüsen liefern Flüssigkeit, damit das Auge nicht zu trocken wird.

SEHKRAFT

Menschen verfügen bei Tageslicht über ein besseres Sehvermögen, aber bei Dämmerung ist die Katze im Vorteil. Auch wenn sie nicht in völliger Dunkelheit sehen kann, können sich ihre Pupillen so weiten, daß sie auch bei schlechten Lichtverhältnissen über ein exzellentes Sehvermögen verfügt.

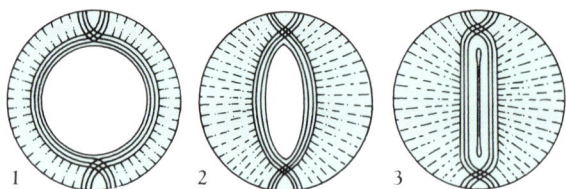

1 Die Veränderungen in Größe und Form der Pupille hängen von der ins Auge einfallenden Lichtmenge ab. In der Dunkelheit weitet sich die Pupille.
2 Im natürlichen diffusen Tageslicht zeigt die Pupille eine senkrechte ovale Form.
3 In sehr hellem Licht, wenn die Katze entspannt ist, schließt sich die Pupille bis auf einen schmalen Schlitz.

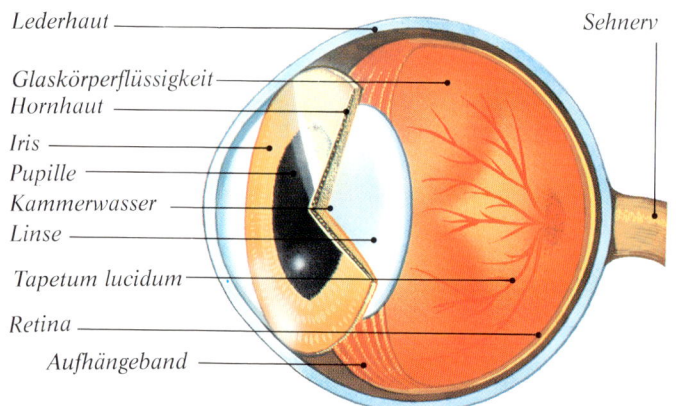

Lederhaut

Glaskörperflüssigkeit

Hornhaut

Iris

Pupille

Kammerwasser

Linse

Tapetum lucidum

Retina

Aufhängeband

Sehnerv

Das leicht eiförmige Auge ist von der harten Lederhaut umgeben, die vorne in die transparente Hornhaut übergeht, hinter der das Kammerwasser Iris und Pupille schützt. Die gallertartige Glaskörperflüssigkeit füllt den Hohlraum hinter der Linse; im hinteren Teil des Auges liegt die lichtempfindliche Retina und das Tapetum lucidum. Der Sehnerv überträgt die Signale zum Gehirn.

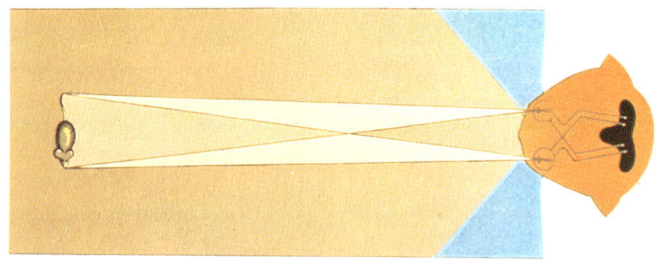

Beide Augen weisen nach vorne, so daß sich die Sichtfelder überschneiden. Dies führt zu einer stereoskopischen Abbildung und ermöglicht der Katze eine genaue Einschätzung von Entfernung und Position der Beute.

GESCHMACKS- UND GERUCHSSINN

Für die Katze ist der Geruchssinn der wichtigste Sinn. Geruch und Geschmack hängen zusammen, da sich die Nasenkanäle bis in den Rachen öffnen. Der Geruchssinn ist bei der Jagd und für ihr Sexualleben wichtig. Das Vomeronasal- oder Jacobsonsche Organ im Gaumendach erkennt selbst die winzigsten Geruchspartikel.

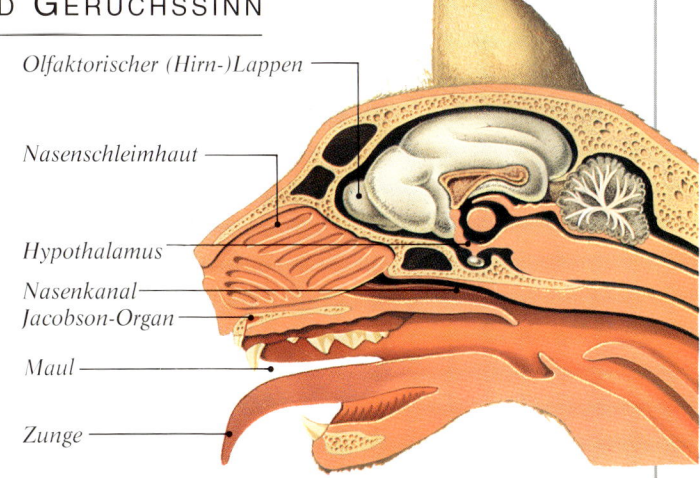

Olfaktorischer (Hirn-)Lappen

Nasenschleimhaut

Hypothalamus

Nasenkanal
Jacobson-Organ

Maul

Zunge

Die flehmende Katze streckt den Hals, öffnet das Maul und zieht die Oberlippe zurück. Es kann auch vorkommen, daß unter dem Eindruck eines Geruchs erhöhter Speichelfluß auftritt.

Das Flehmen. Die Katze flehmt, wenn sie mit Chemikalien sexueller oder moschusartiger Konsistenz in Gerüchen konfrontiert wird. In der Luft schwebende Moleküle werden von der Zunge eingefangen und gegen die Öffnung des Jacobsonschen Organs gepreßt. Die Information wird an den Hypothalamus im Gehirn weitergeleitet, der entsprechende Reaktionen der Katze steuert.

GEHÖR

Dieser Sinn ist bei der Katze hochentwickelt. Eine Katze kann Töne wahrnehmen, die zwei Oktaven höher liegen als für das menschliche Ohr wahrnehmbar. Die vergleichsweise großen und beweglichen Ohren der gewöhnlichen Hauskatze ermöglichen ein Seit- oder Rückwärtsdrehen, um den Ursprung eines sehr leisen Geräuschs bestimmt werden kann – sehr wichtig für einen natürlichen Nachtjäger.

Selbst wenn Katzen scheinbar beschäftigt sind, überprüfen sie alle Geräusche in der Umgebung.

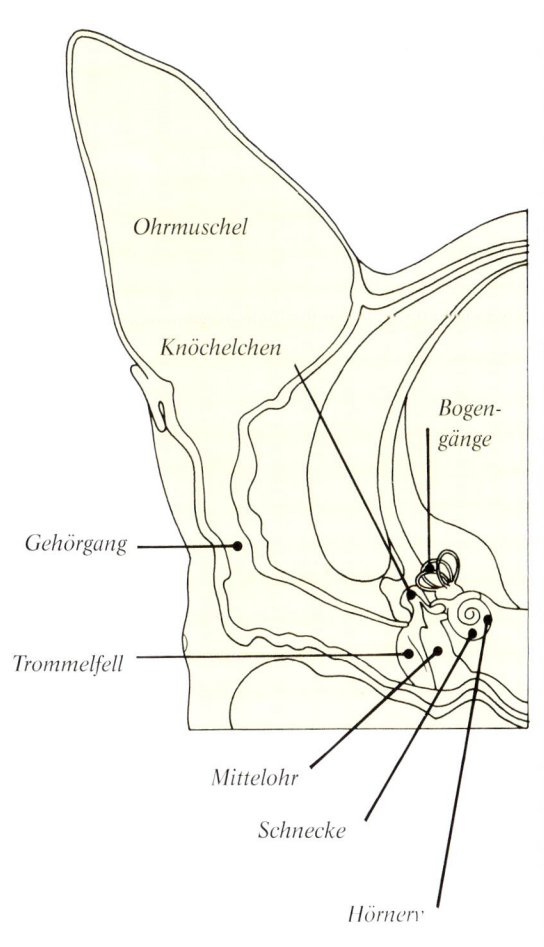

Ohrmuschel

Knöchelchen

Bogen-
gänge

Gehörgang

Trommelfell

Mittelohr

Schnecke

Hörnerv

ANATOMIE DES OHRS
Die Schallwellen werden über den äußeren Gehörgang zum Trommelfell geleitet, wobei das Mittelohr schwache Schwingungen verstärkt. Diese Nervensignale werden dann über den Hörnerv zum Gehirn weitertransportiert.

19

DIE KRALLEN

Die Hauskatze hat einziehbare Krallen, die normalerweise eingezogen sind, so daß sie fast lautlos laufen kann. Wenn es nötig wird, Beute zu greifen, sich zu verteidigen oder zu klettern, werden die Krallen von Muskeln ausgefahren, die die Sehnen straff halten.

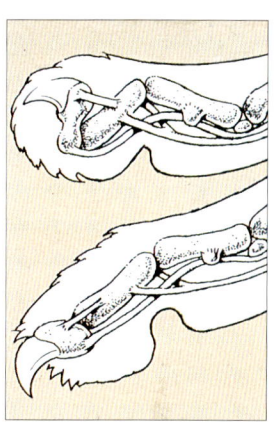

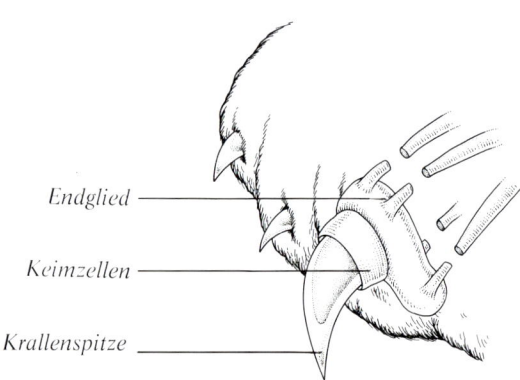

Endglied

Keimzellen

Krallenspitze

KRALLEN ZIEHEN Die Onychectomie ist eine Operation, bei der – meist nur an den Vorderpfoten – die Krallen der Katze entfernt werden. Bei dieser Prozedur (in Großbritannien illegal und von der tierärztlichen Vereinigung der USA abgelehnt) entfernt man die Kralle und die Keimzellen zusammen mit einem Teil des Endglieds der Zehe. Katzen ohne Krallen sind ihrer wichtigsten Verteidigungsmöglichkeit beraubt und sollten deshalb nicht mehr nach draußen gelassen werden.

KÖRPERTYPEN

Der Körper der Langhaar oder Perser ist großknochig und gedrungen.

Die Kurzhaarrassen gleichen in ihrer Körperstruktur den Persern.

Orientalen und andere Kurzhaarrassen sind feinknochig und zierlich.

KOPFFORM UND AUGEN

Die meisten Katzenrassen mit kompaktem Körperbau, wie die Perser und Kurzhaar, haben große, runde Köpfe und große, runde, weit auseinanderliegende Augen; außerdem eine kurze Stupsnase in einem breiten Gesicht. Die Ohren sind klein, haben eine breite Basis und stehen weit auseinander, was zum rundlichen Aussehen des Schädels beiträgt. Katzen mit leichterem Körperbau, wie die Orientalen und andere Kurzhaarrassen, haben längere Köpfe. Der Schnitt der Augen ist bei allen verschieden. Katzen mit langem Fell und leichter Statur haben ebenfalls unterschiedliche Kopf- und Augenformen, die von ihren jeweiligen Züchtervereinigungen festgelegt werden.

Der Kopf der Langhaar oder Perser ist rund mit runden Augen und vollen Wangen. Die winzigen Ohren stehen weit auseinander.

Von vorne betrachtet gleicht der Kopf der Kurzhaar in der Form dem der Perser.

Andere Kurzhaarrassen und Orientalen haben lange, schmale Köpfe und große Ohren. Die Kopfform variiert bei den einzelnen Rassen.

Im Profil betrachtet, ist der Kopf einer Perser ziemlich flach. Die kurze Stupsnase weist einen deutlichen Knick (»Break« genannt) in Augenhöhe auf.

Das Profil einer typischen Kurzhaarzüchtung ist weniger flach als das einer Perserkatze und hat eine kurze, breite Nase.

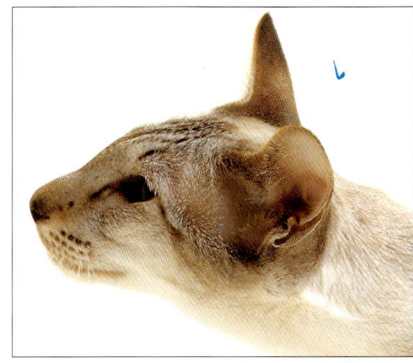

Orientalische Katzen haben lange, fast römische Nasen ohne den »Knick« auf Augenhöhe und eine flache Stirn.

AUGEN

RUND
Langhaar-, Perser- und Kurzhaarrassen haben große, runde, strahlende Augen.

OVAL/MANDELFÖRMIG
Einige Zuchtstandards verlangen ovale oder mandelförmige Augen, deren äußerer Winkel zum Ohr hin ansteigt.

ORIENTALEN
Siamesen und verwandte Rassen haben Augen orientalischen Typs, die zum Ohr hin abgeschrägt sind.

FELLTYPEN

Rassekatzen verfügen über eine Vielzahl von Felltypen, vom dichten und üppigen Pelz der Perser bis hin zum glatten, enganliegenden Fell der Siamesen und Orientalen. Zwischen diesen beiden Extremen liegen die langen, weichen und seidigen Haare der anderen Langhaarrassen und das dichte Fell einiger Kurzhaar-Varietäten. Einige Rassen haben im Grunde »doppelte« Fellklassifizierungen, da sie über ein dickes wolliges Unterkleid und ein längeres, glatteres Oberfell verfügen. Die Cornish Rex hat ein Fell ohne Leithaare, aber mit natürlich gelocktem Grannenhaar und Unterwolle. Die Devon Rex verdankt den wächsernen Effekt ihres Fells den modifizierten Leit- und Grannenhaaren und der Unterwolle. Die Sphinx oder Kanadische Nacktkatze steht am äußersten Ende der Bandbreite der Felltypen, da sie nur an einigen Stellen mit feiner Unterwolle bedeckt ist.

PERSER
Langes, weiches Fell mit üppiger Unterwolle, die fast so lang ist wie die Leithaare, bringen das typische lange, volle Fellkleid.

MAINE COON
Das lange, seidige Fellkleid ist aufgrund vermehrter Unterwolle dicker und weniger gleichförmig als das der Perser.

KURZHAAR
Die Fellkleider der Kurzhaarrassen sind unterschiedlich; es gibt britische, amerikanische und andere Züchtungen.

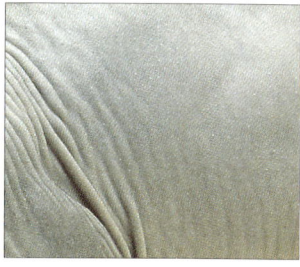

SPHINX
Scheinbar haarlos, ist die Sphinx an einigen Stellen des Körpers mit feiner Unterwolle bedeckt.

CORNISH REX
Das Fellkleid ist dicht gekräuselt. weil Leithaare fehlen und wegen der kurzen Grannenhaare.

DEVON REX
Ihr genetisch verändertes Leit- und Grannenhaar erinnert stark an Unterwolle.

AMERICAN WIREHAIR
Die Wirehair hat gekräuselte Grannen- und gewellte Leithaare.

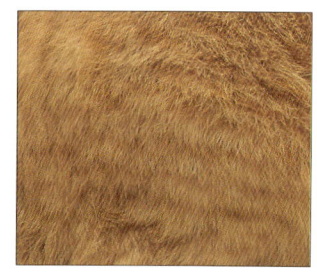

ORIENTALEN
Bei Siamesen und Orientalen ist das Fell im Gegensatz zu anderen Katzen kurz, fein und enganliegend.

ARTEN DES TIPPING (FÄRBUNG DER HAARSPITZEN)

Bei den ungewöhnlich gefärbten Tipped-, Shaded- (schattiert) oder Smoke-Rassen (rauchfarben) wird der jeweilige Farbeffekt dadurch erreicht, daß das einzelne Haar eine dunkler gefärbte Spitze hat.

1 *Bei Katzen wie der British Tipped oder der Chinchilla beschränkt sich die Einfärbung auf das oberste Ende des Haares, was einen funkelnden Effekt hervorruft.*

2 *Ein weiter das Haar hinabreichendes Tipping haben die stärker gefärbten Shaded-Varietäten.*

3 *Variable Farbbänderung in verschiedenen Bereichen des Fells ruft Tabby-Effekte (gestromt, getigert, getupft) hervor.*

4 *Wenn das Tipping fast bis zu den weißen Haarwurzeln herunterreicht, nennt man die Färbung Smoke.*

5 *Bei den Golden- ist die weiße Grundfarbe des Fells der Silver-Varietäten durch einen lohfarbenen Farbschlag ersetzt.*

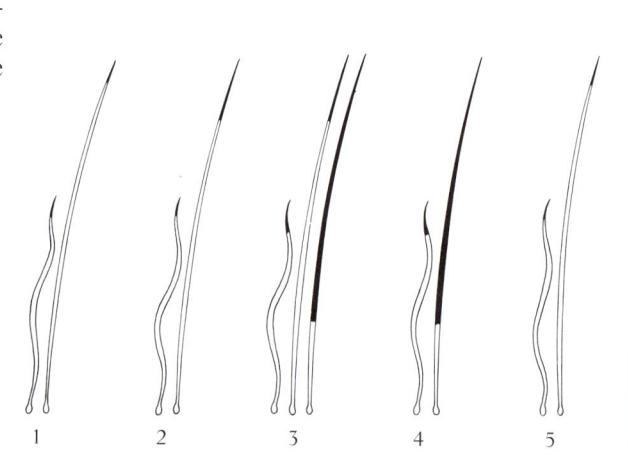

1   2   3   4   5

FELLFARBEN UND -MUSTER

Die natürliche Färbung der domestizierten Katze ist Tabby, in einer von vier Grundzeichnungen. Den wilden Typus nennt man Ticked Tabby oder Agouti (dunkle und helle Bänderung des einzelnen Haars). Die anderen Muster heißen Mackerel (getigert), Spotted (getupft) und Classic (marmoriert oder gestromt). Schwarze Haare kommen durch das Pigment Melanin zustande. Die meisten einfarbigen Fellfärbungen werden entweder durch Modifikationen dieses Pigments oder durch seine Verteilung in den einzelnen Haarfasern erzeugt.

Einfarbig
Katzen einfarbiger Rassen müssen eine gleichmäßige Fellfärbung ohne Muster, Schattierungen, Bänderungen und Farbabweichungen aufweisen. Rechts finden Sie die verbreitetsten einfarbigen Farbschläge.

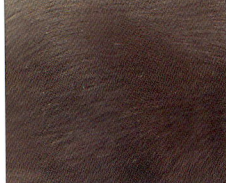
SCHWARZ

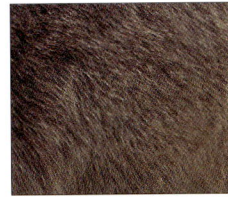
BLAU

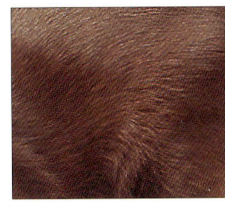
CHOCOLATE

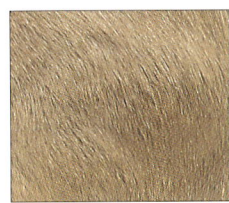
LILAC

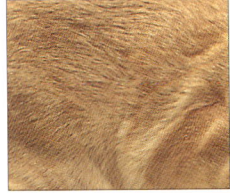
ROT

CREME

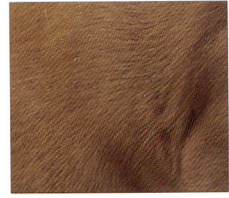
ZIMTFARBEN

WEISS

Tabby-Abzeichen
Es gibt vier verschiedene Tabby-Muster, die in jedem der Tabby-Farbschläge vorkommen können.

GEBÄNDERT

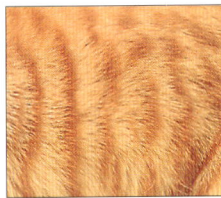
GETIGERT

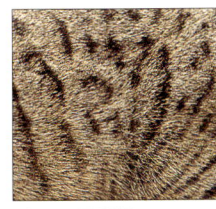
GETUPFT

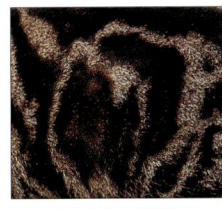
MARMORIERT/ GESTROMT

Tabby-Farbschläge
Tabbies kommen in einer großen Bandbreite von Färbungen vor. Wir zeigen hier nur eine Auswahl.

BRAUN

BLAU

CHOCOLATE

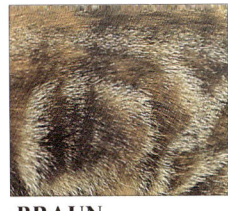
BRAUN GEFLECKT

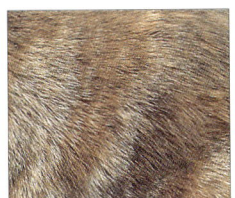
BLAU GEFLECKT

ROT

SILBER

Abessinier
Das Fell der Abessinier wirkt leicht schattiert (Shaded), da die einzelnen Haare an der Wurzel heller sind als an der Spitze.

WILDFARBEN

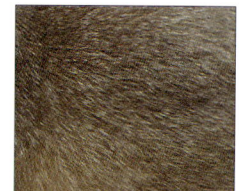

BLAU

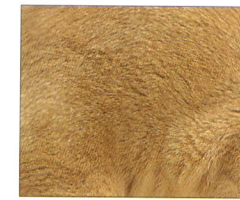

SORREL

REHBRAUN (FAWN)

Gefärbte Haarspitzen
Fell dieser Art, bei dem die Haare in variablen Stufen zur Wurzel hin dunkler werden, findet man in einer Vielzahl von Farbschlägen, von denen wir hier einige vorstellen.

BLACK SMOKE

BLUE SMOKE

CHOCOLATE SMOKE

LILAC SMOKE

CHINCHILLA SILVER

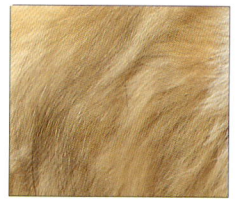

CHINCHILLA GOLDEN

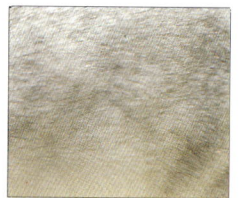

BLACK TIPPED SILVER

BLUE TIPPED SILVER

Himalaya
Katzen mit Himalaya-Zeichnung, wie zum Beispiel die Siamesen, weisen ein helles Fell auf, bei dem die Hauptfarbe auf Kopf und Extremitäten beschränkt ist.

SEAL POINT

BLUE POINT

RED POINT

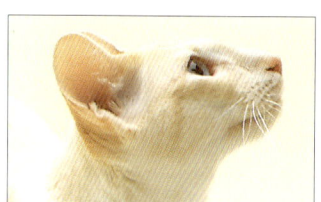

CREME POINT

LILAC POINT

CHOCOLATE POINT

SEAL TABBY

RED TABBY POINT

Tonkanesen

Die aus den Burmas gezüchteten Tonkanesen zeigen einen modifizierten Pointed-Effekt. Das Fell ist dunkler als bei Katzen mit echter Himalaya-Färbung. Die »Points« treten dadurch nicht so stark hervor.

BRAUN

LILAC

CHOCOLATE

ROT

CREME

LILAC TORTIE

BLUE TORTIE

TABBY

Mehrfarbig

Wie jeder Katzenliebhaber weiß, gibt es beim Katzenfell viel mehr Farbschläge als hier beschrieben, und die meisten werden – je nach Rasse – bei Ausstellungen anerkannt. Schildpatt (Tortoiseshell, Tortie) ist am weitesten verbreitet. Es existieren aber noch endlos viele Abwandlungen – einschließlich des ungewöhnlichen Mi-Ke-Musters der japanischen Bobtail.

SCHILDPATT

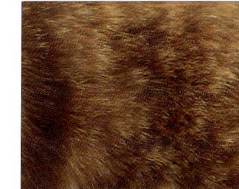

CHOCOLATE TORTIE

LILAC TORTIE

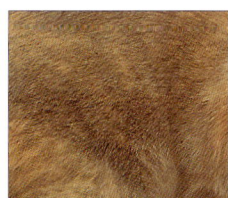

BLUE TORTIE

MI-KE

SCHILDPATT (TORTIE) MIT WEISS

BLAU SCHILDPATT (BLUE TORTIE) MIT WEISS

VERHALTEN

Eine grundlegende Kenntnis der komplexen Verhaltenspsychologie Ihrer Katze befähigt Sie nicht nur, ihr stets die beste Fürsorge zukommen zu lassen. Es hilft Ihnen auch, wenn Sie dem Tier einige nicht allzu schwierige Dinge beibringen möchten. Katzen sind intuitive und sehr empfindsame Wesen, die genau registrieren, wie sie von ihrem Besitzer behandelt werden.

Katzen gelten als weniger intelligent als Hunde – wahrscheinlich, weil sie kaum auf Kommandos reagieren und sich auch nur selten kleine Tricks beibringen lassen. Kann man etwa die Darbietung unnatürlicher Kunststückchen mit einem hohen Intelligenzquotienten gleichsetzen? Es scheint eher so, daß Katzen eher als Hunde in der Lage sind, ihre Gehirnkapazität auf unterschiedliche Verhaltensbereiche wie etwa Überlebenstechniken und Anpassung an Veränderungen ihres Lebensumfeldes zu kanalisieren. Könnte man Katzen nicht sogar als intelligenter als Hunde bezeichnen, weil sie den Sinn der Darbietung von Kunststücken oder das blinde Befolgen von Kommandos hinterfragen?

Junge Kätzchen entwickeln ihre ersten Jagdinstinkte im Alter von etwa sechs Wochen. In der freien Natur versorgt das Muttertier die Jungen mit der erjagten Beute, während sie in häuslicher Umgebung kleine Fleischstückchen in die Kinderstube

Katzen und Hunde kommen als gemeinsame Haustiere meist gut miteinander aus. Es fällt ihnen jedoch manchmal schwer, Körpersprache und Spielverhalten des anderen richtig zu deuten.

bringt und die Aufmerksamkeit ihrer Kätzchen durch ein aufmunterndes Schnurrgeräusch erregt. Oft schlägt die Katze auch mit der Pfote auf das Fleisch. So lernen die Jungen, wie man sich auf die Beute stürzt. In diesem Entwicklungsstadium lernen die Jungen auch die ersten Jagdverhaltensweisen. Sie ducken sich, schlagen plötzlich aus und führen Scheinattacken gegen ihre Geschwister aus.

Ausgewachsene Katzen gehen am liebsten allein und innerhalb ihres Reviers auf Jagd. Einige Tiere durchstreifen dabei größere Gebiete. Nur wenige Katzen lernen, gemeinsam mit Familienmitgliedern zu jagen. Ihr scharfes Gehör und Sehvermögen macht die Katze zu einem lautlosen Jäger. Mit unendlicher Geduld belauert sie ihr Opfer. Dann macht sie einen schnellen Satz, greift die Beute mit ihren Krallen und versetzt ihr den tödlichen Biß ins Genick. Hungrige Katzen verspeisen ihre Beute meist sehr schnell, während wohlgenährte Haustiger noch eine Weile mit der Beute spielen, bevor sie sie fressen. Das Spiel mit der Beute ist eine gute Ge-

Das Verhalten einer Katze ist von den Instinkten ihrer wilden Vorfahren geprägt. Links eine Burmilla auf Jagd, während die Perser (oben) den tödlichen Genickbiß übt; zwei Orientalisch-Kurzhaarkätzchen im spielerischen Kampf (unten).

MARKIEREN DES REVIERS

Katzen identifizieren ihr Eigentum und ihr Revier durch eine Duftmarkierung aus ihren Drüsen. Die Duftdrüsen am Kopf – auch Schläfendrüsen genannt – liegen oberhalb der Augen auf beiden Seiten der Stirn. Weitere Duftdrüsen befinden sich an den Lippen. Diese Drüsen werden zum Markieren ausgewählter Freunde oder Objekte verwendet, indem die Katze ihren Kopf daran reibt. Dieses Verhalten scheint dem Tier großen Vergnügen zu bereiten. Einige Katzen, meistens ausgewachsene Kater, markieren ihr Revier, indem sie die Grenzen an verschiedenen Stellen mit Urin bespritzen (unten). Das Reiben des Kopfes (Mitte) dient dagegen eher der Identifikation von Objekten. Manchmal wetzt das Tier nach dem »Spritzen« zusätzlich seine Krallen an der Reviergrenze (oben).

legenheit zum Training ihrer Jagdfähigkeiten. Trotz jahrhundertelanger Domestikation gehen die meisten Katzen wenn möglich auf Jagd. Wenn Sie Ihre Katze nur im Haus halten, sollten Sie diesen Mangel an Jagdmöglichkeiten durch viele Spielzeuge ausgleichen. Ermuntern Sie sie dazu, sein Spielzeug zu belauern, sich an es heranzuschleichen und es zu erbeuten. Solche Spielchen halten die Katze fit und verhindern, daß sie zu dick wird.

Schlaf

Katzen kennen zwei Arten von Schlaf: leichten Schlaf in der Einschlaf- und Aufwachphase sowie eine Tiefschlafphase. Während des leichten Schlafs bleibt der Blutdruck konstant, die Körpertemperatur sinkt, und die Muskeln entspannen sich leicht. Im Tiefschlaf dagegen (REM-Schlaf) fällt der Blutdruck, während die Körpertemperatur steigt und sich die Muskeln völlig entspannen. Dennoch reagiert das Gehör unverändert exakt, und jedes unerwartete Geräusch weckt die Katze sofort. Katzen scheinen zu jeder Tageszeit, bei jeder Temperatur und selbst in unbequemsten Lagen schlafen zu können.

Neugeborene Kätzchen verbringen einen Großteil ihrer ersten Lebenswochen im Tiefschlaf, sicher und beschützt im von der Mutter ausgewählten »Nest«.

Katzen lieben ein Nickerchen zwar an ungewöhnlichen Plätzen, sie müssen ihnen aber unbedingt Schutz bieten.

Junge Kätzchen verschlafen einen Großteil des Tages, was für ihre Entwicklung sehr wichtig ist. Neugeborene Kätzchen verbringen sogar fast die ganze erste Woche nach der Geburt im Tiefschlaf. Erst in den folgenden drei Wochen nehmen die Wachphasen langsam zu.

Auch bei Katzen stellen sich die Träume während des Tiefschlafs ein. Viele Tiere zucken dann mit den Muskeln oder schnurren. Manchmal erzeugen sie auch schmatzende Geräusche oder schlagen mit dem Schwanz. Wahrscheinlich sortiert ihr Gehirn während dieser REM-Phase – die mindestens ein Drittel der gesamten Schlafzeit umfaßt und wichtig für das Wohlbefinden des Tieres ist – das zuvor Erlebte und speichert es im Langzeitgedächtnis.

SCHLAFVERHALTEN

Wenn eine Katze in einen leichten Schlaf fällt, kann es vorkommen, daß sie sitzen bleibt oder mit erhobenem Kopf in entspannter Haltung und untergeschobenen Pfoten daliegt. In dieser Haltung verharrt sie 10 bis 30 Minuten, wobei sie sich durch das leiseste Geräusch wecken läßt. Im Tiefschlaf rollt sich die Katze vollkommen entspannt auf der Seite liegend zusammen. Auffällig ist hier die schnelle Bewegung der Augen (REM). Die Katze zuckt mit den Schnurrhaaren, den Pfoten oder mit den Ohren und zittert mit dem Schwanz. Sie kann sogar knurren. Dieser Tiefschlaf hält normalerweise 6 bis 10 Minuten an.

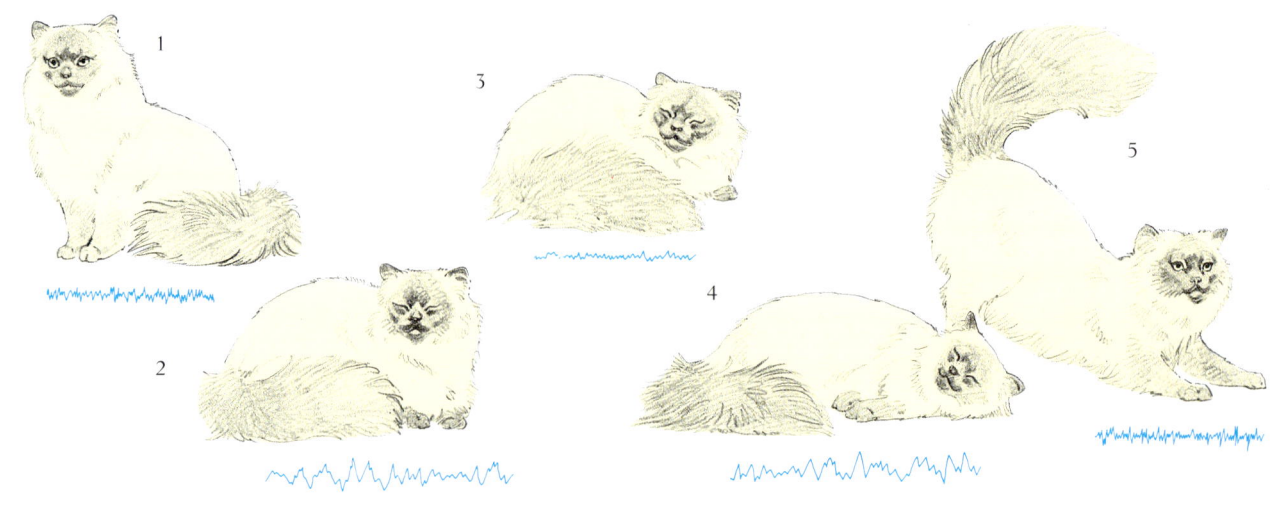

PUTZEN

*Die Katze putzt gründlich
Schultern und Flanken.*

*Sie wäscht Bauch
und Innenseiten der
Hinterbeine.*

*Die Pfoten werden geleckt
und Schmutz zwischen
den Zehen entfernt.*

*Abwechselnd leckt sie die
Vorderpfoten, dann reinigt
sie mit ihnen die jeweilige
Gesichts- und Kopfseite.*

Die meisten Katzen putzen sich regelmäßig. Häufig erfreuen sich ganze Katzenfamilien an gemeinsamen Putzsitzungen. Muttertiere widmen die meiste Zeit dem Putzen ihrer Jungen. Viele Hauskatzen versuchen sogar, ihre Menschen zu waschen. Viele Katzen kann man bei akribischen Waschungen beobachten, nachdem sie von Menschen gestreichelt wurden; dabei versuchen sie wohl, gewisse Gerüche aus dem Fell zu entfernen.

Eine Katze benutzt zur Pflege Zunge und Pfoten. Die Katzenzunge ist mit winzigen, mit Widerhaken versehenen Zäpfchen versehen (Papillen). Die Vorderpfoten dienen zur Reinigung von schwer zugänglichen Stellen. Dazu setzt sich die Katze aufrecht hin und leckt eine Pfote feucht. Dann wischt sie sich damit über Gesicht, Ohr, Stirn, Auge und Wange bis hinunter zum Kinn. Anschließend wiederholt sie diese Prozedur mit der anderen Pfote, um die andere Seite des Gesichtes zu reinigen. Sie leckt und striegelt Schultern und Vorderbeine und wendet sich

danach den Flanken und der Unterseite, dem Anus, der Genitalregion und den Hinterbeinen zu. Dann jhputzt sie den Schwanz. Zuletzt beseitigt sie mit den Zähnen Verfilzungen und Knoten und beißt Schmutzkrusten zwischen den Zehen weg.

Neben dem Reinigen und Striegeln erfüllt die Waschtechnik der Katze noch eine andere wichtige Funktion: Durch die Einwirkung von Sonnenlicht produziert das Fell das lebenswichtige Vitamin D, das erst durch das Lecken und Putzen in den Ernährungsapparat gelangt.

*Die Katze leckt ihre
Pfote, um damit eine
Seite ihres Gesichtes
zu waschen.*

*Befreundete Katzen widmen
sich oft und gerne der
gegenseitigen Fellpflege.*

Kommunikation

Katzen erkennen einander zunächst am Geruch. Befreundete Katzen begrüßen sich durch Berührung der Nasen oder Aneinanderreiben der Stirn; sie können aber auch am Körper der anderen entlangstreichen und sich gegenseitig im Genitalbereich beschnüffeln.

Eine wachsame Katze hat einen sehr direkten Blick; sie stellt ihre Ohren steil auf und richtet ihre Schnurrhaare nach vorn. Wenn sie zudem noch leicht nervös ist, zuckt sie mit den Nasenflügeln und versucht, ihr Gegenüber am Geruch zu erkennen. Wurde es als Freund erkannt, entspannt sich ihre Haltung, und sie richtet den Schwanz zur Begrüßung auf.

Eine bedrohte Katze verharrt zunächst in der Bewegung, um den Aggressor mit geweiteten Augen anzustarren. Ihr Schwanz schlägt hin und her. Wird sie weiter bedroht, zieht sie das Kinn an die Brust, legt die Ohren an und bewegt sich schrittweise seitwärts auf den Feind zu. Gleichzeitig stellen sich die Haare an Körper und Schwanz auf, um sie möglichst groß erscheinen zu lassen. Dann fletscht sie die Zähne und stößt ein Grollen als Warnung aus. Die Muskeln sind angespannt. Das Körpergewicht ruht auf drei Beinen, die vierte Pfote wird zum Schlag bereit gehalten.

Es ist gefährlich, eine aufgeregte Katze zu berühren, da sie ähnlich schnell und gewalttätig reagieren kann. Eine Katze in dieser Verfassung sitzt geduckt, mit eingezogenem Kinn, geweiteten Augen und seitwärts gerichteten Ohren. Man kann versuchen, sie zu beruhigen, indem man ruhig auf sie einredet oder sie in Frieden ihre Fassung wiedererlangen lässt.

Der Vorgang des Schnurrens ist noch nicht vollständig erforscht, aber er stellt wohl eines der gewinnendsten Charakteristika der domestizierten Katze dar. Einige Kat-

Katzen erkennen einander grundsätzlich am Geruch. Wenn sich zwei befreundete Katzen begegnen, berühren sie sich meist mit den Nasen oder reiben die Stirn aneinander.

KÖRPERSPRACHE

Katzen sind Meister in der Körpersprache. Sie drücken ihre Stimmungen und Absichten durch bestimmte Körperhaltungen aus, die von Artgenossen und Menschen verstanden werden.

Katzen benutzen eine Vielzahl von Lauten, um mit Menschen zu kommunizieren. Diese Katze drückt ihre Nervosität aus.

Diese Perser Blue Smoke ist offensichtlich aufgeregt und stößt ein extrem lautes Heulen aus.

Eine unglückliche Lilac Burma duckt sich in Verteidigungsstellung mit aufgerissenen Augen und angelegten Ohren auf den Boden.

zen schnurren nur selten und sanft, während andere Tiere regelmäßig schnurren, um ihre Zufriedenheit und Zuneigung zu zeigen. Selbst junge Kätzchen können (beim Saugen) schnurren. Auf menschliche Zuwendung reagieren sie erst im Alter von sechs Wochen mit Schnurrgeräuschen. Katzen reagieren mit Schnurren auf die Stimme oder die Berührung ihres Besitzers; einige auch bei Geburtsschmerzen oder tödlicher Krankheit.

Die meisten Lautäußerungen von Katzen lassen sich in drei Kategorien einteilen. Die ruhigste dieser Kategorien entspricht dem menschlichen Murmeln und beinhaltet ein sanftes Schnurren mit geschlossenem Maul. Die mittlere Kategorie feliner Laute lassen sich als Vokallaute bezeichnen. Sie alle stellen eine Abwandlung des »Miau«-Lautes dar und dienen jeweils dem Ausdruck eines bestimmten Bedürfnisses, wie etwa der Aufforderung, ins Freie gelassen zu werden.

Den interessantesten Bereich der Katzensprache bilden die Laute einer Mutter, die ihre Kätzchen lehrt, feste Nahrung zu fressen oder ihr aus dem Nest zu folgen. Auch Kätzchen können schnurren, fauchen und grollen. Darüber hinaus verfügen sie über einen lauten »Notruf«, mit dem sie nach ihrer Mutter schreien, wenn sie sich verlaufen haben oder verängstigt sind.

Die typische Begrüßungsgeste mit erhobenem Schwanz, die Freude zeigt und um Streicheleinheiten wirbt.

Eine American Wirehair rollt sich auf die Seite, um Aufmerksamkeit zu erregen.

GESICHTSAUSDRUCK

Eine zufriedene Katze mit aufgestellten Ohren und entspannten Schnurrhaaren.

Ist die Katze nervös oder besorgt, wandern ihre Ohren nach hinten, und die Schnurrhaare richten sich leicht nach vorn.

Eine verängstigte oder verärgerte Katze: Ohren angelegt, Augen schmal, Schnurrhaare nach vorn. Bereit für Verteidigung oder Angriff.

Wachsam und bereit, ihre Beute zu schlagen, nimmt die Katze eine Haltung an, die zwischen Normalität und Furcht liegt.

Die entspannte und zufriedene Katze beim Streicheln, mit halb geschlossenen Augen und entspannt hängenden Schnurrhaaren.

SEXUALVERHALTEN

Katzen erreichen die Geschlechtsreife sehr früh, bereits kurz nach dem Welpenalter. Sie pflanzen sich bereitwillig fort, und bis zu dreimal pro Jahr können die Weibchen werfen.

OBWOHL SIE erst im Alter von einem Jahr ausgewachsen sind, können weibliche Kätzchen schon im Alter von fünf Monaten geschlechtsreif sein. Während der Fortpflanzungszeit werden sie dann alle drei Wochen rollig. Männliche Kätzchen erreichen die Geschlechtsreife im Alter von sechs bis acht Monaten. Bei einigen Edelrassen kann sich dieser Zeitpunkt um weitere zehn Monate verschieben. Katzen, die ihr Leben im Haus, d.h. im Kreis der Familie, verbringen sollen, werden am besten sterilisiert; so verhindert man das Auftreten des den Menschen häufig störenden Sexualverhaltens.

Männchen

Ein geschlechtsreifer Kater ist in den Frühjahrs- und Sommermonaten sexuell am aktivsten, aber er kann sich jederzeit zu paaren. Er wird von einem speziellen Lockduft angezogen, den das Weibchen verströmt. Er reagiert auch auf ihre einladenden Schreie. Wenn sich die beiden treffen, wird der Kater durch das Hin- und Herrollen und die Posen des Weibchens so erregt, daß er sich schnell paaren will. In natürlicher Umgebung zieht ein Weibchen mehrere Kater an, die dann um sie kämpfen. Manchmal paart sich dann ein untergeordnetes Männchen mit dem Weibchen, während die stärkeren Kater noch miteinander kämpfen. Während der Rolligkeit paart sich das Weibchen viele Male.

Nicht kastrierte, herumstreifende Kater betrachten ihr Zuhause nur als Ausgangsbasis, die Nahrung und Schlafplatz bietet. Sie werden ausschließlich von ihrem Sexualtrieb bewegt und verbringen ihre Zeit damit, ihr Revier zu durchstreifen und die Grenzen mit Urin zu markieren, um Eindringlinge fernzuhalten. Ein solcher Kater sucht ständig nach paarungsbereiten Weibchen, um die er kämpfen kann. Beim Kampf verursachen Kater mit ihren langen, spitzen Zähnen schwere Bißwunden, und ihre Krallen hinterlassen tiefe Kratzer. Ein Kampf zwischen zwei Katern: Die Kontrahenten hocken einander gegenüber, produzieren mit aufgeblasenen Backen drohende Geräusche und äußern ein

GESCHLECHTSMERKMALE

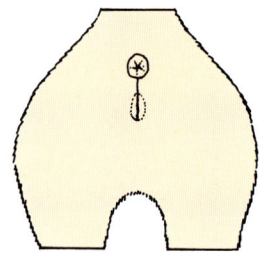

AUSGEWACHSENES WEIBCHEN

Die Vulva ist ein vertikaler Schlitz, der ca. 1 cm unter der runden Analöffnung liegt.

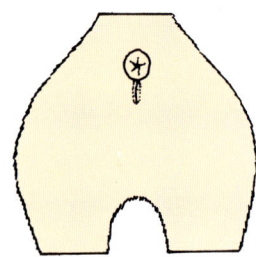

WEIBLICHES KÄTZCHEN

Die Vulva ist ein vertikaler Schlitz, der fast direkt unter der runden Analöffnung liegt.

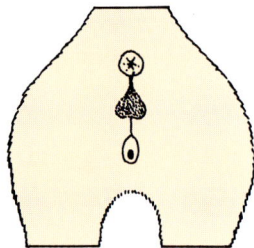

MÄNNLICHES KÄTZCHEN

Die winzige runde Öffnung, in der der Penis verborgen ist, liegt ca. 1 cm unter der runden Analöffnung. Die Hoden sind nur in Andeutung zu erkennen.

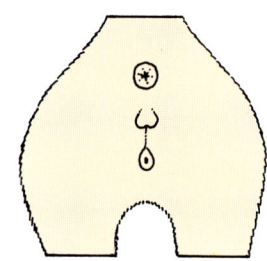

AUSGEWACHSENES MÄNNCHEN

Die Hoden liegen deutlich erkennbar zwischen den beiden, mindestens 2,5 cm auseinanderliegenden Öffnungen.

KÄMPFE UND STREITIGKEITEN

1 Zwei Katzen untersuchen einander an Gerüchen und Beobachtung der Körperhaltung.

2 Eine Katze nähert sich der anderen zur intensiveren Betrachtung. Die unsicherere Katze nimmt eine defensive Haltung ein.

3 Während sich die dominante Katze weiter nähert, zieht sich die andere zurück und hebt eine Pfote, um einen möglichen Angriff abzuwehren.

4 Die verteidigende Katze entscheidet sich gegen einen Rückzug; beide Tiere grollen und schlagen mit ihren aufgeplusterten Schwänzen hin und her.

5 Die dominante Katze rückt vor. Dabei stellt sie sich seitwärts, um größer zu erscheinen. Die »Verteidigerin« legt die Ohren an und faucht laut.

6 Die aggressive Katze greift endlich mit einem Sprung an. Die sich verteidigende Katze rollt sich auf den Rücken und streckt die Krallen aus. Beide Tiere sind zu einem Ball verknäult, beißen, schlagen mit den Vorderbeinen und kratzen einander mit ihren kraftvollen Hinterbeinen. Schließlich befreit sich die unterlegene Katze und flieht.

tiefes, bedrohliches Knurren. Sie krümmen Schultern und Hüften, um groß zu erscheinen und umkreisen einander steifbeinig. Schließlich springen sie sich mit den Zähnen an die Kehle. Sie verknäueln sich, und jeder schlägt mit den Hinterkrallen. Wenn sie sich trennen, trägt der fliehende Kater häufig eine tiefe Bißwunde an Schwanzwurzel oder Hoden davon. Der Verlierer wird alles tun, um eine erneute Konfrontation zu vermeiden. Wenn ihm dies nicht gelingt, muß er sich bei einer Begegnung niederkauern und dem Überlegenen seine Genickfalte darbieten. Mit Weibchen kämpfen Männchen selten, auch wenn sie, besonders zur Verteidigung ihres Nachwuchses, durchaus kampfbereit sind.

Weibchen
Der Östrus, die Empfängnisbereitschaft, ist bei der weiblichen Katze leicht zu erkennen. Er läßt sich in vier Stufen unterteilen. Im Präöstrus verändern sich die Fortpflanzungsorgane in Vorbereitung auf

Oft kann man schon vor Erreichen der Pubertät sexuelle Gesten im Begrüßungs- und Spielverhalten von Kätzchen beobachten.

Paarung und Schwangerschaft. Die Katze ist besonders zärtlich, bettelt um Streicheleinheiten und durchstreift ruhelos das Haus auf der Suche nach einem Weg ins Freie. Nach dieser fünftägigen ersten Stufe beginnt der Östrus, der ungefähr sieben Tage anhält. In dieser Zeit ist die Katze zur Paarung bereit: Wenn man sie streichelt, nimmt sie sofort die Paarungshaltung ein (siehe unten) oder wälzt sich aufgeregt, wie im Schmerz, auf dem Boden. Die meisten Katzen jaulen in dieser Zeit. Bei einigen Rassekatzen, wie den Siamesen, kann das Gejaule zu einem ohrenbetäubenden, anhaltenden Röhren anschwellen. Kommt es nicht zur Paarung, tritt die dritte Stufe – der Metoöstrus – ein. Das Fortpflanzungssystem kehrt wieder zur Normalität zurück, bis mit dem Anöstrus die vierte Stufe erreicht ist. Während des Anöstrus ist die Katze ruhig, bis der nächste Zyklus beginnt.

Wenn eine Zuchtkatze empfängnisbereit ist, zeigt sie die typische Paarungshaltung, »Lordose« genannt.

PAARUNG

Wenn ein Weibchen zur Paarung bereit ist, nimmt es die Hohlkreuzhaltung ein. Es duckt sich und präsentiert ihr Hinterteil. Das Männchen nähert sich seitwärts von hinten, springt auf und greift mit den Zähnen die lose Haut der Nackenfalte. Dann besteigt er sie, indem er seine Vorderbeine zu beiden Seiten ihres Körpers stellt; er krümmt den Rücken, um seinen Penis in die richtige Position zu bringen. Das Weibchen hilft mit Beckenbewegungen. Nach ein paar Beckenstößen dringt der Kater

ein und ejakuliert. Das Weibchen strebt sofort wild grollend nach vorne weg und versucht, sich umzudrehen und den Kater anzugreifen, der sich mit einem Sprung in Sicherheit bringt. Danach rollt sich das Weibchen auf dem Boden. Anschließend setzen sich beide Katzen mit einigem Abstand hin und putzen ihre Genitalien. Nach einigen Minuten kann es erneut zur Paarung kommen. Katzen können sich bis zu zehnmal pro Stunde oder so lange paaren, bis der Kater erschöpft ist. Falls mehrere Männchen zugegen sind, paart sich das Weibchen mehrmals.

1 *Das Männchen nähert sich seitlich von hinten.*

2 *Es besteigt das Weibchen und ergreift die Haut der Nackenfalte.*

3 *Das Weibchen hebt das Becken und legt den Schwanz zur Seite.*

4 *Nach der Paarung bringt sich der Kater durch einen Sprung zur Seite in Sicherheit, da das* *Weibchen sich grollend und fauchend gegen ihn wendet.*

MUTTERSCHAFT

Die weibliche Katze ist eine vorbildliche Mutter. Sie bewahrt ihren Wurf im Nest vor Schaden. Sie füttert die Jungen in regelmäßigen Abständen, hält sie makellos sauber und rollt sich um sie herum zusammen, um sie in den Schlaf zu schnurren. Sie versorgt sie, so lange es nötig ist.

KATZENMÜTTER WIDMEN SICH ihrem Nachwuchs mit absoluter Hingabe, bis die Jungen imstande sind, für sich selbst zu sorgen. Kater spielen bei der Aufzucht keine Rolle, obwohl man bei wilden Katzen schon beobachten konnte, wie sie mit dem Nachwuchs spielen.

Nach der Paarung nistet sich die befruchtete Eizelle in der Gebärmutterwand ein. Die Drüsen scheiden Hormone aus, die bestimmte Verhaltensmuster auslösen. Die Katze wird aufmerksamer gegenüber Gefahren, sie putzt sich noch gründlicher, ihr Appetit nimmt zu. Eine freilaufende Katze wird mit größerer Entschlossenheit jagen und damit beginnen, Gräser und Kräuter zu fressen. Während sie tragend ist, sucht sie geschützte Schlafplätze auf. Sie dehnt ihre Putzsitzungen aus und wendet sich besonders ihrem Genitalbereich und den Zitzen zu. Neigt sich die Tragzeit von 63 Tagen dem Ende, sucht sich die Katze einen geeigneten Ort, um zu werfen. Die erste Phase der Geburt kann sich über mehrere Stunden hinziehen. Die Katze ist rastlos und frißt nichts, trinkt aber. Zu Beginn der zweiten, mit Wehen einhergehenden, Phase sucht die Katze in der Regel den vorher

Die Katzenmutter ist ständig damit beschäftigt, die Jungen mit ihrer rauhen Zunge zu putzen.

Kätzchen werden blind und taub geboren, haben aber einen ausgeprägten Geruchssinn, der es ihnen – noch bevor sie richtig trocken sind – ermöglicht, die Zitzen der Mutter zu finden.

ausgewählten Geburtsort auf. Die Wehen werden schließlich stärker und häufiger, und kurz vor der Geburt des ersten Welpen wird die Fruchtblase ausgestoßen.

Bei Katzenjungen ist es egal, ob die Geburt mit dem Kopf oder dem Schwanz voran erfolgt. Sobald Kopf oder Rumpf erscheinen, leckt die Katze an den Membranen, während das winzige Kätzchen von den Wehen aus dem Geburtskanal gestoßen wird. Besonders beim Erstgeborenen scheint es so, als würde das Kätzchen an Schultern oder Hüften zurückgehalten; aber es wird normalerweise ohne menschliche Hilfe ausgestoßen, sobald die Katze ihre Position verändert und preßt. Sie leckt alle Membranen weg, die das Neugeborene umschließen, und beißt die Nabelschnur etwa 2 cm vom Körper des Kätzchens entfernt durch. Der Rest trocknet in einer Woche ein, fällt ab und hinterläßt einen sauberen Nabel. Die Plazenta (Nachgeburt) kann, noch am Jungen hängend, ausgeworfen werden oder auch erst später, wenn das Kätzchen sau-

Eine Katzenmutter bringt ihre Kleinen hin und wieder in ein anderes Nest. Sie transportiert sie, indem sie sie einzeln an der Nackenfalte trägt.

ber und trocken ist und saugt. Normalerweise frißt das Muttertier die an Nährstoffen reiche Plazenta auf, die ihr in der Wildnis ausreichend Nahrung bietet, bis sie wieder in der Lage ist, zu jagen.

Nachdem das erste Kätzchen geboren ist, folgen die anderen in mehr oder weniger regelmäßigen Abständen, und die Mutter kümmert sich um jedes einzelne auf die gleiche Weise. Sie beseitigt den Schleim aus Nase und Mund und stimuliert die Atmung. Außerdem leckt sie heftig die Analregion des Kätzchens, damit das winzige Tier das Mekonium (Kindspech) ausstößt, einen dunklen Pfropfen, der den Darm verschließt.

Ist das letzte Kätzchen des Wurfs geboren, putzt die Mutter ihre Genitalregion, Beine und Schwanz. Sie sammelt ihre Welpen ein, legt sich auf die Seite und ermuntert sie zum Saugen. In manchen Fällen verläßt die Katze das Nest erst 24 Stunden nach der Geburt, um Nahrung aufzunehmen. Kleine Kätzchen leeren Blase und Darm nur, wenn sie von der Mutter durch Lecken der Genital- und Analregion stimuliert worden sind. Nachdem sie die Kätzchen gesäugt hat, putzt sie sie der Reihe nach und schluckt ihre Exkremente, so daß das Nest sauber bleibt. In der Wildnis sichert dieses Verhalten das Überleben der Katzenfamilie, da keine Geruchsspuren zurückbleiben, die den Aufenthaltsort der Kätzchen verraten und Räuber anlocken könnten.

Etwa drei Wochen nach der Geburt kann es vorkommen, daß die Mutterkatze ihren Wurf an einen

ENTWICKLUNG DER KATZENJUNGEN

Kätzchen werden blind und taub geboren. Sie verfügen aber über einen gut entwickelten Geruchssinn, der sie die Zitzen der Mutter finden läßt, und über einen starken Saugreflex, der sicherstellt, daß sie ausreichend Milch erhalten. Nach ungefähr acht bis zehn Tagen öffnen sich die Augen, und das Gehör beginnt sich zu entwickeln. Bis zum Alter von drei Wochen verbringt die Katzenmutter rund 70 Prozent ihrer Zeit mit dem Wurf: Sie säugt und putzt sie und animiert sie durch Lecken des Genitalbereichs zur Entleerung von Blase und Darm.

Mit zwei Wochen krabbeln die Kätzchen in der Wurfkiste umher; eine Woche später beginnen sie, auf den Beinen zu stehen und ihre Umgebung wahr-zunehmen. Von der dritten bis zur sechsten Lebenswoche machen die Jungen große Fortschritte: Sie lernen zu spielen, Laute von sich zu geben und sich für feste Nahrung zu interessieren. Im Alter von ungefähr vier Wochen benutzen sie erstmals eine Ecke der Wurfbox als Toilette, und mit sechs Wochen kann man ihnen beibringen, eine Katzentoilette zu benutzen. Im Alter von neun Wochen haben sie gelernt, verschiedene Arten von Nahrung zu sich zu nehmen, und verbringen nun weniger Zeit bei ihrer Mutter. Die meisten Kätzchen sind schon in diesem Alter vollständig selbständig.

neugeboren

eine Woche

zwei Wochen

drei Wochen

sechs Wochen

anderen, oft recht ungeeignet scheinenden Ort bringt. Sie ergreift jedes Kätzchen mit den Zähnen an der Nackenfalte, ohne die Haut dabei zu verletzen, hebt es so hoch und trägt es zu einem anderen Ruheplatz. Auf diese Weise transportiert sie jedes einzelne Kätzchen, bis sie den gesamten Wurf an einen neuen, sicheren Ort gebracht hat. Wenn die Kätzchen am Genick gegriffen werden, sorgt ein angeborener Reflex dafür, daß sie eine Fötusstellung einnehmen und vollständig erschlaffen. Dies stellt sicher, daß sie sich während des Transports nicht verletzen.

Bis zum Alter von etwa drei Wochen kümmert sich die Mutter um die Jungen. Sie verläßt ihren Wurf jeweils nur kurz. Nach zehn Tagen öffnen die Kätzchen die Augen. Im Alter von drei bis vier Wochen versuchen sie zum erstenmal, den Nestbereich zu verlassen. Je kräftiger die Jungen werden und je mehr feste Nahrung sie annehmen, desto weniger Zeit verbringt die Mutter mit ihnen.

Während der ersten Wochen bringt die Mutter ihren Kleinen sehr viel bei. Sie ermutigt sie zu spielerischen Jagdübungen und erzieht sie zu Reinlichkeit, indem sie sie auffordert, ihr aus dem Nest zu folgen, wenn sie sich erleichtern wollen. Wenn die Jungen entwöhnt und bereit sind, ihre eigenen Wege zu gehen, hat die Mutter sichergestellt, daß jedes ihrer Kleinen eine unabhängige und selbstsichere kleine Katze mit guten Manieren ist.

Sobald ihre Kätzchen laufen können, werden sie von der Mutter ermutigt, die Umgebung zu erforschen und ihr Spiel- und Jagdverhalten auszubilden.

STERILISATION

Wenn eine Katze nicht zur Zucht vorgesehen ist, sollte sie kastriert werden, damit sie sich zu einem liebenswerten, pflegeleichten Hausgenossen entwickelt. Kastrierte Katzen sind meist zu Ausstellungen zugelassen. Sie sind leichter in guter Kondition zu halten als nicht kastrierte Artgenossen.

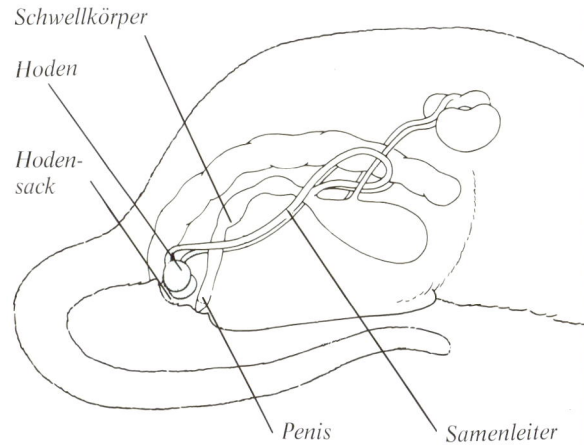

Schwellkörper
Hoden
Hodensack
Penis
Samenleiter

Kastration beim Kater (Orchidectomie) bedeutet die Entfernung der männlichen Fortpflanzungsorgane. Der Eingriff wird am besten durchgeführt, bevor das Kätzchen die Geschlechtsreife erreicht hat – wenn sein maskuliner Charakter, aber noch kein Interesse am anderen Geschlecht zu erkennen ist.

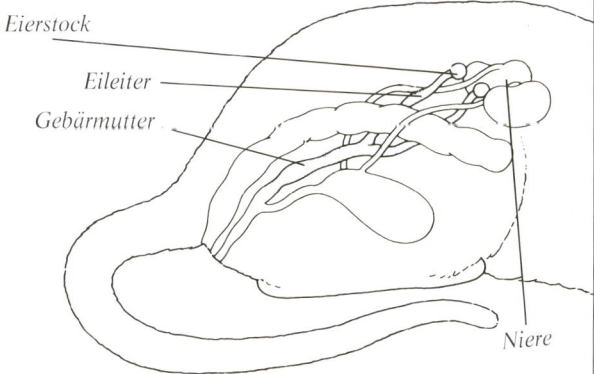

Eierstock
Eileiter
Gebärmutter
Niere

Kastration bei der Kätzin (Ovariohysterectomie) bedeutet die chirurgische Entfernung fast aller weiblichen Geschlechtsorgane – der Eierstöcke, Eileiter und der Gebärmutter. Die Kastration kann beim Weibchen sehr früh durchgeführt werden. Am besten wählt man für den Eingriff einen Termin vor seinem ersten Östrus. Eine Katze, die schon einmal geworfen hat, sollte man nicht mehr kastrieren lassen.

RASSEKATZEN ZÜCHTEN

Die Zucht von Rassekatzen ist ein anspruchsvolles, nicht unkompliziertes Hobby. Einerseits sind nur solche Katzen zur Zucht geeignet, die höchsten Ansprüchen genügen und über eine starke Konstitution verfügen, andererseits erfordern Zuchttiere eine besonders sorgfältige fachmännische Pflege.

WENN DIE GEWÖHNLICHE HAUSKATZE auch schnell trächtig wird und problemlos wirft, kann sich die Zucht von Rassekatzen als recht schwierig erweisen. Trotz generationenlanger Domestizierung gibt es immer wieder Fälle, in denen die Katze die unnatürlichen Beschränkungen ablehnt, die ihr Paarung und Trächtigkeit auferlegen. Sie kann z. B. die Paarung mit dem Zuchtkater verweigern, eine schwierige Tragzeit oder Geburt haben oder ihre Kätzchen ablehnen. Manche Muttertiere haben zuwenig oder minderwertige Milch. Einige tragen ihren Wurf ständig von einem Nestplatz zum anderen.

Für Katzenzüchter darf der finanzielle Aspekt keine Rolle spielen. Die Zucht von Rassekatzen ist ein Hobby, das sehr befriedigend sein kann – allerdings nicht in finanzieller Hinsicht. Der Gewinn besteht eher in dem Gefühl, etwas erreicht zu haben – etwa wenn man die Geburt eines besonderen Wurfes beobachtet hat und die Kätzchen erfolgreich aufziehen konnte. Ein echter Katzenliebhaber zieht seine größte Befriedigung aus der Fürsorge für die Mutterkatze, auch »Zuchtkönigin« genannt. Der Nachteil besteht natürlich darin, daß man sich von den Kätzchen trennen muß, wenn sie nach drei Monaten unabhängig geworden sind.

Es mag zwar verlockend erscheinen, sich ein Katzenpaar anzuschaffen, um zu züchten, aber das ist nicht so einfach. Haltung und Pflege eines Zuchtkaters ist nichts für Anfänger: Zum einen wird sich das Tier kaum mit einer monogamen Beziehung abfinden, zum anderen benötigt es eine besondere Unterbringung. Der Urin, mit dem er sein Revier markiert, könnte sonst zu einem ernsthaften häuslichen Problem werden.

Der Anfang

Sie kaufen sich am besten ein oder zwei Weibchen derjenigen Rasse zu kaufen, die Sie züchten möchten. Lassen Sie sich dabei von einem erfahrenen Züchter oder Ausstellungsrichter beraten. Zwei Weibchen stellen, wenn sie nicht miteinander verwandt sind, eine gute Grundlage für eigene Zuchtlinien dar. Sie sollten ein für die Zucht bestimmtes Jungtier im Alter von drei Monaten erwerben. Es muß einen gesunden Wuchs aufweisen, über einen makellosen Stammbaum verfügen und bei einer anerkannten Züchtervereinigung registriert sein. Achten Sie darauf, daß das Tier die notwendigen Impfungen hat (die dokumentiert sein müssen). Bis das Kätzchen erwachsen ist, kann es ein normales

Orientalen, wie die Siamesen, haben oftmals mehr als die übliche Zahl von Kätzchen im Wurf, so daß sie besondere Pflege benötigen, um erfolgreich aufgezogen zu werden. Diese wunderschöne Seal Point hat acht kräftige, gesunde Junge.

TRAGZEITTABELLE

Die durchschnittliche Tragzeit der Hauskatze beträgt 65 Tage. Kennt man also das genaue Datum der Paarung, kann man anhand der Tabelle das voraussichtliche Datum der Geburt feststellen. Eine Abweichung von bis zu vier Tagen ist möglich. Deshalb sollte die trächtige Katze in der Woche vor der Geburt regelmäßig untersucht werden. Um das Geburtsdatum festzustellen, suchen Sie den Paarungstag in der grünen Spalte. Das Geburtsdatum kann dann in der gelben Spalte abgelesen werden. Wenn sich die Katze am 1. Mai gepaart hat, wird sie vermutlich am 5. Juli werfen.

JAN	MÄR	FEB	APR	MÄR	MAI	APR	JUN	MAI	JUL	JUN	AUG	JUL	SEP	AUG	OKT	SEP	NOV	OKT	DEZ	NOV	JAN	DEZ	FEB
1	7	1	7	1	5	1	5	1	5	1	5	1	4	1	5	1	5	1	5	1	5	1	4
2	8	2	8	2	6	2	6	2	6	2	6	2	5	2	6	2	6	2	6	2	6	2	5
3	9	3	9	3	7	3	7	3	7	3	7	3	6	3	7	3	7	3	7	3	7	3	6
4	10	4	10	4	8	4	8	4	8	4	8	4	7	4	8	4	8	4	8	4	8	4	7
5	11	5	11	5	9	5	9	5	9	5	9	5	8	5	9	5	9	5	9	5	9	5	8
6	12	6	12	6	10	6	10	6	10	6	10	6	9	6	10	6	10	6	10	6	10	6	9
7	13	7	13	7	11	7	11	7	11	7	11	7	10	7	11	7	11	7	11	7	11	7	10
8	14	8	14	8	12	8	12	8	12	8	12	8	11	8	12	8	12	8	12	8	12	8	11
9	15	9	15	9	13	9	13	9	13	9	13	9	12	9	13	9	13	9	13	9	13	9	12
10	16	10	16	10	14	10	14	10	14	10	14	10	13	10	14	10	14	10	14	10	14	10	13
11	17	11	17	11	15	11	15	11	15	11	15	11	14	11	15	11	15	11	15	11	15	11	14
12	18	12	18	12	16	12	16	12	16	12	16	12	15	12	16	12	16	12	16	12	16	12	15
13	19	13	19	13	17	13	17	13	17	13	17	13	16	13	17	13	17	13	17	13	17	13	16
14	20	14	20	14	18	14	18	14	18	14	18	14	17	14	18	14	18	14	18	14	18	14	17
15	21	15	21	15	19	15	19	15	19	15	19	15	18	15	19	15	19	15	19	15	19	15	18
16	22	16	22	16	20	16	20	16	20	16	20	16	19	16	20	16	20	16	20	16	20	16	19
17	23	17	23	17	21	17	21	17	21	17	21	17	20	17	21	17	21	17	21	17	21	17	20
18	24	18	24	18	22	18	22	18	22	18	22	18	21	18	22	18	22	18	22	18	22	18	21
19	25	19	25	19	23	19	23	19	23	19	23	19	22	19	23	19	23	19	23	19	23	19	22
20	26	20	26	20	24	20	24	20	24	20	24	20	23	20	24	20	24	20	24	20	24	20	23
21	27	21	27	21	25	21	25	21	25	21	25	21	24	21	25	21	25	21	25	21	25	21	24
22	28	22	28	22	26	22	26	22	26	22	26	22	25	22	26	22	26	22	26	22	26	22	25
23	29	23	29	23	27	23	27	23	27	23	27	23	26	23	27	23	27	23	27	23	27	23	26
24	30	24	30	24	28	24	28	24	28	24	28	24	27	24	28	24	28	24	28	24	28	24	27
25	31	25	1	25	29	25	29	25	29	25	29	25	28	25	29	25	29	25	29	25	29	25	28
26	1	26	2	26	30	26	30	26	30	26	30	26	29	26	30	26	30	26	30	26	30	26	1
27	2	27	3	27	31	27	1	27	31	27	31	27	30	27	31	27	1	27	31	27	31	27	2
28	3	28	4	28	1	28	2	28	1	28	1	28	1	28	1	28	1	28	2	28	1	28	3
29	4			29	2	29	3	29	2	29	2	29	2	29	2	29	2	29	3	29	2	29	4
30	5			30	3	30	4	30	3	30	3	30	3	30	3	30	3	30	4	30	3	30	5
31	6			31	4			31	4			31	4	31	4			31	4			31	6
	APR		MAI		JUN		JUL		AUG		SEP		OKT		NOV		DEZ		JAN		FEB		MÄR

Leben mit liebevoller Zuwendung führen. Der Zeitpunkt des ersten Östrus ist bei den Kätzchen verschieden, weshalb man sie beobachten muß und nicht streunen lassen darf. Wenn die Katze mindestens zehn Monate âlt ist und der Tierarzt ihren guten Zustand bescheinigt, ist sie bei ihrem nächsten Östrus zur Paarung bereit. Männliche Rassekatzen, die zu Zuchtzwecken gehalten werden, nennt man »Zuchtkater«. Sie haben für gewöhnlich ihre Qualitäten schon bei Ausstellungen gezeigt und hohe Auszeichnungen dafür erhalten. Da ein Zuchtkater seinen Lebensbereich mit Spritzern übelriechenden Urins als sein Revier markiert, sollte er in eigenen Räumen gehalten werden.

Die Paarungen müssen vom Besitzer des Zuchtkaters genau kontrolliert, beobachtet und aufgezeichnet werden. Dem Besitzer der Kätzin wird gegen Zahlung einer vereinbarten Zuchtgebühr ein Zertifikat ausstellt. Man gibt den beiden Katzen einige Stunden Zeit, sich aneinander zu gewöhnen, wobei das Weibchen in einem Käfig eingesperrt sein sollte. Wenn der Besitzer des Katers sicher ist, daß die Tiere sich vertragen und die Kätzin wirklich bereit ist, läßt er sie frei, damit sie sich paaren können. Das wird über zwei bis drei Tage mehrfach wiederholt, um so sicherzustellen, daß es zu einer erfolgreichen Paarung kommt. Dann kehrt die Kätzin wieder zu ihrem Besitzer zurück.

SELEKTIVE ZUCHT

Hin und wieder treten sowohl bei Rasse- als auch bei Hauskatzen Anomalien in den Würfen auf. Oft versuchen Züchter, die von allem Ungewöhnlichen fasziniert sind, diese nicht alltäglichen Merkmale in der Zucht zu erhalten und eine neue Rasse zu schaffen. Nachdem man eine oder mehrere Generationen einer Zuchtauswahl unterworfen hat, ist es

möglich, den genetischen Ursprung eines neuen Merkmals zu bestimmen und so ein gezieltes Programm für eine neue Rasse zu entwickeln. Merkmale, die für das Wohl der Katze schädlich sind, werden von echten Katzenfreunden abgelehnt und daher bei den meisten Züchtervereinigungen für Registrierung und Zucht nicht zugelassen.

AMERIKANISCH CURL
Die nach hinten gerollten Ohren scheinen dem Tier keine Schwierigkeiten zu bereiten. Die Rasse wird in den Vereinigten Staaten von einigen Züchterverbänden anerkannt.

SPHINX
Liebhaber der scheinbar haarlosen Sphinx bemühen sich unablässig um die Anerkennung dieser Rasse für Ausstellungen und Registrierung. Andere lehnen die Zucht einer Rasse, die in freier Wildbahn nicht überlebensfähig wäre, ab.

SCHOTTISCHE FALTOHRKATZE
Der Schottischen Faltohrkatze wird von einigen Vereinigungen die Anerkennung verweigert, da sich die Faltohren unmöglich sauberhalten lassen. Außerdem sind bei einigen Würfen Anomalien des Skeletts aufgetreten.

SYMBOLISIERUNG DER GENE

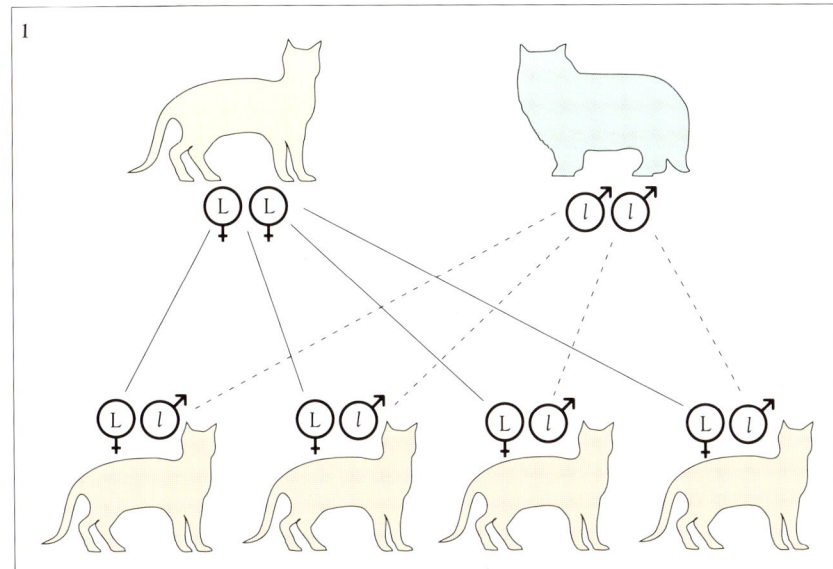

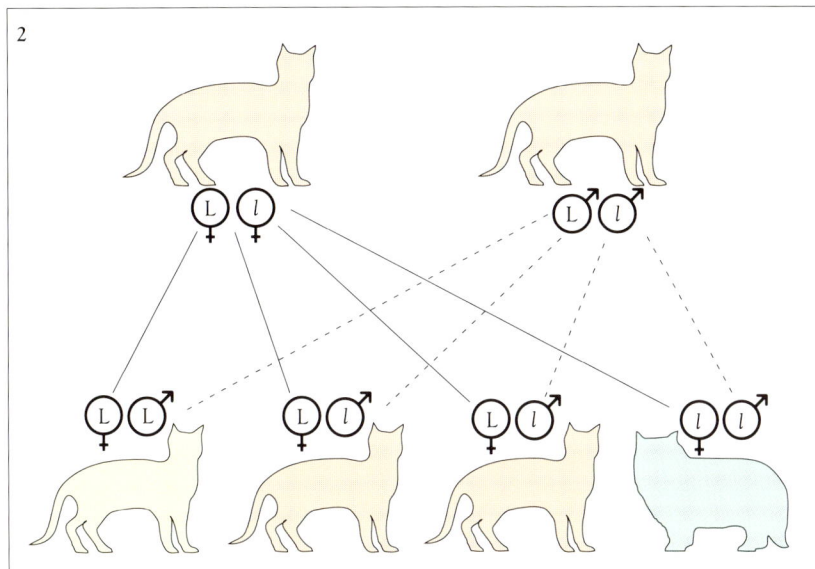

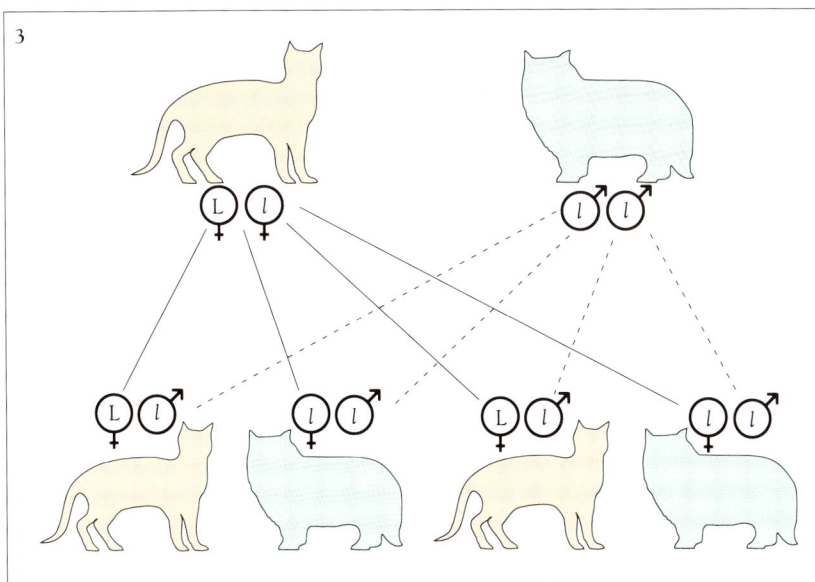

Wie beim Menschen treten auch bei Katzen die Gene für jedes Merkmal paarweise auf – jeweils eins von einem Elternteil. Die Anlagen für jede Ausprägung eines Merkmals sind entweder dominant oder rezessiv. So ist etwa das »wilde« Fell der *Felis catus* kurzhaarig, was wir der Einfachheit halber mit »L« symbolisieren. Die entgegengesetzte Merkmalsausprägung ist »langhaarig« (ein rezessives Gen gegenüber Kurzhaarigkeit), was wir mit »l« anzeigen. Dominante Gene werden mit Großbuchstaben bezeichnet, die entgegengesetzten rezessiven Gene mit Kleinbuchstaben.

Spermium und Ei enthalten jeweils eines der beiden Gene, die der Nachkomme von seinen Eltern erhält. Es scheint, daß einige Merkmale zufällig vererbt werden. Wenn man aber einmal das Prinzip von Dominanz und Rezessivität verstanden hat, ist es relativ einfach, die Gene durch sorgfältige Auswahl der Zuchtpartner zu manipulieren und Nachwuchs mit den entsprechenden Ausprägungen zu erhalten.

Ein einfaches Beispiel ist die Zucht von langem Fell bei Katzen, wie es in den Illustrationen dargestellt ist.

1 *Ein homozygotes Kurzhaar-Weibchen (d.h. reinerbig; beide Allele – Merkmalsausprägungen – sind gleich) wird mit einem homozygoten Langhaar-Männchen gekreuzt (LL x ll).*

2 *Ein heterozygotes (d.h. mischerbiges; unterschiedliche Allele) Kurzhaar-Weibchen wird mit einem heterozygoten Kurzhaar-Männchen gekreuzt (Ll x Ll).*

3 *Ein heterozygotes Kurzhaar-Weibchen wird mit einem homozygoten Langhaar-Männchen gekreuzt (Ll x ll).*

SCHLÜSSEL

 männliches Gen

 weibliches Gen

L   *Kurzhaar*
l   *Langhaar*

AUSSTELLUNGEN

Überall in der Welt werden Katzenausstellungen veranstaltet. Dort treffen sich Gleichgesinnte, präsentieren ihre Lieblinge und wetteifern um Preise und hohe Auszeichnungen.

KATZENLIEBHABER, die Katzen züchten oder ausstellen, beginnen mit ihrem Hobby meist wegen ihrer großen Liebe für alles Feline. Sie wollen die perfekte Katze züchten. Die meisten Katzen scheint die Zurschaustellung wenig zu interessieren, wohingegen ihre Besitzer große Befriedigung aus den Auszeichnungen ihrer Lieblinge ziehen. In finanzieller Hinsicht können die Aussteller keine Gewinne erwarten, da hohe Teilnahmegebühren die Regel und Preisgelder die Ausnahme sind. So gilt der ganze Ehrgeiz der Züchter Schleifen und Trophäen. Für die Teilnehmer haben die Katzenausstellungen eine wichtige soziale Funktion. Oft nehmen ganze Familien an diesen Treffen teil, und es scheint, als würden auch einige Katzen es genießen, verwöhnt und bewundert zu werden.

Die erste schriftlich verbürgte Katzenausstellung fand 1598 auf der St. Giles Fair in Winchester statt. Erst 1871 kam es im Crystal Palace in London zur ersten Katzenausstellung der Neuzeit, auf der Katzen von Juroren bewertet wurden. 24 Jahre später wurde die erste amerikanische Ausstellung mit Jury im Madison Square Garden in New York abgehalten. Die Mode, Katzen auszustellen und um Aus-

Bei Ausstellungen ist kein Geld zu gewinnen. Ein 1. Platz ist das Ziel der meisten Aussteller. Hier präsentieren sich zwei bildschöne Chinchillas mit ihren Auszeichnungen.

ZUR HANDHABUNG DIESES BUCHES

Alle Katzenzüchtervereine bewerten jede Rasse nach einem festgelegten Punktesystem. Die Unterteilung der einzelnen Punktwerte für bestimmte Merkmale unterscheidet sich von Rasse zu Rasse und von Organisation zu Organisation. In den Kapiteln über die Rassen auf den Seiten 56 bis 251 finden Sie eine kommentierte Auflistung der jeweiligen Standards der einzelnen Rassen. Abweichende Standards von anderen Verbänden werden gesondert aufgeführt.

Die Einführung stellt Ursprung und Entwicklung der Rasse vor.

Im Kasten werden die Merkmale aufgelistet, die zu Punktabzügen oder zur Disqualifikation der Katze führen.

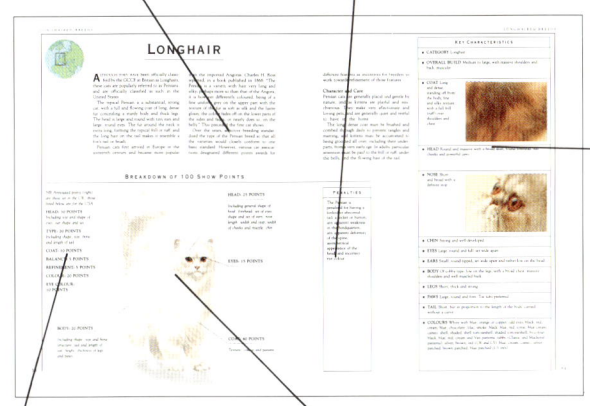

Der Textkasten für Hauptmerkmale liefert charakteristische Beschreibungen.

Die am Rand aufgeführten Punktwertungen entsprechen den von den Vereinigungen anderer Länder festgelegten Maßstäben.

Die Punkte in der Abbildung entsprechen dem in Großbritannien gültigen Standard oder der von den wichtigsten Organisationen für bestimmte Rassen festgelegten Bewertung.

zeichnungen zu kämpfen, verbreitete sich langsam um den Erdball, und heutzutage gibt es Hunderte von Ausstellungen in vielen Ländern. In jedem Land mit aktiven Katzenliebhabern gibt es einen oder mehrere Dachverbände, die Katzen registrieren und lizenzierte Ausstellungen durchführen.

Jede Vereinigung hat ihre eigenen Regeln für Pflege, Zucht, Registrierung und Ausstellung von Katzen; viele Organisationen geben auch Publikationen zu diesen Themen heraus.

Den besten Einstieg in die Welt der Ausstellungen bieten Katzenmagazine. Hier finden Sie Hinweise zu Ausstellungen. Besuchen Sie doch einige, denn dort können Sie wertvolle Erfahrungen sammeln. Die meisten Aussteller werden erfreut sein über ihr Interesse. Außerdem gibt es auf allen Ausstellungen Informationstische, und wenn man erst einmal Mitglied einer Vereinigung geworden ist, steht ein riesiger Fundus an Wissen offen. Jede Vereinigung hat ihre eigenen Regeln bei der Durchführung von Ausstellungen, aber ihnen allen ist eines gemeinsam: Das Wohl der Katze steht im Vordergrund.

Der Ablauf bei Ausstellungen mag variieren, aber das Ende ist immer gleich: Qualifizierte Juroren bewerten die Tiere nach einem offiziellen Punktesystem für ihre Rasse und Varietät und klassifizieren sie. Die Verbände haben jeweils ihre eigene

Auf Ausstellungen des britischen GCCF (Governing Council of the Cat Fancy) werden die Katzen einzeln an ihren Ausstellungskäfigen bewertet, nachdem die Aussteller den Hauptbereich der Halle verlassen haben.

Nomenklatur für die Gewinner von Spitzenauszeichnungen – *Champion, Supreme Champion* etc. Bei den meisten Ausstellungen werden sogar Hauskatzen in einer eigenen Abteilung ausgestellt. Da für sie kein Zuchtstandard zur Verfügung steht, bewerten die Juroren sie nach Temperament, Kondition und generellen ästhetischen Maßstäben.

KATZENVEREINIGUNGEN UND DACHVERBÄNDE

Länder, in denen Rassekatzen gezüchtet und ausgestellt werden, verfügen über mindestens eine Vereinigung oder Dachorganisation, die ein Register der Katzen und ihrer Stammbäume führt und Regeln für Katzenausstellungen festsetzt. In Großbritannien sind dies das Gouverning Council of the Cat Fancy (GCCF) und The Cat Association of Britain, das britische Mitglied der Federation Internationale Feline (FIFe). Amerikanische Katzenliebhaber können zwischen neun Vereinigungen wählen, von denen die größte – die Cat Fancier's Association (CFA) – Ableger in Kanada und Japan hat.

In Europa, Australasien und Südafrika gibt es nationale Verbände, wobei in der Regel eine der Vereinigungen des Landes Mitglied der FIFe ist, der größten und mächtigsten Katzenvereinigung der Welt. Die FIFe hat Tausende von Mitgliedern; sie befaßt sich mit allem, was mit Katzen zu tun hat, und schult und lizenziert hochkarätige Juroren in aller Welt.

KANADA

- Die Canadian Cat Association (CCA) ist die einzige Vereinigung. Ihre Aktivitäten konzentrieren sich auf den Osten. Sie gibt vierteljährlich eine zweisprachige Informationsschrift (GB und F) heraus.

VEREINIGTE STAATEN

- Die American Cat Association (ACA), 1899 gegründet und somit älteste Katzenvereinigung Amerikas, ist eine kleine Organisation, die Ausstellungen im Südosten und Südwesten der USA abhält.

- Das American Cat Council (ACC) ist im Südwesten der USA beheimatet – eine kleine Vereinigung, die Ausstellungen im »englischen Stil« abhält: Die Aussteller verlassen die Halle während der Bewertung.

- Die Crown Cat Fanciers' Federation (CCFF) organisiert viele Ausstellungen im Nord- und Südosten des Landes sowie im westlichen Kanada, auch wenn es sich hier um eine der kleineren Vereinigungen der USA handelt.

- Die von einem Gremium von Direktoren gegründete und geleitete Cat Fanciers' Association (CFA) gilt als Amerikas größte Züchtervereinigung. Sie gibt ein eindrucksvolles Jahrbuch mit einer Fülle von Informationen und Farbfotos heraus. Fast jedes Wochenende findet irgendwo in den USA eine CFA-Ausstellung statt.

- Mit ihren Aktivitäten, die ihren Schwerpunkt im Nordosten der USA haben, gehört die Cat Fanciers' Federation (CFF) zu den mittelgroßen Organisationen.

- Die United Cat Federation (UCF) ist ebenfalls eine Vereinigung mittlerer Größe. mit Basis im Südwesten der USA.

GROSSBRITANNIEN

- Die Cat Association of Britain (CA) formierte sich am 20. Februar 1983 als Alternativorganisation zum GCCF. Sie führt ein Register aller Zucht-, Rasse- und Hauskatzen ihrer Mitglieder und organisiert Ausstellungen in ganz Großbritannien. Bis zum Anschluß an die FIFe 1991 war die CA unabhängig.

- Das 1910 gegründete Governing Council of the Cat Fancy (GCCF) wird von einem Exekutivkomitee geleitet. Es hat 60 angeschlossene Clubs. Bis 1983 war das GCCF die einzige verantwortliche Organisation für die Registrierung und die Linzenzierung von Ausstellungen in Großbritannien.

WELTWEIT

- Der demokratisch geführten internationalen American Cat Fanciers' Association (ACFA) sind Vereine in den Vereinigten Staaten, Kanada und Japan angeschlossen. Die ACFA gibt eine monatliche Informationsschrift für ihre Mitglieder heraus.

- Die meisten europäischen Nationen verfügen über mindestens zwei Organisationen für die Registrierung und Lizenzierung von Katzen und Ausstellungen. Fast immer ist eine davon Mitglied der Federation Internationale Feline (FIFe). Die FIFe ist eine riesige organisierte, eingetragene Gesellschaft, die auch Mitglieder jenseits der Grenzen Europas hat. Gegründet 1949, ist sie heute mit 150.000 Züchtern und Ausstellern die größte Katzenvereinigung der Welt.

- The International Cat Association (TICA) gibt eine alle zwei Monate erscheinende Mitgliederzeitung und ein Jahrbuch heraus. Sie pflegt bei ihren Ausstellungen in den USA einen modernen Ansatz und hat Mitglieder in Kanada und Japan.

PFLEGE

Es ist recht einfach, für die Katze als Hausgenossen zu sorgen. Alles, was sie braucht, ist eine kleine Grundausstattung – zum Beispiel Futter- und Wassernapf, einen gemütlichen Schlafplatz, eine Katzentoilette und einen Kratzbaum.

IHRER KATZE EINE GUTE PFLEGE angedeihen zu lassen ist hauptsächlich eine Frage des gesunden Menschenverstandes und einer guten Haushaltsführung. Zuallererst müssen die Katzen ordentlich aufgezogen und regelmäßyig gegen die gefährlichsten Katzenkrankheiten geimpft werden, wie feline Panleukopenie (Katzenseuche, -pest, -typhus etc.), infektiöser Darmkatarrh, Rhinotracheitis (Entzündung der Nasen- und Luftröhrenschleimhaut), Calicivirus (»Katzenschnupfen«) und Leukämie. Sie sollten Ihre Katzen ausgewogene ernähren und sie regelmäßig entwurmen. Äußere Parasiten wie Flöhe bekämpft man bei Bedarf mit einem Flohpuder oder -spray oder einem Mittel, das den Fortpflanzungszyklus der Flöhe unterbricht. Die Katzentoilette muß, genau wie Futter- und Wassernäpfe, jederzeit makellos saubergehalten werden. Wenn Sie Ihrer Katze eine solche Pflege zukommen lassen und ihr außerdem viel Liebe und Aufmerksamkeit schenken, schaffen Sie beste Voraussetzungen für ein gesundes, langes Katzenleben.

Transportkiste
aus Pappe

Petcraft

PET CARRIER
for
DOGS, CATS, BIRDS,
RABBITS etc.

CODE No. A2932

weich gepolstertes
Schlafiglu

WAS IHRE KATZE BRAUCHT
*Das Angebot an Utensilien
unterschiedlicher Art und Preislage
ist riesig.*

elastisches Sicherheits-
halsband, Identifizie-
rungsanhänger

hygienische
Keramikschüssel

DIE LEBENSSPANNE DER KATZE

Katzen leben sehr unterschiedlich lange. Wild lebende Streuner werden zum Teil nur zwei Jahre alt, während ein geliebtes Haustier den 10. Geburtstag weit überschreiten kann.

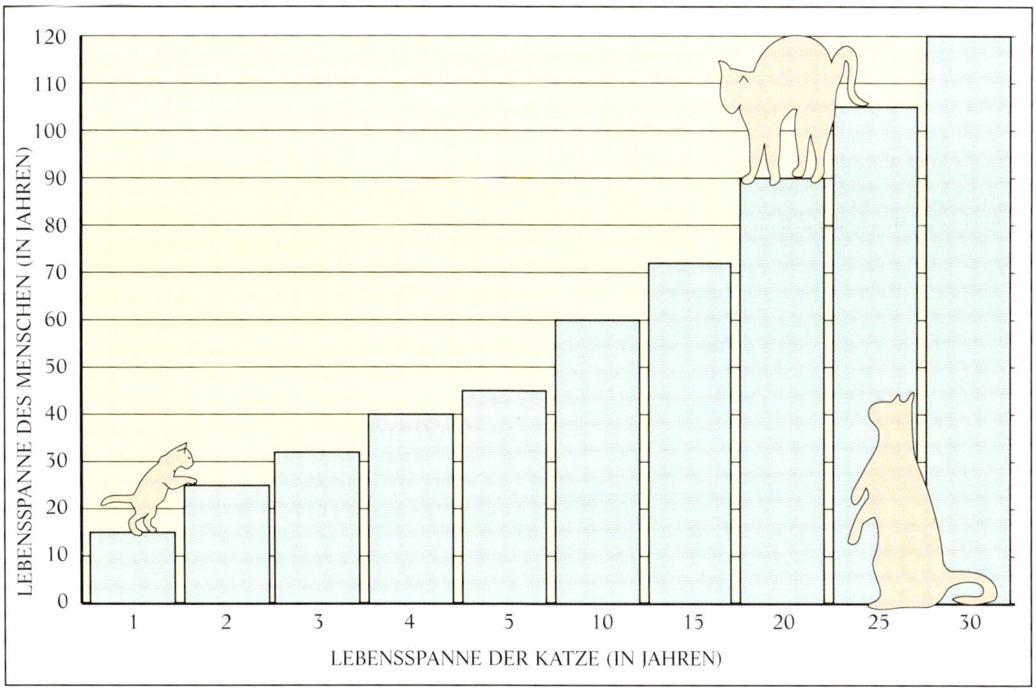

LEBENSSPANNE DES MENSCHEN (IN JAHREN)
0
10
20
30
40
50
60
70
80
90
100
110
120
1
2
3
4
5
10
15
20
25
30
LEBENSSPANNE DER KATZE (IN JAHREN)

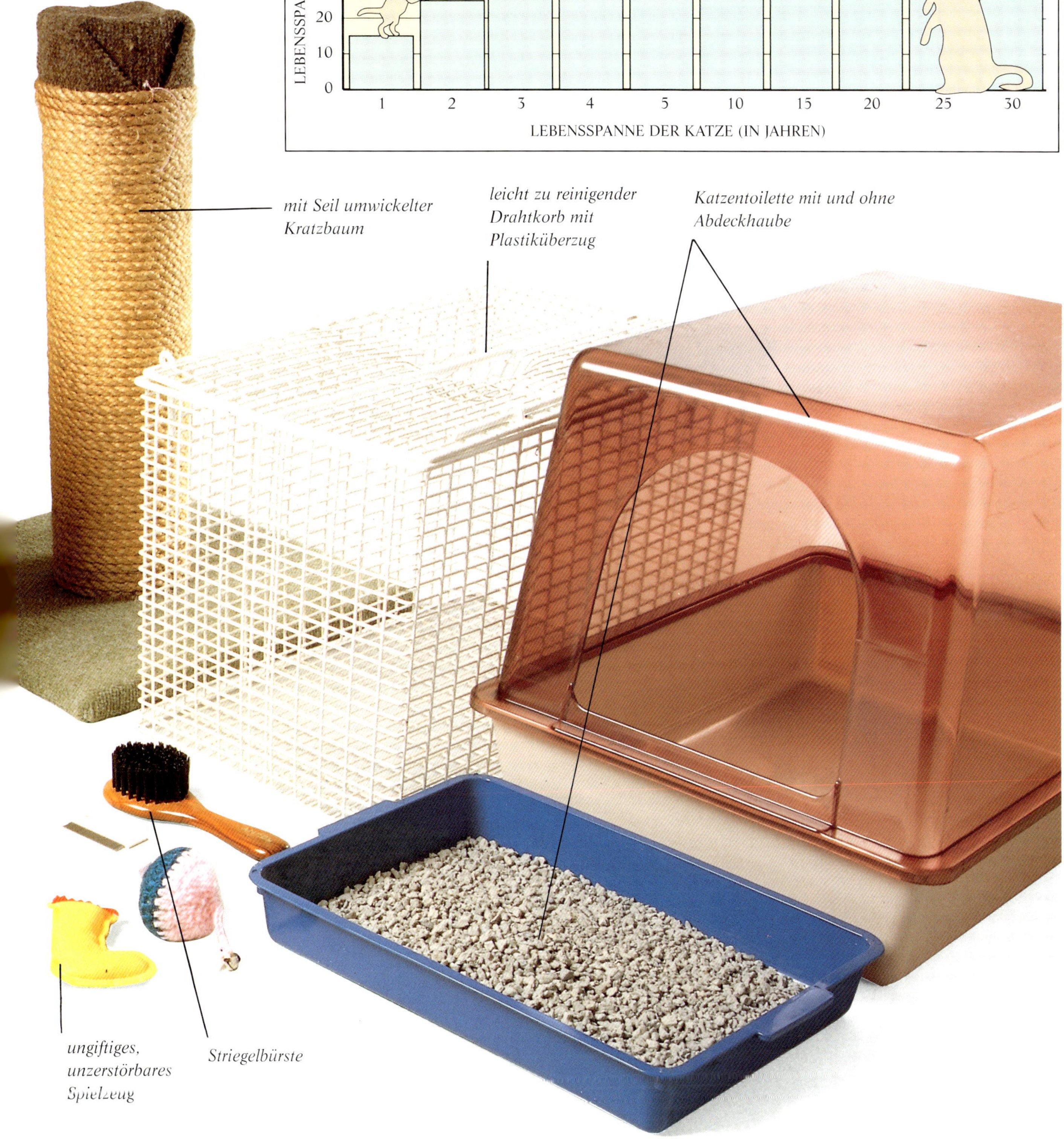

mit Seil umwickelter Kratzbaum
leicht zu reinigender Drahtkorb mit Plastiküberzug
Katzentoilette mit und ohne Abdeckhaube
ungiftiges, unzerstörbares Spielzeug
Striegelbürste

FELLPFLEGE

Die meisten Katzen empfinden Kämmen und Bürsten als sehr angenehm. Langhaarrassen wie die Perser müssen täglich gestriegelt werden, um das volle, dichte Fellkleid in gutem Zustand zu erhalten und zu verhindern, daß die Unterwolle verfilzt. Am besten beginnt man mit der Fellpflege bei der jungen Katze. Frisch entwöhnte Kätzchen sollten überall sanft gebürstet und gestreichelt werden, damit sie sich später nicht sträuben. Ihre Katze sollte die Fellpflege als angenehm kennenlernen, so daß sie auch das Durchkämmen empfindlicher Bereiche, wie der Innenseiten der Oberschenkel, nicht erschreckt. Verschiedene Fellarten erfordern auch verschiedene Pflegetechniken. Der Handel bietet viele solcher Hilfsmittel an, wobei als Faustregel gilt, daß besseres Material auch besser Fell oder Haut der Katze schützt.

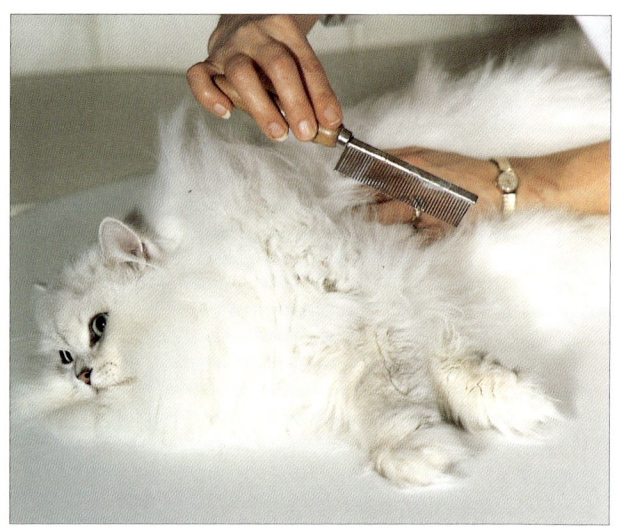

FELLPFLEGE BEI LANGHAARKATZEN

1 Streuen Sie Kämmpuder auf das Fell.
2 Massieren Sie den Puder beim Schwanz beginnend ein.
3 Bürsten Sie das Fell gründlich durch, so daß Sie den Puder entfernen und das Fell vorsichtig hochbürsten.
4 Kämmen Sie das Fell mit einem grobzahnigen Kamm nach vorne durch, um Knoten zu entfernen; achten Sie dabei besonders auf die Unterseite des Körpers.
5 Reinigen Sie Augen, Nasenlöcher und die Innenseiten der Ohrmuscheln mit feuchten Tupfern oder einer kleinen Bürste.

FELLPFLEGE BEI KURZHAARKATZEN

1 Entfernen Sie Staub, lose Haare, Verschmutzungen oder Parasiten mit einem feinzahnigen Kamm, vom Kopf zum Schwanz hin kämmend.
2 Für Katzen mit dichtem, kurzem Fell können Sie eine Gummibürste verwenden.
3 Eine weiche Haarbürste eignet sich am besten für Katzen mit sehr feinem, kurzem Fell.
4 Polieren Sie das Fell mit einem speziellen Striegelhandschuh, einem Stück Seidenstoff oder mit einem Fensterleder.

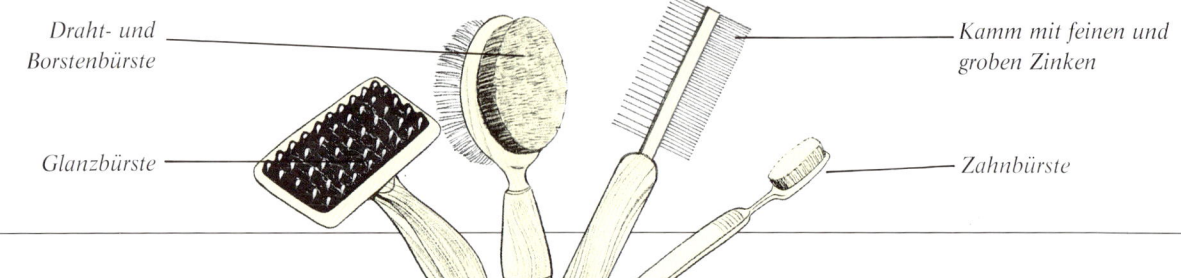

Draht- und Borstenbürste

Glanzbürste

Kamm mit feinen und groben Zinken

Zahnbürste

GESUNDHEIT

Obwohl von Natur aus kräftig, gesund und fürs Überleben geschaffen, ist die Katze für eine ganze Reihe von Krankheiten anfällig. Glücklicherweise kann man sie mit Impfungen gegen die gefährlichsten Krankheiten schützen.

DIE RICHTIGE KATZENPFLEGE ist eine Frage des gesunden Menschenverstandes. Eine Katze braucht ein sauberes Umfeld, genügend nahrhaftes Futter, Zugang zu frischem Trinkwasser, ausreichend Möglichkeiten für Spiel und Platz für Auslauf.

Sie sollte über ein eigenes Schlafkörbchen an einem ruhigen, geschützten Ort verfügen, wo sie tagsüber ungestört schlafen kann. Mahlzeiten soll-ten regelmäßig und in sauberen Gefäßen gereicht werden. Alles, was nicht innerhalb einer gewissen Zeit gefressen wurde, sollte man wegwerfen – Katzen mögen kein abgestandenes Futter. Frisches Trinkwasser sollte jederzeit da sein.

Auch wenn Ihre Katze ins Freie kann, benötigt sie im Haus eine Katzentoilette mit frischem Streu. Das ist wesentlich hygienischer, als wenn die Katze

DINGE, AUF DIE MAN BESONDERS ACHTEN SOLLTE

OHREN
Das Innere der Ohrmuschel sollte sauber aussehen und riechen. Dunkle Ablagerungen oder Ausfluß deuten auf Ohrmilben oder Infektionen hin.

NASE
Ausfluß kann den Beginn einer Erkrankung der oberen Atemwege oder eine allergische Reaktion anzeigen.

MAUL
Das Maul muß einen sauberen Eindruck machen. Schlechter Atem deutet auf Probleme im Rachen oder im Nierenbereich hin. Vereitertes Maul oder Zunge sind eventuell Anzeichen für eine Infektion der oberen Atemwege.

AUGEN
Die Augen sollten klar und wach aussehen. Jeder Ausfluß muß unverzüglich behandelt werden. Falls die Nickhaut als drittes Lid im inneren Augenwinkel deutlich in Erscheinung tritt, ist dies ein sicheres Krankheitssymptom.

HAUT
Die Haut sollte elastisch sein. Wenn eine Falte zurückbleibt, nachdem man sie zwischen Daumen und Zeigefinger zusammengedrückt hat, leidet die Katze unter Flüssigkeitsmangel und benötigt ärztliche Behandlung. Schmutz auf dem Rückgrat an der Schwanzwurzel deutet auf Flöhe hin. Wunde Stellen an der Körperunterseite können allergisch bedingt oder durch Milben verursacht sein.

ANUS
Bei Verschmutzungen, Verfärbungen oder wunden Stellen leidet die Katze womöglich unter Durchfall.

KRANKHEITSSYMPTOME

Schmerzen Oft das erste Anzeichen einer Erkrankung. Um die Ursache des Schmerzes zu finden, kann eine Untersuchung nötig sein.

Fieber Ein Anstieg der Körpertemperatur deutet in der Regel auf eine Infektion hin, kann aber auch von einem Hitzeschlag ausgelöst werden. Die normale Körpertemperatur einer ruhenden Katze beträgt 36,6° C, wobei aber auch 39,2° C nicht ungewöhnlich sind.

Veränderung des Verhaltens Da sie oft erste Anzeichen einer ernsthaften Erkrankung sind, sollten Veränderungen in der Persönlichkeit oder im Verhalten der Katze gut beobachtet werden.

Verlust von Gleichgewicht oder Körperbeherrschung Hinken zeigt eine Verletzung eines Muskels, einer Sehne oder eines Knochens an. Andere Anzeichen einer beeinträchtigten Beweglichkeit sind schwerer festzustellen – es kann sein, daß die Katze einfach nicht mehr auf einen Stuhl springt.

Atmung Erschwerte Atmung, Keuchen, Husten oder Niesen dürfen nicht ignoriert werden. Achten Sie auf Veränderungen in der Stimme Ihrer Katze. Jedes dieser Symptome kann den Ausbruch einer Atemwegserkrankung bedeuten.

Stuhlgang Jede Veränderung, wie z. B. Blut in Stuhl oder Urin, sollte ernst genommen werden. Eine Katze, die sich auf der Toilette ergebnislos anstrengt, muß sofort zum Arzt gebracht werden.

Fressen und Trinken Eine Änderung der Freßgewohnheiten kann vorübergehend sein. Ständiges Trinken, Erbrechen oder erhöhter Speichelfluß sind Symptome für Krankheiten. Wenden Sie sich im Zweifelsfall an einen Tierarzt, da sich auch Zahnprobleme u. a. auf diese Weise ankündigen können.

Haut und Fell Die meisten Katzen wechseln ihr Fell zweimal im Jahr. Aber jeder massive Haarausfall, möglicherweise zusammen mit dem Auftreten kahler Stellen, sollte dem Arzt gemeldet werden. Kratzt sich die Katze oft am Hals, kann ein Befall mit Flöhen, Zecken oder Milben vorliegen, der behandelt werden muß. Ohrmilben befallen das Innere des Ohres. Die Scherpilzflechte verursacht oft runde Hautveränderungen und ist auf den Menschen übertragbar. Daneben sind Katzen anfällig für Allergien, wie sie etwa durch Reinigungsmittel oder Flohbisse ausgelöst werden. Sie sollten jede Hautveränderung untersuchen lassen.

RUFEN SIE SOFORT DEN TIERARZT, WENN IHRE KATZE:

- blutet
- unter Schock steht
- evtl. eine giftige Substanz zu sich genommen hat
- teilweise oder völlig bewußtlos ist
- mit unkoordinierten Bewegungen umfällt, partiell oder vollständig gelähmt scheint
- offensichtlich verletzt ist
- regelmäßig erbricht oder ständigen Durchfall hat

den Garten als Toilette benutzt. Katzentoiletten werden in verschiedenen Formen angeboten, auch mit Abdeckhaube. Das Angebot an Streu reicht von frisch duftenden Holzspänen bis hin zu Bleicherdeprodukten. Wenn man das Streu wechselt, sollte man die Toilette auch gleich auswaschen, abtrocknen und mit verdünntem Haushaltsreiniger oder einem vom Tierarzt empfohlenen Präparat desinfizieren.

Katzen wollen von Zeit zu Zeit ihre Krallen schärfen. Zu diesem Zweck gibt es verschiedene Kratzbäume, von einfachen Kartonstreifen bis hin zu ausgeklügelten Konstruktionen mit Zwischenböden und Pfosten, die mit Seil oder Teppichboden bespannt sind. Beachten Sie, daß Katzen es vorziehen, ihre Krallen an Senkrechten zu wetzen.

Auch wenn die meisten Katzen, die richtig gepflegt werden, gesund und fit bleiben, ist es gut, die ersten Anzeichen einer Infektion oder Verletzung rechtzeitig erkennen zu können. Jede Veränderung im normalen Verhalten des Tieres kann mit einfachen Auslösern wie einem Wetterumschwung zusammenhängen, sollte aber aufmerksam beobachtet werden, da es sich hier ebensogut um die ersten Anzeichen einer Krankheit handeln kann. Im Zweifelsfall sollten Sie einen Arzt konsultieren. Im Fall einer schweren Erkrankung darf man keine Zeit verlieren; eine frühzeitige Behandlung bringt die besten Resultate.

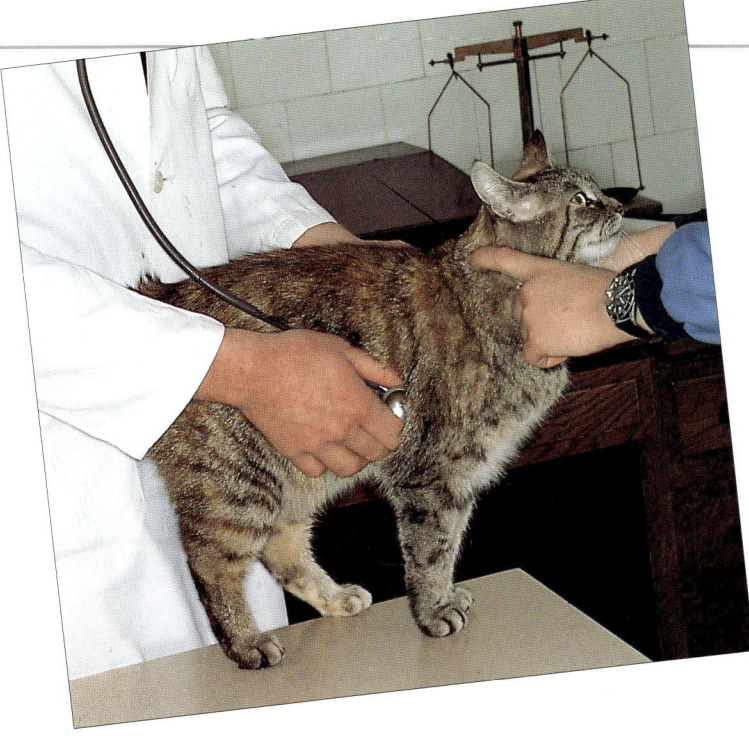

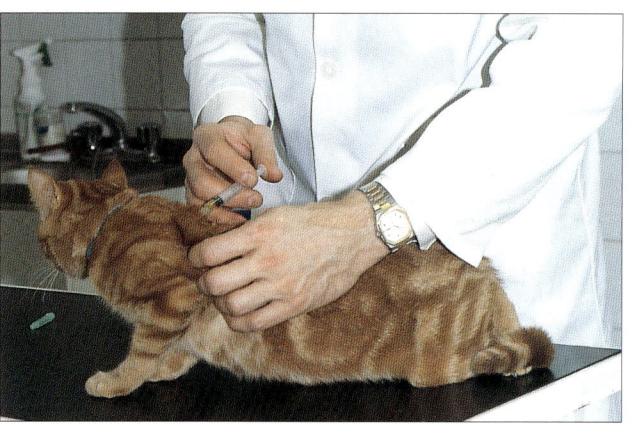

Der Tierarzt sollte der beste Freund der Katze sein, jedes Problem untersuchen, behandeln und in Form von geeigneten Impfungen und hilfreichen Ratschlägen vorsorgen.

KRANKHEITEN

Symptom \ Krankheit	Gebärmuttervereiterung FP	Schwangerschaft	Katze ist rollig und schreit	Trauma	Ohreninfektion	Konjunktivitis (Bindehautentzündung)	Zahnprobleme	Falsche Ernährung	Flöhe und andere externe Parasiten	Wurmbefall	Hitzschlag	Nierenerkrankung	Haarball	Gastroenteritis (Magen-Darm-Katarrh)	Uroliathiasis FUS	Feline infektiöse Peritonitis FIP	Feliner Leukämievirus FeLV	Feline infektiöse Anämie FIA	Virale Atemwegsinfektion	Feline infektiöse Enteritis FIE
Erbrechen	?	?		?				✳		?		×	✳	✳	×	?	?	?		×
Durchfall		?						✳		?		?	✳			?	✳	?		×
Offensichtliche Verstopfung				?				×				?	?	✳						?
Übermäßiger Durst	×											✳	?	?		?		?		?
Appetitlosigkeit	×	×	×	×		?	✳	×		?		×	×	×	×	×	×	×	?	✳
Vermehrter Harndrang	?			?								✳			✳					
Dehydration	?											×				?	×		×	✳
Husten/Niesen						?				?		?	?			?			✳	
Erschwerte Atmung		?		×		?				?	✳					×	×	?	?	
Fieber	?				?						✳			?		×		?	×	?
Niedrige Temperatur	×	?		?								?	?	?	×	?	?	?	?	✳
Bleiche Lippen/Gaumen	?			×				?				×				?	?	✳		×
Unterleibsschwellung	×	✳		?				?		×			?		×	✳	?			
Schütteln des Kopfes					?	✳		?	?											
Kratzen an Kopf/Hals					?	×		×	?	✳										
Offensichtliche Schmerzen	?		✳	✳	×		×						?	?	×	?				×
Hinken			✳					?			?									
Speichelfluß				?			✳	×			✳		×	?						?
Örtlicher Ausfluß	✳		×	✳	✳	✳	?												✳	
Deutlicher Gewichtsverlust	?						?		?		✳				✳	✳	?	?	?	

SYMPTOME
✳ fast immer
x häufig
? möglich

Eine ausgewachsene Katze benötigt täglich 50 Kalorien pro 450 g Körpergewicht. Aktive Tiere brauchen etwas mehr, gesetztere weniger. Zeugungsfähige Katzen haben einen höheren Kalorienbedarf als sterilisierte Tiere. Ein Muttertier, das vier oder mehr Kätzchen säugt, benötigt eine bis zu dreifache Kalorienzufuhr.

Normalerweise erhalten erwachsene Katzen zwei Mahlzeiten am Tag. Älteren Tieren gibt man am besten drei bis vier kleinere Portionen. Alte Katzen mit Verdauungsproblemen benötigen meist eine spezielle Diät, die vom Tierarzt zusammengestellt werden muß.

Der beste Maßstab für die richtige Ernährung einer Katze ist ihr generelles Erscheinungsbild. Matte Augen, eine warme, trockene Nase, schlechter Atem, trockenes, schuppiges Fell, absplitternde Krallen und Durchfall oder übelriechender Stuhl sind Anzeichen für falsche Ernährung.

Es gibt viele Möglichkeiten, eine Katze zu ernähren. Dosenfutter ist vergleichsweise teuer, aber so zusammengestellt, daß es gut verträglich ist. Mit einem Blick auf das Etikett können Sie sich davon überzeugen, ob Qualität und Zusammensetzung für Ihre Katze angemessen sind.

Halbfeuchtes Futter läßt sich leicht lagern und servieren; es ist für die meisten Katzen sehr verträglich. Allerdings enthält es Feuchthaltemittel und Konservierungsstoffe, die Verdauungsstörungen verursachen können. Viele Katzenbesitzer umgehen dieses Problem, indem sie jeden Tag eine Mahlzeit Dosenfutter und eine Mahlzeit

Auch wenn ausgewachsene Katzen keine Milch trinken müssen, genießen viele Tiere sie als schmackhafte Zugabe. Die Ausnahme bilden einige Katzenrassen, die – wie manche Orientalen – unfähig sind, Milch zu verdauen.

WAS SOLL MAN FÜTTERN?

Diese Tabelle zeigt auf einen Blick die Nahrungsmengen, die Sie Ihrer Katze am Tag geben sollten.

BESCHREIBUNG DER KATZE		NAHRUNGSANFORDERUNG	
ALTER DER KATZE	**GEWICHT DER KATZE IN GRAMM**	**MAHLZEITEN**	**GRAMM PRO MAHLZEIT**
KÄTZCHEN			
Neugeboren	110	10	30
5 Wochen	450	6	85
10 Wochen	900	5	140
20 Wochen	2000	4	170
30 Wochen	3000	3	200
AUSGEWACHSENE KATZE			
Männlich/Weiblich	3000–4500	1–2	170–240
Trächtig	3500	2–3	240
Säugend	2500	4	400
Kastriert	4000–4500	1–2	170–220

ERFORDERLICHE NÄHRSTOFFE

Proteine sind wichtig für Wachstum und Regeneration; sie kommen in Muskelfleisch, Fisch, Käse, Eiern und Milch vor. Mindestens 35–40% der Nahrung sollten aus Proteinen bestehen. Kastrierte Katzen benötigen nur 25%. Tiere mit Milchunverträglichkeit akzeptieren unter Umständen Joghurt als Alternative.

Kohlehydrate spielen für die Ernährung der Katze keine Rolle und sollten, wenn überhaupt, in Form von gekochtem Getreide und Gemüse gefüttert werden.

Fette bieten Energie in konzentrierter Form und können 25–30% der Nahrung ausmachen. Sie enthalten viele Fettsäuren, die für die Gesundheit von Haut und Fell wichtig sind. Darüber hinaus bieten sie die fettlöslichen Vitamine A, D, E und K. Fette können in Form von Butter, Margarine, ausgelassenem Speck oder rein pflanzlichen Ölen der Nahrung beigegeben werden.

Vitamine und Mineralien finden sich in vielen Nahrungsmitteln. Katzen benötigen besonders viel Vitamin A, ein Zuviel kann aber gefährlich sein. Wenn Sie Ihrer Katze Fertigfutter geben, achten Sie auf die Angaben zum Vitamin-A-Gehalt auf dem Etikett. Füttern Sie frisches Fleisch, sollten Sie an ein oder zwei Tagen pro Woche etwa 30 g leicht gekochte Leber unter das Futter mischen.

Vitamin B ist ebenfalls von großer Bedeutung für die Gesundheit Ihrer Katze; auch hier sollten Sie die Etiketten von Fertignahrung im Hinblick auf den Gehalt überprüfen.

Vitamin C wird allgemein als unbedeutend erachtet, obwohl es in Rekonvaleszenzphasen helfen kann. Die meisten Katzen nehmen Vitamin C in Form von Sirup mit Orangengeschmack, wie er für menschliche Babies angeboten wird.

Im Gegensatz zu Hunden und Menschen haben Katzen nur einen sehr geringen Vitamin-D-Bedarf, der zum größten Teil durch Sonnenlicht gedeckt wird. Bei einer ausgewogenen Ernährung ist eine Zufütterung von Vitaminen und Mineralien nur selten nötig.

halbfeuchtes Futter geben. Trockenfutter erfreut sich großer Beliebtheit, da es preisgünstig ist und gut gelagert und zubereitet werden kann. Ernährt man seine Katze ausschließlich mit Trockenfutter, muß man darauf achten, daß sie viel Wasser trinkt. Da einige Marken etwas fettarm sind, kann es sein, daß man Fett zufüttern muß.

ENERGIEBEDARF
Eine ausgewachsene Katze benötigt, abhängig von Größe und Auslauf, 200 bis 300 kcal pro Tag. Jungtiere haben aufgrund ihres schnellen Wachstums einen im Verhältnis zum Körpergewicht höheren Energiebedarf. Kastrierte Katzen benötigen weniger Energie, da sie sich nicht fortpflanzen und generell ein ruhigeres Leben führen.

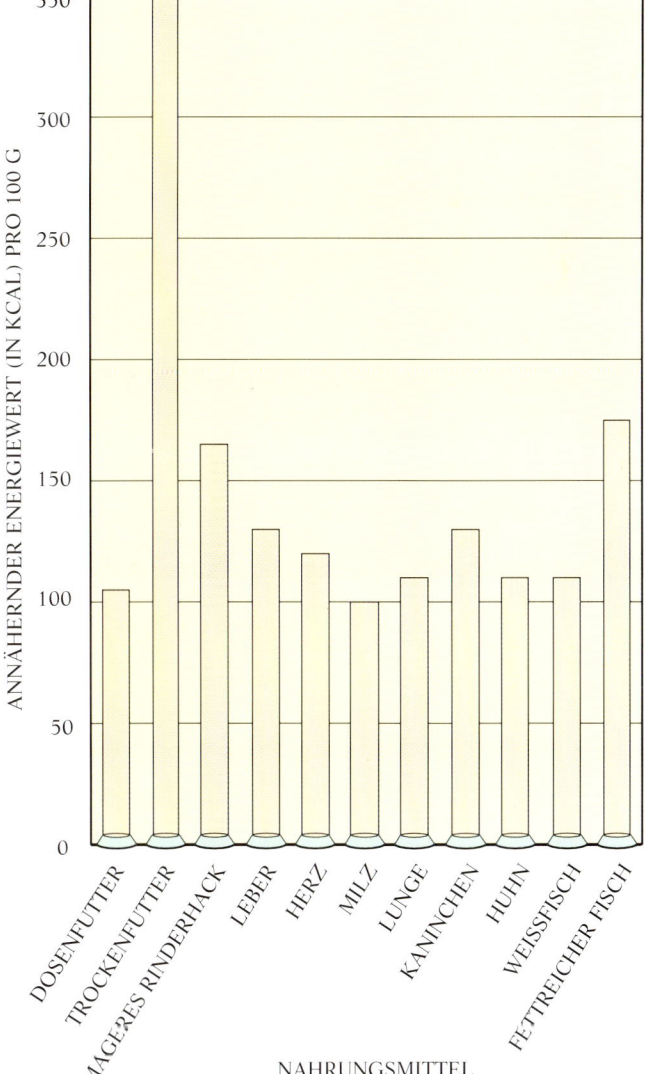

So bleibt Ihre Katze gesund

Regelmäßige Pflege hält Ihre Katze gesund und macht sie widerstandsfähiger.

TÄGLICH

- Beobachten Sie den Gesamteindruck der Katze und ihr Verhalten; jede deutliche Veränderung kann die sofortige Untersuchung durch einen Tierarzt erfordern.
- Sorgen Sie für eine ausgewogene Ernährung von guter Qualität.
- Stellen Sie frisches Trinkwasser in einem sauberen Gefäß bereit.
- Entsorgen Sie benutztes Streu; reinigen Sie die Katzentoilette; überprüfen Sie Stuhl (und Urin) auf Anomalitäten.
- Kämmen und bürsten Sie das Fell Ihrer Katze.
- Bei freilaufenden Katzen überprüfen Sie das Fell auf Verschmutzungen, Fremdkörper (Grassamen) und Parasiten (z. B. Zecken); untersuchen Sie die Pfoten auf wunde oder verletzte Ballen und auf Fremdkörper wie Splitter und Dornen. Suchen Sie den Körper nach Kampfspuren ab – Kratzer und Bisse können zu Abszessen führen, wenn man sie nicht reinigt und desinfiziert.

WÖCHENTLICH

- Untersuchen Sie Fell und Ohren auf Parasitenbefall. Falls Sie Parasiten entdecken, verständigen Sie sich mit Ihrem Tierarzt über eine entsprechende Behandlung.
- Schauen Sie sich Maul und Rachen an; reinigen Sie bei Bedarf die Zähne.

MONATLICH

- Untersuchen Sie die Katze mit den Fingerspitzen vom Kopf bis zum Schwanz auf Knoten, Unebenheiten, Verletzungen und Fremdkörper. Jede auffällige Veränderung sollte dem Tierarzt vorgeführt werden.

HALBJÄHRLICH

- Schauen Sie in den Papieren Ihrer Katze nach, wann die nächsten Blutuntersuchungen oder Impfungen anstehen, und notieren Sie sich diese Termine. Freilaufende Katzen sollten auf Wurmbefall hin untersucht und gegebenenfalls behandelt werden.

JÄHRLICH

- Lassen Sie eine komplette ärztliche Untersuchung durchführen, verbunden mit notwendigen Auffrischungsimpfungen.

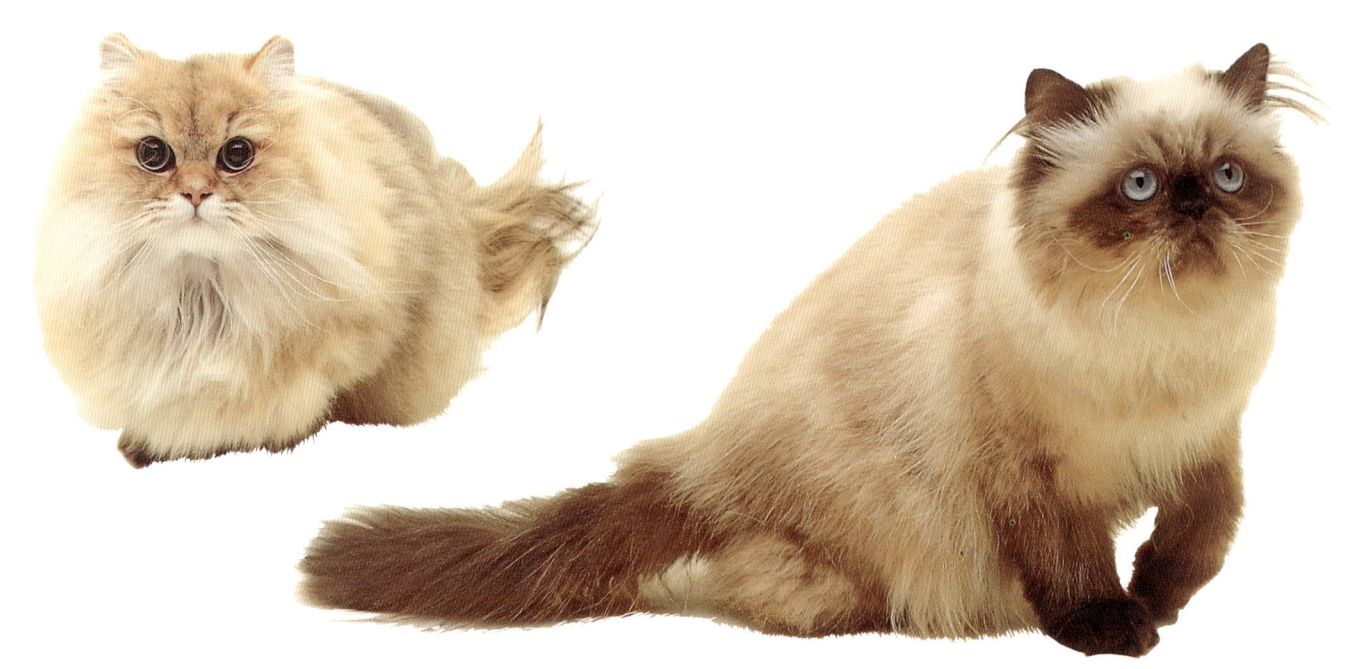

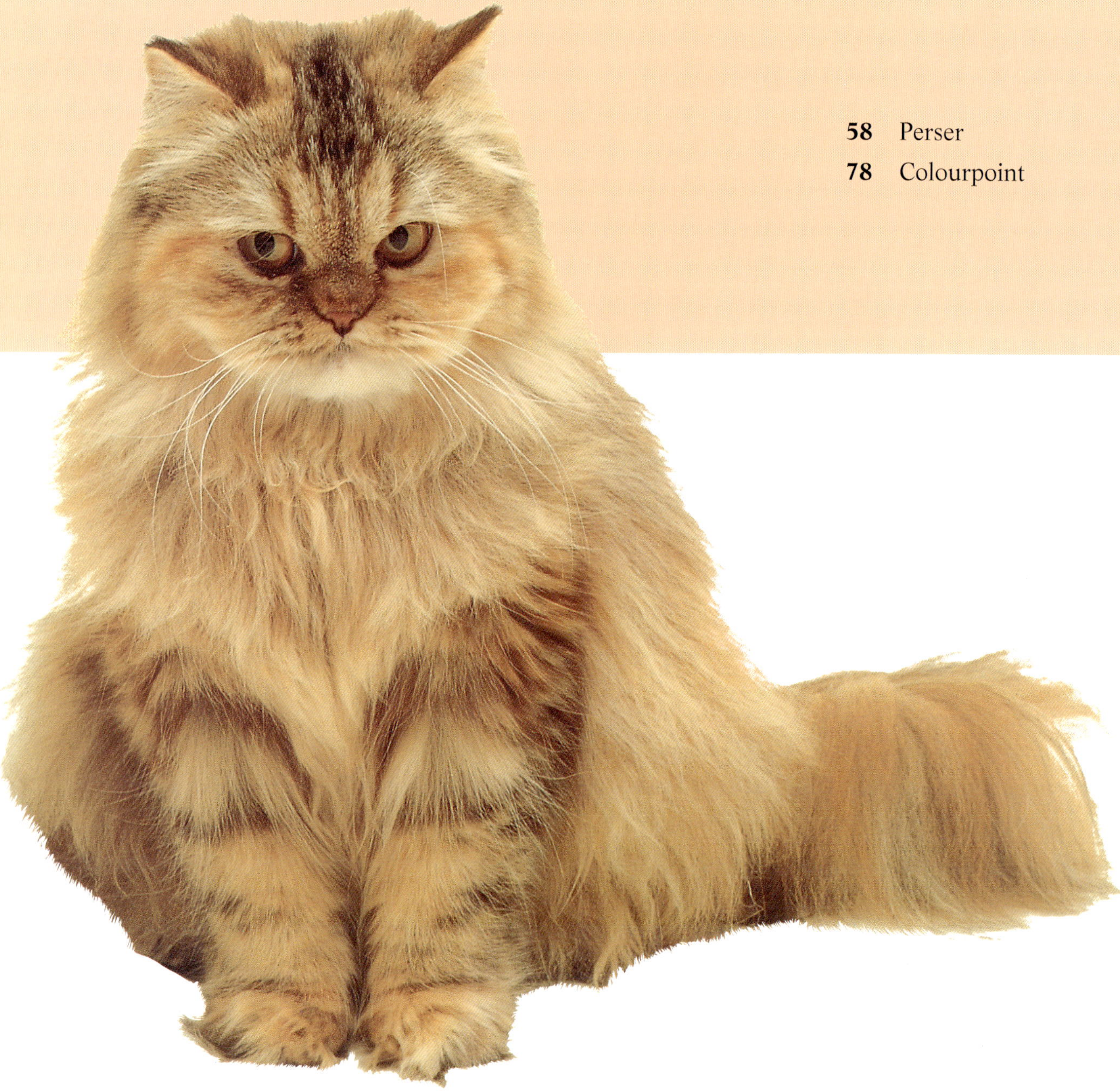

58 Perser
78 Colourpoint

LANGHAAR-RASSEN

PERSER

Vom GCCF werden diese Katzen offiziell als »Langhaarkatzen« eingestuft. In Europa und den Vereinigten Staaten bezeichnet man sie allgemein als »Perserkatzen«.

Die typische Perserkatze ist kräftig und stark, mit einem dichten, fließenden Fell aus langen Haaren, unter dem sich ein gedrungener Körper mit kurzen, dicken Beinen verbirgt. Der Kopf wirkt groß und rund mit kleinen Ohren und großen, runden Augen. Das Fell um den Hals bildet die für diese Rasse typische Krause. Der Schwanz erinnert wegen seiner langen Haare an den eines Fuchses.

Perserkatzen gelangten im 16. Jahrhundert nach Europa und erfreuten sich bald größerer Beliebtheit als die ebenfalls importierten Angorakatzen. Charles H. Ross berichtete in seinem 1868 veröffentlichten Buch: »Die Perserkatze ist eine Rasse mit sehr langem, seidigem Fell, das vielleicht noch länger wächst als das der Angorakatze. Es besitzt jedoch eine andere Farbe. Das schöne, einheitlich graue Fell ist weich, seidig und von schimmerndem Glanz. Die Farbe läuft langsam an den unteren Seiten aus und verblaßt beinahe am Bauch.«

Mit den Jahren führten strenge Zuchtvorschriften zu einer Vereinheitlichung der Gattung der Perserkatzen, so daß alle Varietäten schließlich recht genau einem Grundtyp entsprachen. Einige Katzenverbände verliehen

OFFIZIELLE PUNKTESKALA

Die neben der Abb. aufgeführten Punkte beziehen sich auf den britischen, die unten aufgeführten auf den Standard der USA.

KOPF: 30 PUNKTE
einschließlich Größe und Form der Augen sowie Form und Stellung der Ohren.

TYP: 20 PUNKTE
einschließlich Form, Größe, Knochenbau, Schwanzlänge.

FELL: 10 PUNKTE

HALTUNG: 5 PUNKTE

VERFEINERUNG: 5 PUNKTE

FARBE: 20 PUNKTE

AUGENFARBE: 10 PUNKTE

KÖRPER: 20 PUNKTE
einschl. Form, Größe und Knochenbau; Form und Länge des Schwanzes; Größe; Stärke der Beine und Pfoten

KOPF: 25 PUNKTE
einschl. Kopf- und Stirnform; Augenstellung, Form, Stellung der Ohren; Länge, Breite der Nase sowie deutlich ausgebildete Stupsnase; Breite der Wangen und des Mauls; Kinn.

AUGEN: 15 PUNKTE

FELL: 40 PUNKTE
Textur, Farbe und Muster

aber verschiedene Preise für bestimmte Merkmale, um Züchtern einen Anreiz zur Verfeinerung dieser Merkmale zu geben.

Charakter und Pflege

Bei den Perserkatzen handelt es sich um friedliche, sanfte Tiere, die als Kätzchen verspielt und schelmisch sind und sich zu anhänglichen, ruhigen Haustieren entwickeln.

Da das lange, dichte Fell (auch das der Unterseite) täglich gebürstet und gekämmt werden muß, sollte man die Kätzchen schon sehr früh daran gewöhnen. Bei ausgewachsenen Katzen muß man besondere Sorgfalt auf die Nackenkrause, den Bauch und das lange Schwanzhaar verwenden.

FEHLER

Als Fehler gelten bei Perserkatzen: Schwanzfehler (Knickschwanz); ein Medaillon; sichtbare Schwäche der Hinterbeine; auffällige Deformierung des Rückgrats; asymmetrische Erscheinung des Kopfes und fehlerhafte Augenfarbe.

HAUPTMERKMALE

- **KATEGORIE:** Langhaar

- **KÖRPERBAU:** mittelgroß bis groß mit breiten Schultern und Rücken, muskulös

- **FELL:** lang und dicht, vom Körper abstehend, feine, seidene Struktur mit voller Krause um Schultern und Brust

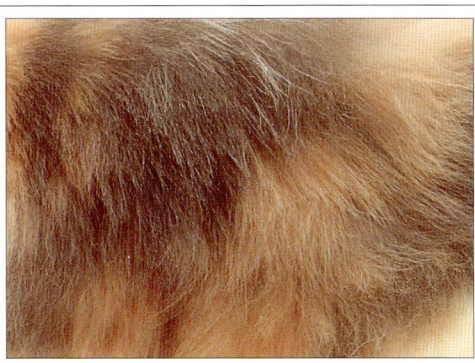

- **KOPF:** rund und breit, runde Stirn, volle Wangen und kräftige Kiefer

- **NASE:** kurze, breite Stupsnase (in der Fachsprache »Stop« genannt)

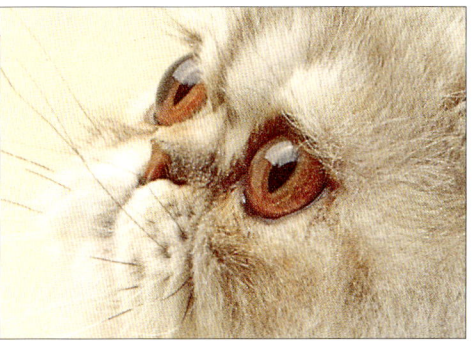

- **KINN:** kräftig und gut ausgebildet

- **AUGEN:** groß, rund und weit auseinanderstehend

- **OHREN:** klein, abgerundet, weit auseinander, tief am Kopf ansetzend

- **KÖRPER:** gedrungen, kurz und stämmig, breite Brust und Schultern, muskulöser Rücken

- **BEINE:** kurz, dick und kräftig

- **PFOTEN:** groß, rund und fest, am besten mit Büscheln

- **SCHWANZ:** kurz, doch proportional zur Gesamtlänge des Körpers passend, gerade gehalten

- **FARBSCHLÄGE:** Weiß mit Blau, Orange oder Kupfer, mit verschiedenfarbigen Augen; Schwarz, Rot, Creme, Blau, Chocolate, Lilac; Smoke: Schwarz, Blau, Rot, Tortie, Blaucreme; Cameo: Shell, Shaded, Shell-Schildpatt, Shaded Schildpatt; Bicolor: Schwarz, Blau, Rot, Creme und Van-Muster; Tabby (Classic = gestromt / Mackerel = getigert): Silber, Braun, Rot (*England und USA*), Blau, Creme, Cameo Silber getupft, Braun getupft, Blau getupft (*nur USA*)

WEISS

**PERSER WEISS
MIT VERSCHIE-
DENFARBIGEN
AUGEN**

*Bei dieser Varietät
sollte ein Auge orange-
oder kupferfarben und
eins dunkelblau sein;
beide Augen sollten
die gleiche Farbinten-
sität besitzen.*

DIESE SEIT MEHR als 100 Jahren sehr beliebte
Varietät ist das Ergebnis einer Kreuzung der
ersten importierten Angora- und Perserkatzen.
Die ursprünglich weißen Langhaarkatzen hatten blaue Augen und waren aufgrund einer
genetischen Anomalie vielfach taub. So wurde
versucht, die Gesamterscheinung der weißen
Langhaar zu verbessern, und man kreuzte sie
mit preisgekrönten blauen und schwarzen Perserkatzen. Die so hervorgegangenen Exemplare hatten nicht nur stärkere Knochen und
einen kräftigeren Kopf, sondern z.T. orange-,
kupfer- oder verschiedenfarbene Augen. Diese
Katzen konnten gut hören. Einige mit verschiedenfarbigen Augen waren auf der Seite
des blauen Auges taub. Die weißen Perser werden heute in Großbritannien nach drei verschiedenen Varietäten bewertet.

Die weißen Langhaarkatzen müssen besonders sorgfältig gebürstet werden, da ihr Fell
schnell gelbe Flecken um Augen, Nase und
unter dem Schwanz bekommen kann. Wenn
nicht genügend Sorgfalt auf die Pflege verwendet wird, setzen sich die Flecken unter
Umständen fest, und die Schönheit des Fells
ist verdorben. Liebhaber dieser Varietät verwenden ein weißes Pflegepuder, das Flecken-
bildung verhindert.

Farbe

Das Fell muß leuchtend reinweiß sein und darf
keine Zeichnungen aufweisen. Nasenspiegel
und Ballen schimmern rosa. Bei Varietäten mit
blauen Augen sollten die Augen dunkelblau
sein; bei denen mit kupfer- (USA) oder orangefarbenen Augen (GB) sollte es sich um Kupfer (USA) bzw. Orange oder Kupfer (GB) handeln. Die weiße Langhaar mit verschiedenfar-
benen Augen hat ein dunkelblaues und ein
orange- oder kupferfarbenes Auge.

**PERSER WEISS
MIT BLAUEN
AUGEN**

*Diese Varietät neigt zu
Taubheit.*

**PERSER WEISS
MIT ORANGEFAR-
BENEN AUGEN**

*Katzen mit orange- oder
kupferfarbenen Augen
haben keine Hörpro-
bleme und sind deshalb
häufig aufgeweckter als
ihre blauäugigen
Artgenossen.*

STANDARDS IN
GROSSBRITANNIEN

FARBE: 25 PUNKTE

FELL: 40 PUNKTE

KÖRPER: 20 PUNKTE

KOPF: 25 PUNKTE

AUGEN: 15 PUNKTE

*Europäische und US-
amerikanische Stan-
dards für alle Perser-
katzen siehe Seite 58.*

SCHWARZ

DIE SCHWARZE PERSER gehört zu den ältesten reinrassigen Züchtungen. Kaum ein Exemplar wird allen Wertungsmaßstäben gerecht. Sie ist eine kräftige, schöne Katze, mit großen, leuchtenden Augen und pechschwarzem Fell. Es kann leicht rostige Flecken bekommen, die durch Sonnenlicht oder Feuchtigkeit entstehen; beim Haarwechsel bilden sich oft bräunliche Stellen. Junge schwarze Katzen enttäuschen zunächst aufgrund der Schattierungen der Unterwolle und der rostfarbenen Tupfer im Oberfell, aber diese Makel verschwinden meist mit zunehmendem Alter.

Farbe
Das Fell sollte von den Haarspitzen bis zu den -wurzeln schwarz sein, keine Schattierungen oder Abzeichen und kein weißes Haar aufweisen. Der Nasenspiegel ist schwarz, die Ballen sind schwarz oder braun. Die Augen sollten von glänzendem Kupfer (USA) bzw. kupferfarben oder von dunklem Orange (GB) sein und keinen grünen Rand aufweisen.

STANDARDS IN GROSSBRITANNIEN

FELL: 40 PUNKTE

KÖRPER: 20 PUNKTE

KOPF: 25 PUNKTE

AUGEN: 15 PUNKTE

Europäische und US-amerikanische Standards für alle Perserkatzen siehe Seite 58.

PERSER SCHWARZ
Die Augen der schwarzen Perser sollten von leuchtendem Kupferton oder dunklem Orange sein. Sie bringen das tiefschwarze Fell voll zur Geltung.

ROT

PERSER ROT
*Rote Perser sind recht
selten bei Ausstellungen
vertreten. Sie haben ein
dichtes, rotes Fell ohne
Schattierungen und Tabby-
Abzeichen.*

STANDARDS IN
GROSSBRITANNIEN

FELL: 40 PUNKTE

KÖRPER: 20 PUNKTE

KOPF: 25 PUNKTE

AUGEN: 15 PUNKTE

*Europäische und US-
amerikanische Stan-
dards für alle Perser-
katzen siehe Seite 58.*

OBWOHL DIE ROTE Perser seit langem eine beliebte Zuchtkatze ist, war man sich zur Zeit der ersten Katzenausstellungen nicht über die Beschreibung ihrer Farbe einig. Bis 1894 gab es bei Ausstellungen im Londoner Crystal Palace Klassen für braune oder rote Tabby-Perser. Erst neun Jahre später kam eine Klasse für orange- und cremefarbene Exemplare hinzu. Die Orange, Creme, Fawn and Tortoiseshell Society änderte den Standard für die orangefarbenen Perser und verlangte eine »Farbe so leuchtend (…) und entweder einfarbig oder als Markierung so ausgeprägt wie möglich«. Die Richter wählten die Gewinner offensichtlich ohne Rücksicht auf Markierungen aus. Mit den Jahren unterschieden die Züchter das Rot entweder nach Einfarbigkeit oder Tabby, und ab 1912 gab es separate Klassen, die noch immer als einfarbig Orange oder Orange Tabby beschrieben wurden. Man entschied sich für den dunkleren Farbschlag. Und obwohl die Zahl der Varietäten im Zweiten Weltkrieg dezimiert wurde, konnte man bei den weltweiten Ausstellungen der letzten 50 Jahre traumhafte Verbesserungen bei den roten Perserkatzen beobachten.

Farbe

Das Fell muß dicht, üppig, klar und glänzend rot sein. Es darf keine Markierungen, Schattierungen oder Tickings zeigen. Lippen und Kinn zeigen dieselbe Farbe wie das Fell. Nasenspiegel und Ballen schimmern ziegelrot, und die Augen sind von einem leuchtenden (USA) oder dunklen Kupferton (GB).

CREME

IN FRÜHEREN ZEITEN nannte man die Perser Creme auch »Perser Fawn«, und strenge Aussteller lehnten sie oft zugunsten von Katzen mit einer kräftigeren Fellfärbung ab. Einige der ersten Angorakatzen waren wohl cremefarben, denn Charles H. Ross beschreibt sie 1868 als »eine sehr schöne Varietät mit silbrigem Haar von seidiger Beschaffenheit (...) einige sind gelblich, andere olivfarben und ähneln in ihrer Färbung einem Löwen«.

Frances Simpson schrieb 1903, daß cremefarbene Langhaarkatzen in Mode seien. Aber die ersten Katzen dieser Varietät wurden als »Mißgeburten« bezeichnet und weggegeben. Schließlich importierten die USA die cremefarbenen Katzen aus Großbritannien, wo sie sich bald als erfolgreiche Ausstellungsgewinner etablierten. Die heutzutage auf Ausstellungen anzutreffende Perser Creme ist erlesene Zuchtkatze, die alle besten Merkmale der typischen Langhaarkatze aufweist.

Farbe

Allgemein sind die Anforderungen für die Fellfarbe in Großbritannien, Europa und in den USA unterschiedlich. Der amerikanische CFA-Standard schreibt eine einheitliche gelbbraune Färbung bis zu den Haarwurzeln vor, hellere Schattierungen werden bevorzugt. Der britische GCCF verlangt eine reine blasse bis mittlere Färbung. Nach dem Standard des europäischen Dachverbands FIFe muß das Fell der Creme Perser einen blassen, reinen Pastellton ohne hellere Schattierungen oder Markierungen aufweisen; die Farbe sollte durchgängig deutlich und gleichmäßig sein. Nasenspiegel und Ballen sind rosa, die Augen leuchtend (USA) oder dunkel kupfer (GB).

STANDARDS IN
GROSSBRITANNIEN

FELL: 40 PUNKTE

KÖRPER: 20 PUNKTE

KOPF: 25 PUNKTE

AUGEN: 15 PUNKTE

Europäische und US-amerikanische Standards für alle Perserkatzen siehe Seite 58.

PERSER CREME
Diese Perser Creme hat einen sehr guten Körperbau und zeigt das gewünschte blaß cremefarbene Fell ohne hellere Schattierung oder Tabby-Zeichnung.

BLAU

EIN GEN »verdünnt« das Schwarz zu Blau. Einige der ersten Perser-Importe hatten diese attraktive Fellfärbung, und bei den ersten Ausstellungen waren viele dieser blauen Katzen zu sehen; allerdings glichen sie nicht exakt den Tieren, die bei heutigen Ausstellungen gezeigt werden. Um die Jahrhundertwende hatte man viele Fehler, wie etwa weiße Medaillons oder Tabby-Abzeichen, weitgehend behoben, und 1901 wurde die Blue Persian Society gegründet, um die Züchtung und Ausstellung dieser Varietät zu fördern. Zu den Mitgliedern der Gesellschaft und Besitzern von blauen Perserkatzen gehörte auch Queen Victoria – eine Tatsache, die dieser Rasse zu Ansehen und großer Beliebtheit verhalf.

Farbe

Der blaue Farbton sollte von der Nase bis zur Schwanzspitze einheitlich sein; Haarwurzeln und Deckhaar müssen die gleiche Färbung aufweisen. Jede Schattierung in Blau wird anerkannt, aber in den USA bevorzugt man hellere Schattierungen. Nasenspiegel und Ballen sind blau, die Augen von leuchtendem Kupfer (USA), dunklem Orange oder Kupfer ohne eine Spur von Grün (GB).

STANDARDS IN GROSSBRITANNIEN

FELL: 40 PUNKTE

KOPF: 25 PUNKTE

AUGEN: 15 PUNKTE

KÖRPER: 20 PUNKTE

Europäische und US-amerikanische Standards für alle Perserkatzen siehe Seite 58.

PERSER BLAU
Von allen Perserkatzen erfreut sich die blaue der größten Beliebtheit. Zwar sind alle Blau-Schattierungen anerkannt, aber bei Ausstellungen werden die helleren bevorzugt.

BLAUCREME

**PERSER
BLAUCREME**
*US-Ausstellungen
verlangen bei dieser
Varietät cremefarbene
Flecken auf blauem
Grund. Der GCCF
dagegen schreibt eine
Mischung beider
Farben vor.*

STANDARDS IN
GROSSBRITANNIEN

FARBE: 30 PUNKTE

**FELL und FELLZU-
STAND: 20 PUNKTE**

**KÖRPER:
15 PUNKTE**

KOPF: 20 PUNKTE

AUGEN: 15 PUNKTE

*Europäische und US-
amerikanische Stan-
dards für alle Perser-
katzen siehe Seite 58.*

DIE PERSER BLAUCREME ist eine neue Varietät und wurde bis 1930 in Großbritannien nicht anerkannt, obwohl es bereits um 1900 Berichte über Kätzchen mit blauen und cremefarbenen Markierungen gab. Blaucreme ist das blassere Äquivalent zu Schildpatt. So wie die Perser Schildpatt schwarze und rote Flecken aufweist, hat die Perser Blaucreme blassere blaue (verdünntes Schwarz) und cremefarbene (verdünntes Rot) Flecken. Geduldigen Katzenliebhabern gelang es, die durch Kreuzung von Katzen verschiedener Farbe zu erwartenden Resultate zu erzielen. Das größte Problem der ersten Katzenzüchter bestand darin, daß sie nicht erkannten, daß es sich bei den ausgeprägt blauen oder blaucreme Katzen ausschließlich um weibliche Tiere handelte. Sie warteten auf ähnliche männliche Kätzchen, um Kreuzungen zwischen gleichen Exemplaren durchführen zu können und so eine »reine« Rasse zu erhalten.

Farbe

Die Anforderungen für Fellfarbe und -muster in den USA, Großbritannien und Europa divergieren stark. In Nordamerika muß das Fell sowohl an Körper und Beinen blau sein und klar abgesetzte cremefarbene Flecken zeigen. Der britische GCCF verlangt ein Fell mit sanft vermischten blauen und cremefarbenen Pastellschattierungen. In Europa schreibt der FIFe für die Blaucreme ein hell blaugrau und blaß cremefarben geflecktes und/oder meliertes Fell vor, bei dem die Farben gleichmäßig über den ganzen Körper verteilt sein müssen. Obwohl Züchter und Preisrichter eine Blesse im Gesicht der Perser Blaucreme bevorzugen, schreiben die Standards in den USA und in Großbritannien dies nicht vor; der FIFe aber hält sie für ein wünschenswertes Merkmal.

Die Augen sollten einen leuchtenden Kupferton (USA) bzw. einen dunklen Kupfer- oder Orangeton (GB) aufweisen.

SMOKE

DIE PERSER SMOKE wurde erstmals 1893 bei einer britischen Katzenausstellung als Zuchtklasse zugelassen. Ein Zeitgenosse urteilte über sie: »Die Perser Smoke ist eine Katze von großer Schönheit, aber leider sehr selten.« Dies trifft auch heute noch zu, trotz ihrer Beliebtheit um 1900. Eine der ersten erfolgreichen Züchterinnen und Ausstellerinnen dieser Rasse war Mrs. H.V. James, die 1903 über ihre geliebte Zucht schrieb und später Informationen für ein 1948 veröffentlichtes Katzenbuch lieferte. Mrs. James hatte ein blaues Perserkätzchen gekauft, das jedoch bald starb. Der Ersatz, den sie vom Züchter dafür erhielt, enttäuschte, da er sich zu einer Katze »von der Farbe dunkler Kohle« entwickelte, die nichts mit einer blauen Perserkatze gemein hatte. Mrs. James bezeichnete diese Farbe als rauchig (smoky) und meldete ihre Katze als »Perser Smoke« bei einer Ausstellung an, wo sie zu ihrer Überraschung Sieger aller Klassen wurde.

Im Zuchtbuch des National Cat Club wurden 30 Perser Smoke aufgeführt, aber als der neu gegründete GCCF 1912 sein erstes Zucht-

PERSER CREME SMOKE
Die cremefarbene Varietät ist eine verdünnte Version der Red Smoke. Die Färbung geht an der Seite und an den Flanken in Weiß über.

PERSER BLACK SMOKE
Die typische weiße Unterwolle der Perser Smoke wird erst sichtbar, wenn sich die Katze bewegt.

**PERSER
BLUE SMOKE**
*Ein sehr schönes
Exemplar dieser Varietät
mit einer vollen blassen
Krause und hellen Ohr-
büscheln, wie sie laut
Ausstellungsstandard
verlangt werden.*

buch veröffentlichte, waren nur noch 18 Exemplare verzeichnet. Am Ende des Zweiten
Weltkriegs galt die Perser Smoke, wie so viele
andere seltene Züchtungen, als nahezu »ausgestorben«.

Die heutige Perser Smoke wird als »die
Katze der Kontraste« bezeichnet. Obwohl sie
selten vorkommt, ist sie im allgemeinen eine
Langhaarkatze von ausgezeichnetem Typ. Die
Rasse erfreut sich in den Vereinigten Staaten
großer Beliebtheit und wurde in den letzten
Jahren auch in anderen Farben als dem ur-
sprünglichen Schwarz gezüchtet.

BLACK SMOKE Unterwolle reinweiß mit
intensivem schwarzem Tipping. Wenn die
Katze ruht, scheint sie schwarz; in Bewegung
wird die weiße Unterwolle deutlich sichtbar.
Auch Gesichtsmaske und Gliedmaßen sind
schwarz. Nackenkrause und Ohrbüschel
schimmern silbern. Nasenspiegel und Ballen
sind schwarz, die Augen von leuchtendem
Kupfer (USA) oder kupfer- bzw. orangefarben (GB).

BLUE SMOKE Die weiße Unterwolle hat
intensives blaues Tipping, so daß die Katze
im Ruhezustand blau erscheint. Gesichtsmaske und Gliedmaßen sind blau. Nackenkrause
und Ohrbüschel schimmern weiß; Nasenspie

gel und Ballen sind blau, die Augen leuchtend
kupferfarben bzw. orange- oder kupferfarben.
RED SMOKE Die Unterwolle ist weiß mit
intensiv rotem Tipping. Diese Katze erscheint
in Ruhe reinrot. Auch hier wird die weiße
Unterwolle erst sichtbar, wenn sich die Katze
bewegt. Gesichtsmaske und Gliedmaßen sind
rot, Nackenkrause und Ohrbüschel weiß,
Augenränder, Nasenspiegel und Ballen rosa;
die Augen sollten leuchtend kupfer sein.

**PERSER
LILAC SMOKE**
*Sowohl die Perser
Chocolate Smoke als
auch die Perser Lilac
Smoke werden von
einigen Katzenver-
bänden akzeptiert.
Natürlich sollten sie,
abgesehen von der
Farbe, in jeder
Hinsicht dem Punkte-
standard entsprechen.*

SCHILDPATT SMOKE Die weiße Unterwolle hat ein intensives schwarzes Tipping mit klar abgesetzten, nicht gestreiften Flecken roter und hellroter Haare im Schildpattmuster. Im Ruhezustand erscheint die Fellfarbe der Katze wie Schildpatt. Auch sie besitzt die typische weiße Unterwolle aller Perser Smoke. Gesicht und Ohren weisen Schildpattmuster auf. Eine Gesichtsblesse mit rotem oder hellrotem Tipping wird gern gesehen. Nackenkrause und Ohrbüschel sind weiß, und die Augen sollten ein leuchtendes Kupfer aufweisen.

BLAUCREME SMOKE Das Fell weist ein intensives blaues Tipping auf, mit einheitlichen, klar abgesetzten cremefarbenen Flecken im Muster einer Blaucreme.

Auch diese Katze scheint in Ruhe einfarbig, hat aber selbstverständlich auch weiße Unterwolle, die nur vorscheint, wenn sie sich bewegt. Gesicht und Ohren weisen ein Blaucreme auf. Eine Gesichtsblesse mit cremefarbenen Tipping wäre wünschenswert. Nackenkrause und Ohrbüschel sind weiß, die Augen sollten leuchtend kupferfarben sein.

PERSER CHOCOLATE SMOKE
Obwohl sie nur vorübergehend als Varietät akzeptiert wird, besitzt diese Katze einen sehr guten Körperbau und ausgezeichnete Augen.

PERSER LILAC TORTIE SMOKE
Die verdünnte Version der Perser Blaucreme Smoke, bei der sich gerade die gewünschte blasse Nackenkrause entwickelt.

PERSER RED SMOKE
Ein hervorragendes Exemplar einer Varietät, die ohne Tabby-Abzeichen nur schwer zu züchten ist. Die Katze hat ein makelloses Fell und wurde perfekt gebürstet.

CAMEO

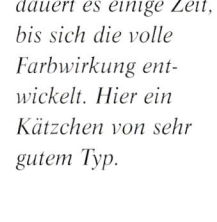

CAMEO
Bei Cameo-Kätzchen dauert es einige Zeit, bis sich die volle Farbwirkung entwickelt. Hier ein Kätzchen von sehr gutem Typ.

DIE PERSER CAMEO wurde erstmals 1954 in den Vereinigten Staaten gezüchtet. Sie ergab sich aus Kreuzungen von besonders schönen Smoke- und Schildpatt-Katzen. Die Kätzchen sind bei der Geburt fast weiß. Bei dieser Gruppe gibt es drei Farbintensitäten: Shell ist sehr blaß, Shaded ein wenig dunkler und Smoke noch dunkler.

Cameo-Katzen wurden in Ländern außerhalb der Vereinigten Staaten schnell beliebt.
SHELL CAMEO Die weiße Unterwolle muß an Kopf, Rücken, Flanken und Schwanz ausreichend mit Rot getippt sein. Das verleiht dieser Varietät ihre leuchtende Erscheinung. Gesicht und Beine können leicht mit Tipping schattiert sein. Kinn, Ohrbüschel, Bauch und Brust schimmern weiß. Augenränder, Nasenspiegel und Ballen sind rosafarben, die Augen von leuchtendem Kupfer.
SHADED CAMEO Die weiße Unterwolle hat Leithaare mit rotem Tipping, das Gesicht, Seiten und Schwanz schattiert. Die Farbe reicht von Dunkel am Rücken zu Weiß auf Brust, Bauch, unter dem Schwanz und am Kinn. Die Beine haben dieselbe Tönung wie das Gesicht. Anders als bei der Shell Cameo ist hier der Gesamteindruck eher rot. Die Augenränder sind rosa und die Augen von leuchtendem Kupfer.
SHELL CAMEO IN ROT Die weiße, leicht schwarz getippte Unterwolle weist klar abgesetzte rote Flecken und hellrot getippte Leithaare in Schildpattmuster an Kopf, Rücken, Flanken und Schwanz auf. Gesicht und Beine können leicht mit Tipping schattiert sein. Kinn, Ohrbüschel, Bauch und Brust sind weiß. Eine rot oder hellrot getippte Blesse im

Gesicht ist wünschenswert. Die Augen sind leuchtend kupferfarben.
SHADED CAMEO IN ROT Die weiße Unterwolle ist mit schwarzem Tipping durchsetzt und hat klare Flecken (hell)rot getippter Haare im Schildpattmuster. Das Muster bedeckt das Gesicht und läuft entlang der Seiten und des Schwanzes, wobei die Farbe von dunkel (Rücken) bis weiß (Brust, Bauch, unter dem Schwanz, Kinn) reicht. Im Gegensatz zur Shell-Schildpatt ist der Eindruck dunkel. Die Augen sind leuchtend kupfer.

BLAUCREME CAMEO
Das sanft melierte blaue und cremefarbene Tipping dieser Varietät kann von verschiedener Intensität sein und die weiße Unterwolle bedecken.

BICOLOUR

IN DEN ERSTEN DOKUMENTEN über Zuchtkatzen finden sich Berichte über zweifarbige Exemplare. Dabei handelte es sich um Kurzhaarkatzen, deren Fell verschiedenfarbig, aber immer auch weiß ist. Bei den ersten Ausstellungen mußten solche schwarzweißen, »Magpies« (Elstern) genannten Katzen sehr symmetrische Abzeichen aufweisen. Und obwohl Symmetrie der Abzeichen nur schwer zu erzielen war, versuchten einige Züchter, die perfekte Bicolour zu schaffen. Schließlich wurden von den internationalen Katzenverbänden neue Standards formuliert. Die Perser Bicolour kann jede Farbe plus Weiß haben: Schwarz und Weiß, Blau und Weiß, Rot und Weiß, Creme und Weiß. In den USA müssen Beine, Pfoten, Brust, Bauch und Maul weiß sein; ein umgekehrtes weißes »V« im Gesicht ist erwünscht. Weiß ist auch unter dem Schwanz und als Markierung um den Hals erlaubt.

Der britische Standard formuliert seine Anforderungen für Weiß und andere Farben weniger präzise. Die Flecken sollten klar und gleichmäßig verteilt sein. Die farbigen Partien sollten nicht mehr als zwei Drittel ausmachen und Weiß höchstens die Hälfte. Das Gesicht muß Farbflecken zeigen. Fehlern sind Tabby-Abzeichen, ein langer Schwanz oder eine fehlerhafte Augenfarbe.

STANDARDS IN GROSSBRITANNIEN

FARBE: 30 PUNKTE

FELL und FELLZUSTAND: 10 PUNKTE

KÖRPER und BEINE: 15 PUNKTE

KOPF und OHREN: 25 PUNKTE

AUGEN: 10 PUNKTE

SCHWANZ: 10 PUNKTE

Europäische und US-amerikanische Standards für alle Perserkatzen siehe Seite 58.

BICOLOUR ROT MIT WEISS
Die Bicolour Rot und Creme sollten keinerlei Schattierung in den Farbpartien ihres Fells aufweisen.

BICOLOUR SCHWARZ MIT WEISS
Diese stämmige Katze hat sehr schöne Markierungen; auffallend ist der weiße Kragen.

BICOLOUR BLAU MIT WEISS

Bei Ausstellungen in den USA ist das umgekehrte »V« im Gesicht dieser schönen Perser eines der erforderlichen Merkmale.

BICOLOUR CREME MIT WEISS

Bei der Bicolour sollte das Gesicht sowohl farbige als auch weiße Partien aufweisen.

VAN BICOLOUR

DIESE UNTERVARIETÄT gibt es in Schwarz mit Weiß, Blau mit Weiß, Rot mit Weiß oder Creme mit Weiß. Die Farbverteilung divergiert von der der Perser Bicolour. Die Van Bicolour ist überwiegend weiß, die anderen Farben beschränken sich auf die Extremitäten – Kopf, Beine und Schwanz. Bis zu zwei kleine Farbflecken am Körper sind zulässig.

VAN BICOLOUR

Sie zeichnet sich durch ungewöhnliche Farbverteilung aus; das Fell ist hauptsächlich weiß, die farbigen Partien sind auf Kopf, Beine und Schwanz beschränkt.

STANDARDS IN GROSSBRITANNIEN

FELL: 40 PUNKTE

KÖRPER: 20 PUNKTE

KOPF: 25 PUNKTE

AUGEN: 15 PUNKTE

Europäische und US-amerikanische Standards für alle Perserkatzen siehe Seite 58.

TABBY

DIE STANDARDS für die Rasse der Tabby-Katzen führten seit jeher zu Kontroversen in der Welt der Katzenzüchter. Zu Beginn der Entwicklung von Rassekatzen gab es Diskussionen über Muster und Abzeichen, und über die Augenfarbe herrschte noch größere Uneinigkeit. Perser Tabbies sind bei Katzenausstellungen selten – möglicherweise, weil es so schwierig ist, den hohen Standard zu erfüllen.

In Großbritannien wird die Perser Tabby in drei Farben (Silber, Braun und Rot) gezeigt, während man bei amerikanischen Ausstellungen eine größere Farbpalette sehen kann.

Fellmuster

Das klassische Tabby-Muster, auch als »marmoriert« oder »gestromt« genannt, muß deutliche, dichte Markierungen haben, die klar abgesetzt und breit sind. Beine und Schwanz sollen gleichmäßig geringelt sein. Einige ununterbrochene Bänder laufen wie Ketten um Hals und Brust. Die Stirn sollte ein klar

erkennbares »M« schmücken; von den äußeren Augenwinkeln soll sich eine Linie nach hinten ziehen. Auf den Wangen sind Spiralen. Vertikale Linien laufen vom Hinterkopf bis zu den Schultermarkierungen, die die Form eines Schmetterlings haben, mit deutlich umrandeten und gepunkteten Flügeln. Drei parallele Linien verlaufen vom Schmetterling das Rückgrat entlang bis zum Schwanz, getrennt durch Streifen in der Grundfarbe des Fells. Ein großer Fleck auf jeder Seite ist eingerahmt von mindestens einem ununterbrochenen Ring. Auf Brust und Bauch sollte eine doppelte vertikale Reihe von »Knöpfen« erscheinen.

Beim Mackerel-Muster wird das Fell von deutlich engstehenden Querlinien markiert. Beine und Schwanz sind gleichmäßig geringelt, ausgeprägte Bänder umgeben den Hals. Der Kopf ist geringelt, auf der Stirn erscheint deutlich ein »M«. Von den Augen verlaufen ununterbrochene Linien nach außen; über den Kopf bis zu den Schultern ziehen sich ebenfalls Linien. Die Streifen entlang des Rückgrats bilden einen schmalen Sattel, und der Körper ist ringsum von Strichen gezeichnet.

SILVER TABBY Lippen und Kinn weisen das helle, blasse Silber der Grundfarbe auf; Markierungen sind tief schwarz. Der Nasenspiegel ist ziegelrot, die Ballen sind schwarz, die Augen grün oder nußbraun.

STANDARDS IN GROSSBRITANNIEN

FELL: 40 PUNKTE

KÖRPER: 20 PUNKTE

KOPF: 25 PUNKTE

AUGEN: 15 PUNKTE

Europäische und US-amerikanische Standards für alle Perserkatzen siehe Seite 58.

SILVER TABBY
Die dichten schwarzen Abzeichen der langhaarigen Silber Tabby zeichnen sich deutlich auf dem blaß silbernen Unterfell ab.

TORTIE TABBY
Eine Tortie Tabby ist eine Katze, bei der das Tabby-Muster in der Farbe des Hauptfells mit roten Schattierungen durchsetzt ist. Sowohl Tortie- als auch Tabby-Partien bleiben aber deutlich sichtbar.

BROWN TABBY
Ein sehr schönes Exemplar einer seltenen Varietät.

RED TABBY
Die Ausstellungsstandards verlangen für diese Katze ein dunkelrotes Fell mit noch dunkleren roten Abzeichen.

RED TABBY Grundfarbe ist Rot, einschließlich Lippen und Kinn; die Markierungen sind von tiefem Rot. Der Nasenspiegel schimmert ziegelrot, die Ballen sind schwarz oder braun und die Augen von leuchtendem Kupfer.

BROWN TABBY Kupferbraun ist Grundfarbe; Abzeichen tief schwarz. Lippen und Kinn haben die gleiche Farbe wie die Augenringe. Die Hinterseiten der Beine sollten von der Pfote bis zur Ferse schwarz sein. Nasenspiegel ziegelrot, Ballen schwarz oder braun. Die Augen sind kupfer oder nußbraun (GB).

BLUE TABBY Die Grundfarbe, auch an Lippen und Kinn, ist dunkles Schieferblau. Die tief dunkelblauen Markierungen bilden einen Kontrast zur warmen, rehbraunen Grundfarbe. Nasenspiegel altrosa, Ballen rosafarben. Auch hier sind die Augen kupferfarben.

CREME TABBY Ein sehr blasser Cremeton, auch an Lippen und Kinn, bildet die Grundfarbe. Die gelbbraunen bis cremefarbenen Markierungen heben sich deutlich von ihr ab. Nasenspiegel, Ballen und die Augen haben die gleichen Farben wie die Blue-Tabby.

CAMEO TABBY Grundfarbe ist gebrochenes Weiß. Während die Farben von Nasenspiegel, Ballen und Augen mit der Blue Tabby übereinstimmen, sind die Markierungen rot.

SILVER TORTIE TABBY Grundfarbe Blaßsilber, auch an Lippen und Kinn. Classic- (gestromt) oder Mackerel-Abzeichen (getigert) in Schwarz und rote und/oder hellrote Flecken auf den Extremitäten heben sich deutlich ab. Eine (hell)rote Blesse im Gesicht ist erwünscht. Die Augen sind kupferfarben oder nußbraun.

BROWN TORTIE TABBY Leuchtendes Kupferbraun ist Grundfarbe; Lippen und Kinn zeigen die gleiche Schattierung wie die Augenringe. Classic- oder Mackerel-Abzeichen in Tiefschwarz und rote und/oder hellrote Flecken erscheinen deutlich auf Körper und Extremitäten. Augen leuchten kupfern.

BLUE TORTIE TABBY Grundfarbe ist ein blaß bläulicher Elfenbeinton, auch an Lippen und Kinn. Classic- oder Mackerel-Abzeichen in sehr dunklem Blau. An Körper und Extremitäten sind klar abgesetzte cremefarbene Flecken, ein warmes Rehbraun umgibt das Fell. Eine cremefarbene Gesichtsblesse wird gern gesehen. Die Augen sind von leuchtendem Kupfer.

LILAC TABBY
Bei den blasseren Exemplaren der Perser-Tabbies sind die Abzeichen weniger stark ausgeprägt.

BLUE TABBY
Die deutlich ausgeprägten blauen Abzeichen der Blue Tabby heben sich von einer ungewöhnlichen grauen Unterwolle mit leicht rehbrauner Schattierung ab, »Blue Biscuit« genannt.

CHOCOLATE TORTIE TABBY
Die warmen Abzeichen auf der bronzefarbenen Unterwolle verleihen dieser Katze ein leuchtendes Fellmuster.

SCHILDPATT

DIE ERSTEN ERWÄHNTEN Schildpatt-Katzen hatten kurzes Fell. Um 1900 fanden sich bei Ausstellungen auch einige Perser-Schildpatt. Diese Katzen waren sehr beliebt. Diese Varietät mit ihren reichen Farben, die nur Weibchen hervorbringen, ist abhängig von weiblichen rezessiven Farbgenen und von Farbe und Genotyp des Männchens. Ähnlich verhält es sich bei der Perser-Schildpatt mit Weiß, die man in Großbritannien früher »Chintz« nannte und in den USA als »Calico« bekannt sind.

Bei der Blau Schildpatt mit Weiß, »Dilute Calico«, wird Schwarz durch ein Verdünnungsgen zu Blau. Die roten Flecken sind durch cremefarbene ersetzt. So entsteht eine blaue, cremefarbene und weiße Fellfärbung. Eine verdünnte Schildpatt (ohne Weiß) ist eine Blaucreme, die bereits auf Seite 65 beschrieben wurde. Die sehr seltenen Kater dieser Varietät sind unfruchtbar. Daher verwendet man für die Zucht einfarbige Kater.

SCHILDPATT Fellfarbe ist schwarz. An Körper und Extremitäten findet man klar abgesetzte rote und hellrote Flecken. Eine rote oder hellrote Gesichtsblesse ist wünschenswert. Die Augen sind leuchtend kupfer.

SCHILDPATT MIT WEISS (GB) Fellfarbe ist Schwarz, Rot kombiniert mit Hellrot (oder verdünnt), Blau, Creme oder Hellcreme. Die gleichmäßigen Farben sind mit Weiß durchsetzt, die Augen tieforange oder kupferfarben.

CALICO (USA) Das weiße Fell ist mit klar abgesetzten schwarzen und roten Flecken durchzogen; an der Unterseite schimmert das Fell hauptsächlich weiß. Diese Varietät hat leuchtend kupferfarbene Augen.

BLAU SCHILDPATT MIT WEISS (USA) Hier finden sich klar abgesetzte blaue und cremefarbene Flecken auf dem weißen Fell. Wie bei der Calico schimmert das Fell an der Unterseite hauptsächlich weiß. Die Augen sind von leuchtendem Kupfer.

SCHILDPATT
Die Perser Schildpatt ist seit den Pionierzeiten der Katzenzucht sehr beliebt und steht dank ihres schönen schwarzen, rotgetupften Fells bei Katzenausstellungen meist im Mittelpunkt.

SCHILDPATT MIT WEISS
In Amerika wird diese Varietät »Calico« genannt.

STANDARDS IN GROSSBRITANNIEN

FELL: 50 PUNKTE

KÖRPER: 15 PUNKTE

KOPF: 20 PUNKTE

AUGEN: 15 PUNKTE

Europäische und US-amerikanische Standards für alle Perserkatzen siehe Seite 58.

CHOCOLATE TORTIE
Die schwarzen und roten Partien der Tortie (Schildpatt) sind durch Schokoladenbraun und Hellrot ersetzt.

BLAU SCHILDPATT MIT WEISS
Die Farbflecken müssen klar abgesetzt sein und dürfen keine weißen Haare aufweisen.

CHINCHILLA

DIESE KATZEN gehören wegen ihres leuchtenden, silbrigen Fells zu den schillerndsten Erscheinungen unter den Persern. Die Chinchilla hat eine lange Geschichte: John Jennings berichtete erstmals 1893 über diese Tiere. Bei den ersten Ausstellungen im Londoner Crystal Palace nannten Züchter diese Tiere entweder »Silvergrey«, »Blue or Silver Striped«, »Chinchilla Tabby« oder »Silver Chinchilla.«

Die ersten Chinchillas entstanden zufällig, durch eine Kreuzung von Silver Tabbies und Katzen anderer Färbung. Die früheren Exemplare waren wegen ihres ausgeprägten Tippings wesentlich dunkler als die heutigen und hatten Tabby-Abzeichen im Gesicht und Streifen an den Beinen. Mit Weiterentwicklung der Zucht wurden die helleren Katzen »Chinchillas« genannt, die dunkleren Exemplare »silberschattierte Perser« (Shaded Silver). Die Augenfarbe war erst ein Problem, denn bei den frühen Tieren reichte die Farbpalette von Gelb über Amber bis zu Hellgrün. Um 1900

wurden Chinchillas von Großbritannien in die USA importiert und erfreuten sich bald auf beiden Seiten des Atlantiks großer Beliebtheit.

In den letzten Jahren ist es amerikanischen Züchtern gelungen, das typische Chinchilla-Fell und das der silberschattierten Perser in anderen Farben hervorzubringen. So tauchten die ersten Chinchilla Golden und die Shaded Golden (Goldschattierte Langhaar) auf.

CHINCHILLA SILVER Diese Katze hat reinweiße Unterwolle. Das schwarze Tipping an Kopf, Rücken, Flanken und Schwanz verleiht ihr die charakteristische leuchtend silberne Tönung. Die Beine können leicht mit Tipping schattiert sein. Kinn, Ohrbüschel, Brust und Bauch leuchten reinweiß. Augenränder, Lippen und Nase sind schwarz umrandet. Der Nasenspiegel ist ziegelrot; die Ballen sind schwarz und die Augen grün oder blaugrün.

SHADED SILVER (SILBER SCHATTIERT) Auch die Unterwolle dieser Varietät ist weiß. Gesicht, Seiten und Schwanz besitzen ein schwarzes Tipping. Das Tipping am Rücken ist dunkler und läuft an Kinn, Brust, Bauch und unter dem Schwanz zu Weiß aus. Die

STANDARDS IN
GROSSBRITANNIEN

Chinchilla Silver

FARBE: 25 PUNKTE

KOPF und OHREN: 20 PUNKTE

KÖRPER und BEINE: 15 PUNKTE

AUGEN: 15 PUNKTE

FELL und FELLZU-STAND: 15 PUNKTE

SCHWANZ: 10 PUNKTE

Pewter Longhair

FARBE: 30 PUNKTE

FELL und FELLZU-STAND: 10 PUNKTE

KOPF und OHREN: 25 PUNKTE

KÖRPER und BEINE: 15 PUNKTE

AUGEN: 10 PUNKTE

SCHWANZ: 10 PUNKTE

Europäische und US-amerikanische Standards für alle Perserkatzen siehe Seite 58.

CHINCHILLA
Diese schillerndste aller Langhaarvarietäten wurde aufgrund ihres zierlichen und feenhaften Körperbaus häufig nicht als Perserzüchtung anerkannt.

Beine weisen denselben Farbton auf wie das Gesicht. Insgesamt erscheint sie dunkler als die Chinchilla. Augen, Lippen und Nase sind schwarz umrandet. Der Nasenspiegel ist ziegelrot, die Ballen sind schwarz und die Augen grün oder blaugrün. Die Augen der Pewter (Großbritannien) leuchten orange- oder kupferfarben mit schwarzen Rändern.

CHINCHILLA GOLDEN Sie hat eine dichte Unterwolle in einem warmen Cremeton, die an Kopf, Rücken, Flanken und Schwanz sealbraun getippt ist und dem Fell den goldenen Schimmer verleiht. Die Beine können leicht mit Tipping schattiert sein. Augen, Lippen und Nase sind sealbraun umrandet. Der Nasenspiegel ist dunkelrosa, die Ballen sind sealbraun. Die Augen sind grün oder blaugrün.

SHADED GOLDEN (Perser goldschattiert) Auch ihre dichte Unterwolle ist cremefarben; an Gesicht, Seiten und Schwanz erscheint ein sealbraunes Tipping. Am Rücken scheint es

relativ dunkel. An Kinn, Brust, Bauch und unter dem Schwanz fällt es cremefarben aus. Beine und Gesicht haben denselben Farbton. Die goldschattierte Langhaar erscheint dunkler als die Chinchilla. Augen, Lippen und Nase sind sealbraun umrandet. Der Nasenspiegel ist dunkelrosa, die Ballen sind sealbraun. Die Augen sind grün oder blaugrün.

**CHINCHILLA
GOLDEN**
*Diese außergewöhnliche
Varietät zeichnet sich durch
sealbraunes Tipping einer
goldenen Unterwolle
aus. Wie die Chinchilla
sollte auch diese Katze
grüne oder blaugrüne
Augen haben.*

COLOURPOINT

Bei dieser Katze handelt es sich um einen echten Persertyp mit charakteristischen Abzeichen. Die reine Fellfarbe ist hier auf die kälteren, an den Spitzen liegenden Körperpartien beschränkt, die sogenannten Points (d.h. Gesicht oder Gesichtsmaske, Ohren, Beine, Pfoten und Schwanz). Die Färbung wird durch ein rezessives Gen erzielt, das man auch als »Himalayafaktor« bezeichnet. Deshalb werden Perser mit diesem Fell »Himalayan« genannt.

Die ersten Kreuzungen zwischen Siam- und Perserkatzen fanden bereits 1922 in Schweden statt. In den 20er und 30er Jahren wurden in den USA weitere Kreuzungsexperimente durchgeführt. Erst in den 50er Jahren gelang es Züchtern auf beiden Seiten des Atlantiks dank sorgfältiger Zuchtprogramme den gewünschten Typ hervorzubringen. Der britische GCCF vergab 1955 eine Rassenummer und setzte einen Punktestandard für die Perser mit Himalayamuster fest, bezeichnete sie jedoch als »Langhaar Colourpoint«. In den Vereinigten Staaten erkannte der CFA die Himalayan 1957 an, und in den 60er Jahren zogen alle anderen amerikanischen Katzenverbände nach. Die Himalayan (oder Perser Colourpoint) wurde in all ihren Farbvarianten bald zu einer der beliebtesten Langhaarkatzen bei internationalen Ausstellungen.

Charakter und Pflege

Die Colourpoint vereinigt die besten Eigenschaften der für ihre Zucht verwendeten Katzen, d.h. der Siam und der Perser. Sie ist lebhafter als ihre einfarbigen Perserverwandten, aber weniger laut und ausgelassen als die typische Siamkatze. Die Colourpointweibchen sind schon mit acht Monaten geschlechtsreif, die Männchen zehn Monaten später.

Regelmäßiges Bürsten ist wichtig. Dabei muß man Sorgfalt auf die Unterseiten, die Partien zwischen Vorder- und Hinterbeinen und unter dem Schwanz verwenden und besonders den Kragen gut durchbürsten.

OFFIZIELLE PUNKTESKALA

Die neben der Abbildung aufgeführten Punkte beziehen sich auf den britischen Standard, die unten auf den der USA.

KOPF: 30 PUNKTE

TYP: 20 PUNKTE
einschließlich Form, Größe, Knochenbau und Schwanzlänge

FELL: 10 PUNKTE

FELLFARBE RUMPF: 10 PUNKTE

POINTFARBE: 10 PUNKTE

AUGENFARBE: 10 PUNKTE

HALTUNG: 5 PUNKTE

VERFEINERUNG: 5 PUNKTE

KOPF und OHREN: 30 PUNKTE

AUGEN: 20 PUNKTE

KÖRPER: 25 PUNKTE

FELL: 25 PUNKTE

HAUPTMERKMALE

- **KATEGORIE:** Langhaar

- **KÖRPERBAU:** mittelgroß, stämmig

- **FELL:** lang und dicht am ganzen Körper; seidig und glänzend; ausgeprägte Nackenkrause bis hinunter zu den Vorderbeinen; lange Ohr- sowie Fellbüschel zwischen den Zehen

- **KOPF:** rund, massiv; sehr breiter Schädel; rundes Gesicht; kurzer, dicker Hals; volle Wangen

- **NASE:** kurze, breite Stupsnase (in der Fachsprache »Stop« genannt)

- **KINN:** kräftig und gut ausgebildet

- **AUGEN:** groß, rund und weit auseinanderstehend

- **OHREN:** klein, mit runden Spitzen, leicht nach vorne geneigt und weit auseinanderstehend

- **KÖRPER:** stämmig und gedrungen, mit breiter Brust und massiven Schultern und Rumpf

- **BEINE:** kurz, dick und kräftig; gerade Vorderbeine

- **PFOTEN:** groß, rund und fest; nicht gespreizte Zehen

- **SCHWANZ:** kurz, doch proportional zum Körper; buschige Haare

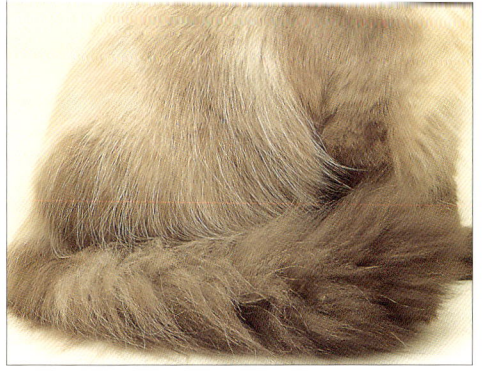

- **FARBSCHLÄGE:** Seal Point, Blue Point, Chocolate Point, Lilac Point, Red Point, Creme Point, Seal Tortie Point, Chocolate Tortie Point, Blaucreme Point, Seal Tabby Point, Blue Tabby Point, Chocolate Tabby Point, Lilac Tabby Point, Lilac Creme Point, Red Tabby Point, Creme Tabby Point, Seal Tortie Tabby Point, Blaucreme Tabby Point, Chocolate Tortie Tabby Point, Lilac Creme Tabby Point

FEHLER

Als Fehler gelten bei der Colourpoint: mangelnde Pigmentierung der Ballen oder des Nasenspiegels; Bauch- und Flankenflecken; Abnormitäten des Schwanzes; Schielen; weiße Zehen; jede andere Augenfarbe als Blau; Deformierungen des Schädels oder des Mauls; auffällige Schwäche der Hinterbeine.

EINFARBIGE POINTS

FÜR DIE COLOURPOINTS mit einfarbiger Pointfärbung schreibt der Standard eine einheitliche Färbung der Points vor.

SEAL POINT Die Fellfarbe ist ein einheitli-
ches blasses Rehbraun oder Creme, das zu
Brust und Bauch hin heller wird. Die Points
sind tief sealbraun, Nasenspiegel und Ballen
ebenso. Die Augen sollten ein lebhaftes Dunkelblau aufweisen.

BLUE POINT Das Fell ist von einem kalten,
bläulichen Weiß, an Brust und Bauch leicht
blau schattiert. Die Points, Nasenspiegel und

Ballen schimmern schieferblau, die Augen
saphirblau.

CHOCOLATE POINT Das elfenbeinfarbene
Fell weist keinerlei Schattierungen auf. Die
Points besitzen einen warmen, hellen Kakao-
ton. Nasenspiegel und Ballen sind zimtfarben,
die Augen saphirblau.

LILAC POINT Das magnolienfarbene Fell
ist ohne Schattierungen. Die Points sind eisgrau und rosafarben überhaucht. Nasenspiegel und Ballen schimmern lavendelfarben.
Auch hier ist die Augenfarbe Saphirblau.

**SEAL POINT
COLOURPOINT**
*Bei Colourpoint-Kätzchen
ist die Gesichtsmaske
noch nicht vollständig
ausgeprägt.*

**BLUE POINT
COLOURPOINT**
*Diese Katze hat kleine
und sehr gut gestellte
Ohren sowie den
wünschenswerten
breiten Kopf.*

CREME POINT
*Eine sehr blasse
Varietät der Colour-
point, bei der die
cremefarbenen Points
nur wenig dunkler sind
als die Grundfarbe.*

**RED POINT
COLOURPOINT**
*Das Fell der Red Point
ist weiß mit einem
Hauch von Apricot;
die Points sind von
einem dunkleren
Apricot. Wie die
Augen aller Colour-
points leuchten auch
ihre saphirblau.*

RED POINT Tieforangefarbene bis dunkelrote Points verteilen sich auf dem cremeweißen
Fell. Nasenspiegel und Ballen sind fleisch-
oder korallenfarben. Augen saphirblau.

CREME POINT Das Fell ist cremeweiß und
weist keinerlei Schattierungen auf. Die lederfarbenen Points sollten keine aprikosenfar-
bene Tönung aufweisen. Nasenspiegel und
Ballen schimmern fleisch- oder lachsfarben,
die Augen sind saphirblau.

TORTIE POINT Creme oder blasses Rehbraun bildet die Grundfarbe. Die Points sind
seal, mit klar ausgeprägten roten und hellroten Flecken. Eine rote oder hellrote Gesichtsblesse ist von Vorteil. Nasenspiegel und Ballen sind sealbraun mit fleisch- bis korallen-
farbenen Sprenkeln, passend zur Pointfärbung. Die Augenfarbe dieser Varietät entspricht der der Creme-Point.

BLAUCREME POINT Das bläulich weiße
oder cremeweiße Fell schattiert an Brust und
Bauch allmählich zu Weiß. Die Points sind
blau mit cremefarbenen Flecken. Nasenspiegel und Ballen schimmern einfarbig schieferblau oder rosa oder gesprenkelt. Auch ihre
Augen sind saphirblau.

TABBY POINTS

DIE TABBY-POINT-VARIETÄTEN sollten auf der Stirn ein deutliches Abzeichen in Form eines »M« haben, gepunktete Schnurrhaarkissen und die typische brillenförmige Augenumrandung aufweisen. Die Points von Ohren und Schwanz sollten farblich übereinstimmen.

SEAL TABBY POINT Das Fell hat eine warme cremefarbene Tönung. Die Gesichtsmaske ist klar mit schwarzen Streifen durchzogen: Vertikale Linien auf der Stirn bilden das klassische »M«; horizontale Linien durchziehen die Wangen; dunkle Punkte sind auf den Schnurrhaarkissen. Die Ohrmuschel ist hell, an der Rückseite des Ohrläppchens befindet sich ein »Daumenabdruck«. Die Beine sind geringelt, und der Schwanz ist gebändert. Alle

Markierungen sollen breit, dicht und klar abgesetzt sein. Am Körperfell sind keine Streifen oder Sprenkel erlaubt, bei Schattierungen von älteren Katzen macht man eine Ausnahme. Die beigebraunen Points sind mit Tabby-Abzeichen in dunklem Braun durchsetzt. Der Nasenspiegel ist sealbraun oder auch ziegelrot. Die Ballen schimmern sealbraun, die Augen sind saphirblau.

BLUE TABBY POINT Das Fell glänzt in kaltem, bläulichem Weiß. Für die Gesichtsmaske gilt das gleiche wie bei der Seal Tabby Point. Auch hier ist die Ohrmuschel hell, und an der Rückseite des Ohrläppchens befindet sich ebenfalls ein »Daumenabdruck.« Die Markierungen von Beinen und Schwanz sollten auch

SEAL TABBY POINT
Diese Varietät wird in den Vereinigten Staaten »Seal Lynx-Point« genannt. Die Kopfform der hier abgebildeten Katze entspricht den amerikanischen Standards.

RED TABBY POINT
Bei den roten Varietäten kann am Körperfell eine leichte Schattierung in der Farbe der Points auftauchen.

COLOURPOINT-KÄTZCHEN
Die Colourpoint-Kätzchen brauchen sehr viel Aufmerksamkeit und sind verspielt. Die Pointfärbung entwickelt sich langsam und zeigt sich erst einige Wochen nach der Geburt.

wie bei der Seal Tabby Point ausfallen. Sie sollen breit, dicht und klar abgesetzt sein. Streifen oder Sprenkel am Körperfell sind nicht erlaubt. Ältere Katzen aber dürfen Schattierungen aufweisen. Die Points sind hell silbrigblau und mit Tabby-Abzeichen in dunklem Blau durchsetzt. Der Nasenspiegel ist blau oder ziegelrot. Ballen blau, Augen saphirblau.

CHOCOLATE TABBY POINT Grundfarbe ist Elfenbein. Die Gesichtsmaske ist deutlich mit schwarzen Strichen durchzogen. Für die Markierungen gelten die gleichen Maßstäbe wie für die Seal Tabby und die Blue Tabby Point. Die rehbraunen Points sind mit kakaofarbenen Markierungen durchsetzt. Nasenspiegel und Ballen schimmern zimtfarben. Die Augenfarbe ist Saphirblau.

LILAC TABBY POINT Das Fell hat eine magnolienfarbene Tönung. Die Gesichtsmaske ist mit schwarzen Strichen durchzogen. Auf der Stirn findet man das klassische »M«.

Die Wangen sind von horizontalen Linien durchzogen. Die Schnurrhaarkissen sind mit dunklen Punkten versehen. Auf der Rückseite der hellen Ohrmuschel ist ein »Daumenabdruck.« Die Beine sind gleichmäßig geringelt, der Schwanz ist gebändert. Breit, dicht und klar sollen die Markierungen sein. Das Körperfell ist ohne Streifen oder Sprenkel. Schattierungen sind bei älteren Katzen erlaubt. Die Points sind eisgrau und mit Tabby-Abzeichen in einem dunkleren Eisgrau durchsetzt. Nasenspiegel und Ballen schimmern lavendelfarben. Die Augen sind saphirblau.

BLAUCREME POINT
Sanft vermischte Blau- und Cremetöne bilden das Pointmuster dieser wunderschönen, gepflegten Colourpoint.

CHOCOLATE TORTIE COLOURPOINT
Dieses niedliche Kätzchen hat an den Points die elfenbeinfarbenen und hellroten Markierungen, die den Chocolate-Schildpatt-Farbschlag ausmachen. Bei allen Colourpoint-Kätzchen dauert es einige Zeit, bis sich die Markierungen vollständig entwickelt haben.

CHOCOLATE UND LILAC

WÄHREND DER ZUCHT und Entwicklung der Himalayan oder Perser Colourpoint stießen die Züchter auf die Möglichkeit, einfarbige Langhaarkatzen in Chocolate und Lilac hervorzubringen. Aber gemessen an den Standards für Perserkatzen ließen ihr Körperbau und die Qualität ihres Fells sehr zu wünschen übrig. Die ersten Züchter dieser Varietäten kämpften darüber hinaus mit dem Problem, daß das Fell der Katzen matt wurde und ausbleichte – ein natürliches Phänomen, das auf das Gen für die schokoladenbraune Fellfärbung zurückgeht. Die ersten Exemplare der Langhaar in Chocolate und Lilac waren also eine Enttäuschung. Aber die Züchter ließen sich nicht entmutigen und versuchten weiterhin, die gewünschten Eigenschaften der angestrebten Varietäten durch Selektion zu erzielen. Schließlich glückte es ihnen. Die nun gezüchteten Langhaarkatzen in Chocolate und Lilac standen ihren Verwandten, den Himalayans, in nichts nach. Einige nordamerikanische Katzenverbände beschlossen, die einfarbigen Langhaarkatzen in Chocolate und Lilac unter dem Rassennamen »Kashmir« zusammenzufassen; andere zählten sie zu den Himalayans. Der GCCF nannte sie Langhaar Chocolate und Langhaar Lilac (Perser Chocolate und Perser Lilac).

PERSER CHOCOLATE Das Fell hat von den Haarwurzeln bis zu den Spitzen einen warmen, schokoladenbraunen Farbton und weist keinerlei Markierungen, Schattierungen oder weiße Haare auf. Nasenspiegel und Ballen sind braun, die Augen orange- oder kupferfarben (Großbritannien) oder von leuchtendem Kupfer (USA).

PERSER LILAC Das Fell hat von den Haarwurzeln bis zu den Spitzen einen warmen, rosa überhauchten, taubengrauen Ton. Es ist frei von Markierungen, Schattierungen und weißen Haaren. Nasenspiegel und Ballen sind rosa, die Augen blaß orange (GB) oder von leuchtendem Kupfer (USA).

PERSER CHOCOLATE
Diese von einigen Katzenverbänden als »Kashmir« bezeichnete Langhaarkatze ist eine der am schwierigsten zu züchtenden Varietäten und entspricht nur selten dem Standard.

LILAC CREME
Diese Varietät entstand durch Hinzufügung des roten oder orange- farbenen Farbgens.

PERSER LILAC
Diese meist »Lilac Kashmir« genannte Katze hat den typischen Körperbau der Perser und volles, fließendes Fell.

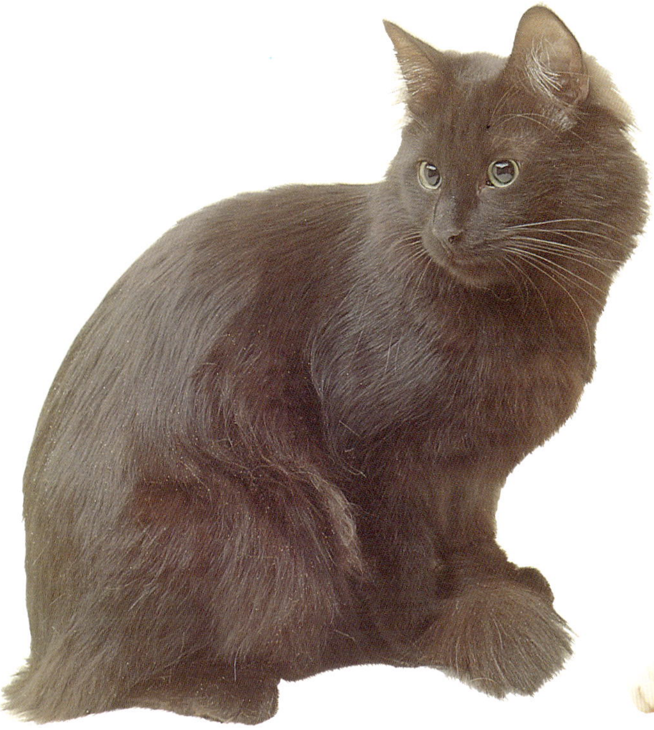

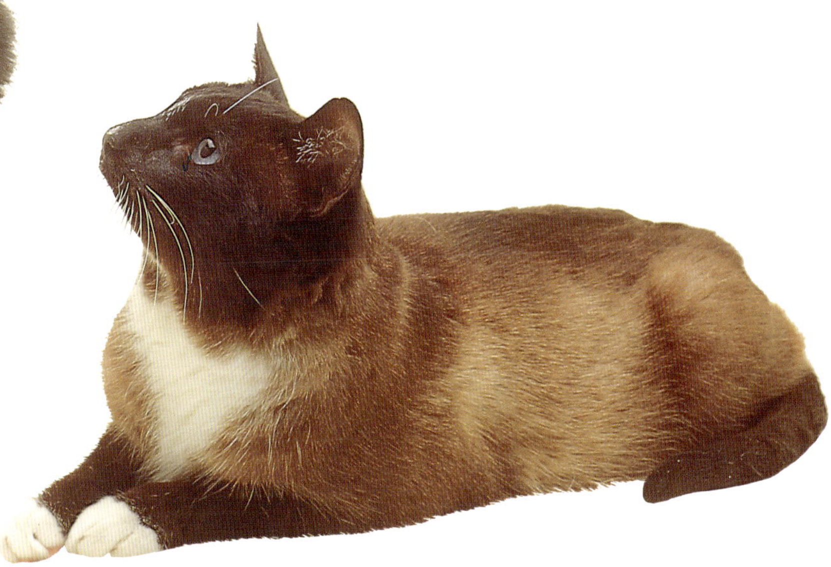

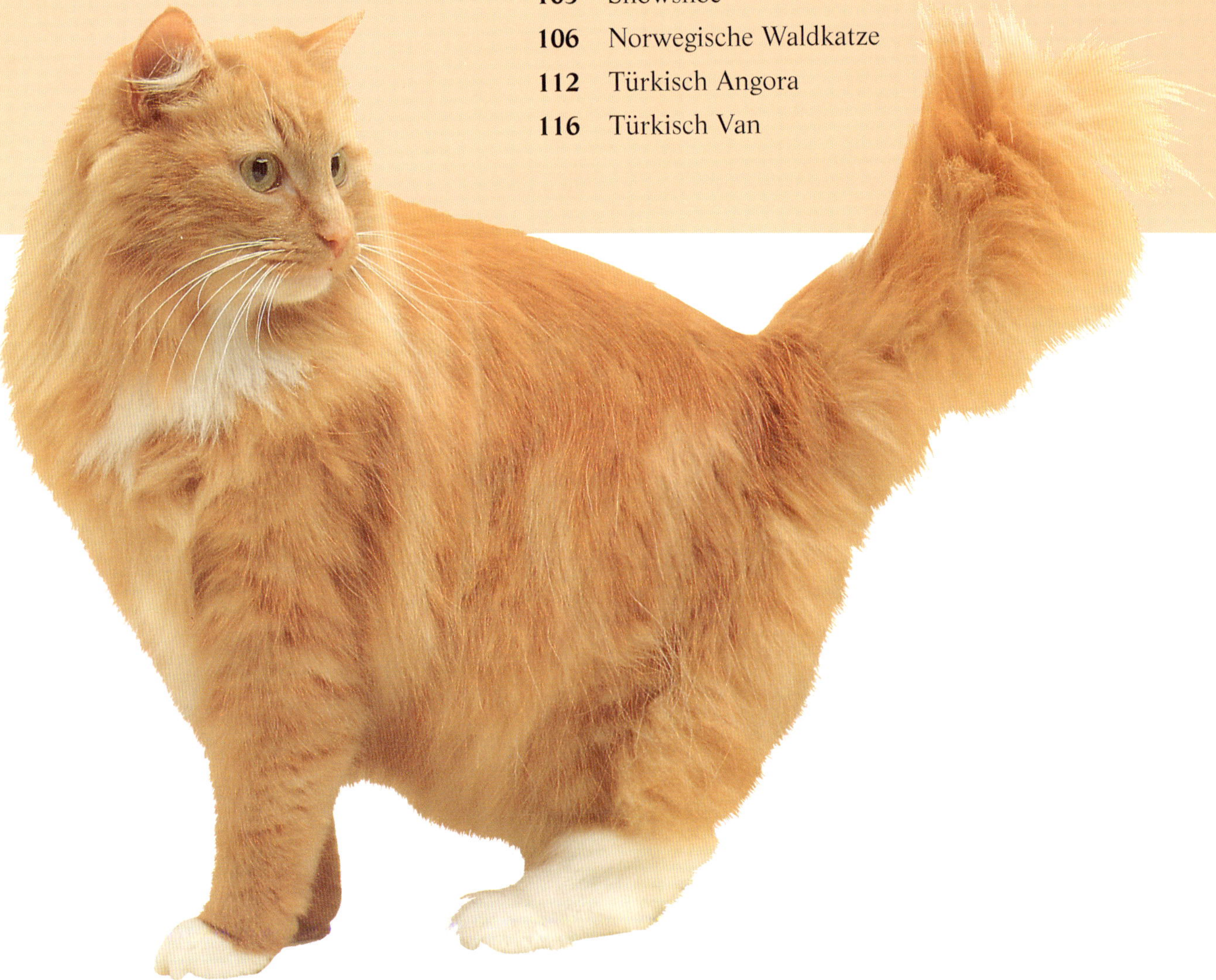

HALBLANGHAAR

BIRMA

Die Birma ist auch als »Heilige Birma« bekannt. Mit der Burma-Katze ist sie aber nicht verwandt. Auf den ersten Blick mag sie zwar eine gewisse Ähnlichkeit mit der Langhaar Colourpoint (USA: Himalayan) aufweisen, aufgrund ihrer vier schneeweißen Pfoten ist sie jedoch leicht von ihr zu unterscheiden. Ihr seidiges Fell erinnert eher an das Fell der Türkisch Angora als an das der Perser, auch ihr Körperbau unterscheidet sich deutlich von dem der Perser: Die Birma ist langgestreckter und weniger gedrungen.

Um die Entstehung dieser wunderschönen Rasse ranken sich Legenden, die auch die ungewöhnliche Zeichnung der Birma zu erklären versuchen. Noch vor der Geburt Buddhas errichteten die Khmer Tempel zur Verehrung ihrer Götter. In einem dieser Tempel, der Tsun-Kyan-Kse geweiht war, befand sich eine goldene Statue der Göttin.

Zu Beginn des 20. Jahrhunderts wurde der Tempel von Major Gordon Russell und Auguste Pavie vor kriegerischer Zerstörung bewahrt. Aus Dankbarkeit schenkte man den beiden Männern, die inzwischen in Frankreich lebten, zwei Tempelkatzen. Während der Kater die Reise nicht überlebte, erreichte die Kätzin wohlbehalten ihre neue Heimat und brachte dort Junge zur Welt, so daß sich die Rasse in Europa etablieren konnte.

Wie auch immer die wirklichen Ursprünge dieser Rasse ausgesehen haben mögen, in Europa hat sie jedenfalls überlebt. Sie wurde nach Großbritannien importiert und erhielt dort 1966 Championstatus. In den USA, wo man eigene Zuchtprogramme entwickelte, wurde die Rasse 1967 von der CFA offiziell anerkannt und bei der Madison Square Garden Cat Show erstmalig der Öffentlichkeit vorgestellt.

OFFIZIELLE PUNKTESKALA

Die neben der Abb. aufgeführten Punkte beziehen sich auf den britischen, die unten auf den Standard der USA.

KOPF: 30 PUNKTE
einschließlich Größe und Form der Augen sowie Form und Stellung der Ohren

TYP: 25 PUNKTE
einschließlich Form, Größe, Knochenbau, Schwanzlänge

FELL: 10 PUNKTE

FARBE: 25 PUNKTE

AUGENFARBE: 10 PUNKTE

KÖRPER, BEINE und PFOTEN: 20 PUNKTE

HANDSCHUHE und SOCKEN: 20 PUNKTE

KOPF und OHREN: 20 PUNKTE

AUGEN: 15 PUNKTE

FARBE und ZUSTAND DES FELLS: 25 PUNKTE

SCHWANZ: 5 PUNKTE

Charakter und Pflege

Die Birma ist ruhiger als die Siam, wenn auch nicht so gelassen wie die Perser. Sie ist eine neugierige, anhängliche Katze. Im Gegensatz zu vielen anderen Langhaarrassen entwickelt sich die Birma schnell, die Weibchen können bereits mit sieben Monaten rollig werden. Die Zuchtkatzen, oder »Queens«, sind fürsorgliche Mütter. Auch Männchen, die als Deckkater gehalten werden, zeichnen sich häufig durch ein auffallend liebevolles Wesen aus.

Das Fell der Birma ist seidiger und weniger dicht als das der Perser. Die Pflege ist nicht sehr aufwendig, regelmäßiges Bürsten und Kämmen genügt. Die weißen Handschuhe müssen allerdings regelmäßig gewaschen werden. Nach der Wäsche sollten sie sorgfältig getrocknet und mit weißem Pflegepuder bestäubt werden, der zuerst ins Fell gerieben und dann gründlich ausgebürstet wird.

FEHLER

Als Fehler gelten bei der Birma: ungerader Verlauf der Handschuhe an den Vorderpfoten; Fehlen der weißen Handschuhe; weiße Schattierungen auf Brust oder Bauch; weiße Flecken in den Points (außer an den Pfoten); siamesischer Kopftyp und Schielen.

HAUPTMERKMALE

● **KATEGORIE:** Langhaar

● **KÖRPERBAU:** mittelgroß, langgestreckt, kräftig

● **FELL:** lang, seidig; volle Halskrause; langes Haar an Rücken und Flanken, am Bauch darf das Fell leicht gewellt sein; wenig Unterwolle; verfilzt kaum

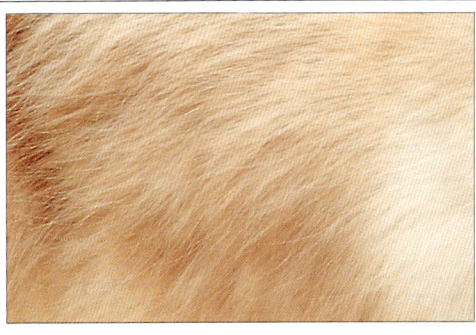

● **KOPF:** kräftig, breit, abgerundet, volle Wangen

● **NASE:** mittellang, »römische« Form

● **KINN:** fest, Kinnspitze bildet mit der Nase eine senkrechte Linie

● **AUGEN:** fast rund

● **OHREN:** mittelgroß, abgerundete Spitzen, leicht nach vorne geneigt, nicht zu aufrecht, weit auseinanderstehend

● **KÖRPER:** relativ lang, nicht gedrungen; Kater kräftiger als Kätzinnen

● **BEINE:** kurz bis mittellang und stämmig

● **PFOTEN:** groß und gerundet

● **SCHWANZ:** mittellang, wie ein Federbusch geformt

● **FARBSCHLÄGE:** Seal Point, Blue Point, Chocolate Point, Lilac Point, Red Point, Creme Point; Seal Tortie Point, Blue Tortie Point, Chocolate Tortie Point, Lilac Tortie Point; einfarbige Points, Tortie Points, Tabby Points, Tortie Tabby in: Seal, Blau, Chocolate, Lilac, Rot, Creme

EINFARBIGE POINTS

BIRMA SEAL POINT

Die charakteristischen weißen Vorderpfoten dieser Rasse nennt man »Handschuhe«. Sie sollten in einer symmetrischen Linie auf oder unter dem Winkel verlaufen, den Pfote und Bein bilden.

EIN WURF BIRMAKATZEN besteht meist aus drei bis fünf Kätzchen, deren Fell bei der Geburt fast völlig weiß ist. In wenigen Tagen beginnt sich die Farbe der Points an den Spitzen von Ohren und Schwanz zu entwickeln. Wenn sich die Augen nach etwa sieben bis zehn Tagen öffnen, sind sie babyblau.

SEAL POINT Der Körper ist rehbraun bis hell creme gefärbt, wobei der warme Farbton an Bauch und Brust in eine hellere Schattierung übergeht. Points dunkel sealbraun, Handschuhe reinweiß. Der Nasenspiegel sollte zu den Points passen. Die Pfotenballen sind rosa. Die Augenfarbe sollte Blau sein, möglichst dunkel und ins Violette spielend.

BLUE POINT Körperfarbe ist ein bläuliches Gletscherweiß, das in einen helleren Ton übergeht, Bauch und Brust fast weiß, Points tiefblau, Handschuhe reinweiß. Der Nasenspiegel ist schiefergrau, die Pfotenballen sind rosa. Die Augenfarbe sollte Blau sein, möglichst dunkel und ins Violette spielend.

CHOCOLATE POINT Körper elfenbeinfarben, möglichst ohne Schattierungen. Points in warmem schokoladenbraunem Farbton, außer an den Handschuhen, die reinweiß sind. Nasenspiegel zimtfarben-rosa, Pfotenballen rosa. Die blauen Augen sollten möglichst dunkel sein, ins Violette spielend.

BIRMA BLUE POINT

Die Handschuhe der Hinterpfoten nennt man »Socken« oder »Stiefel«. Sie bedecken die gesamte Pfote und ziehen sich am Hinterlauf wie Sporen spitz nach oben.

BIRMA CREME POINT
Der leicht goldene Schimmer auf dem weißen Körper und die hell cremefarbenen Points sind die besonderen Merkmale der Birma Creme Point.

BIRMA CHOCOLATE POINT
Points in warmem Milchschokoladenbraun kennzeichnen diese erst kürzlich anerkannte Birma-Varietät.

BIRMA LILAC POINT
Mit Ausnahme der weißen Pfoten entspricht die Zeichnung dieser Birma den normalen Siam-Abzeichen (USA: Himalayan).

LILAC POINT Körperfarbe Gletscherweiß, fast schon Reinweiß, ohne Schattierungen. Die Points sind frostgrau mit leichtem Rosaschimmer, Handschuhe reinweiß. Nasenspiegel lavendelrosa, Pfotenballen. Die Augenfarbe ist Blau, dunkel und ins Violette spielend.
RED POINT Der Körper ist cremeweiß. Mit Ausnahme der weißen Handschuhe ist die Pointfarbe ein heller Orangeton. Nasenspiegel und Pfotenballen rosa. Augenfarbe Blau.
CREME POINT Cremeweißer Körper. Die Points sind hell cremefarben, Handschuhe weiß. Nasenspiegel und Pfotenballen sind rosa. Die Augen dieser Varietät sind blau.

TABBY UND TORTIE POINTS

PURISTEN BEHAUPTEN, daß die Heilige Birma nur als Seal Point und Blue Point vorkommen dürfe. Aber die CFA hat auch die Chocolate-Point- und Lilac-Point-Varietäten anerkannt. Die FIFe hat sowohl für die Tabby- als auch für die Red-Varietäten, einschließlich der Torties und Tortie Tabbys in den vier Grundfarbkombinationen, Standards aufgestellt.

SEAL TABBY POINT Der Körper ist beige; die Pointfärbung ist dunkel Seal Tabby, mit Ausnahme der weißen Handschuhe. Der Nasenspiegel kann ziegelrot, rosa oder sealbraun sein; die Pfotenballen sind rosa.

BLUE TABBY POINT Körper bläulich-weiß; Pointfärbung Blaugrau-Tabby, mit Ausnahme der Handschuhe, die weiß sind. Der Nasenspiegel ist altrosa oder blaugrau.

CHOCOLATE TABBY POINT Körper elfenbeinfarben; die Pointfärbung ist, abgesehen von den weißen Handschuhen, Milchschokoladenbraun-Tabby. Der Nasenspiegel ist blaßrot, rosa oder milchschokoladenbraun.

LILAC TABBY POINT Der Körper ist gletscherweiß (Magnolie); die Pointfärbung ist Lilac Tabby (Frostgrau mit einem leichten Rosaschimmer). Weiße Handschuhe. Der Nasenspiegel ist rosa oder lavendelrosa.

RED TABBY POINT Der Körper ist gebrochen weiß mit einem leichten Rotschimmer; die Pointfärbung ist warmes Orange Tabby, mit Ausnahme der Handschuhe, die weiß sind. Der Nasenspiegel ist rosa oder ziegelrot.

CREME TABBY POINT Der Körper ist gebrochen weiß; Pointfärbung ist Creme Tabby, mit Ausnahme der weißen Handschuhe.

SEAL TORTIE POINT Der Körper ist beige mit fawnfarbenen Schattierungen; Pointfärbung ist Sealbraun, gefleckt oder gemischt mit Rot und/oder Hellrot. Handschuhe weiß. Nasenspiegel rosa und/oder sealbraun.

SEAL TORTIE TABBY POINT Körper beige. Weiße Handschuhe. Übrige Points Seal Tabby, gefleckt oder gemischt mit Rot und/oder Hellrot. Der Nasenspiegel ist sealbraun, ziegelrot oder rosa; oder sealbraun mit ziegelroten oder rosafarbenen Sprenkeln.

BIRMA BLUE TABBY POINT

Die Birma ist sehr aufmerksam und interessiert sich für alles, was um sie herum vorgeht. Sie ist als Haustier hervorragend geeignet. Ihr langes Fell ist bedeutend einfacher zu pflegen als das der Perser.

BIRMA SEAL TORTIE POINT

Die Tortie-Färbung dieser hübschen Varietät ist Sealbraun mit Rot oder Hellrot gefleckt oder gemischt.

**BIRMA SEAL
TABBY POINT**
*Die Birma Tabby
Point wird in Groß-
britannien von der
GCCF anerkannt.*

BLUE TORTIE POINT Der Körper ist bläulich-weiß, die Handschuhe sind weiß. Die
übrige Pointfärbung ist Blaugrau mit zart
cremefarbenen Flecken oder Sprenkeln. Der
Nasenspiegel ist blaugrau und/oder rosa.
BLUE TORTIE TABBY POINT Der Körper
ist gletscherweiß mit Blauschimmer. Die
Pointfärbung ist Blaugrau-Tabby, gefleckt
oder gemischt mit Pastellcreme, mit Ausnahme der weißen Handschuhe. Nasenspiegel
blaugrau, (alt-) rosa oder rosa oder blaugrau
mit (alt-)rosafarbenen Sprenkeln.
CHOCOLATE TORTIE POINT Der Körper
ist elfenbeinfarben. Die Pointfärbung ist, mit
Ausnahme der weißen Handschuhe, Milchschokoladenbraun, mit Rot und/oder Hellrot
gefleckt oder auch gemischt. Der Nasenspiegel ist milchschokoladenbraun und/oder
rosafarben.
CHOCOLATE TORTIE TABBY POINT
Körper- und Handschuhfarbe wie Chocolate
Tortie Point. Die Pointfärbung ist Milchschokoladenbraun-Tabby, mit Rot und/oder Hellrot gefleckt oder gemischt. Farbe des Nasenspiegels: milchschokoladenbraun, hellrot oder
rosafarben; oder milchschokoladenbraun mit
hellroten und/oder rosa Sprenkeln.
LILAC TORTIE POINT Körper gletscherweiß (Magnolie). Pointfärbung Lilac (Frostgrau mit leichtem Rosaschimmer), gefleckt
oder gemischt mit hellem Creme. Die Handschuhe sind weiß. Der Nasenspiegel ist lavendelfarben und/oder rosa.

LILAC TORTIE TABBY POINT Körper gletscherweiß. Pointfärbung Lilac Tabby (Frostgrau mit Rosaschimmer), gefleckt oder gemischt mit hellem Creme: mit Ausnahme der
weißen Handschuhe. Nasenspiegel lavendel-
oder hellrosa, oder lavendelfarben mit hellrosa
Sprenkeln.

**BIRMA RED
TABBY POINT**
*Den leichten Gold-
schimmer im Fell
dieser Varietät nennt
man englisch »halo«
(Nimbus).*

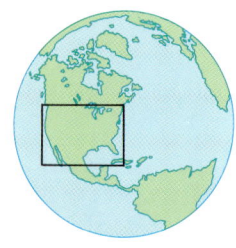

MAINE COON

Die Maine Coon gehört zu den ältesten natürlichen Rassen Nordamerikas und ist als eigene Varietät seit über 100 Jahren bekannt. Sie stammt aus dem Bundesstaat Maine im Nordosten der USA. Zuerst hielt man die Rasse für das Produkt einer Kreuzung von halbwilden Hauskatzen mit Waschbären (racoons), daher auch der Name Coon. Einer anderen Geschichte zufolge schickte Marie Antoinette, auf der Flucht vor den Schrecken der Französischen Revolution, ihre Lieblingskatzen nach Maine, bevor sie die Suche nach einer neuen Heimat fortsetzte. Heute geht man davon aus, daß Seeleute langhaarige Katzen, etwa die Angora, als Handelsgüter nach Amerika brachten, die sich dort

mit heimischen Hauskatzen paarten. Aus den Nachkommen entwickelte sich schließlich die wunderschöne große amerikanische Langhaarkatze, wie wir sie heute kennen.

Bereits 1895 erhielt eine Maine Coon Tabby auf der Madison Square Garden Cat Show den 1. Preis (»Best in Show«). Doch die um 1900 eingeführten ausgefalleneren Rassen aus Europa drängten die Maine Coon in den Hintergrund. Nur als beliebtes und robustes Haustier konnte sie sich weiterhin behaupten. Der Central Maine Coon Cat Club zur Förderung dieser Rasse wurde erst 1953 gegründet. Neun Jahre später wurde von einigen amerikanischen Verbänden ein Showstandard aufgestellt. 1976 wurde die

OFFIZIELLE PUNKTESKALA

Die neben der Abb. aufgeführten Punkte beziehen sich auf den britischen, die unten aufgeführten auf den europäischen Standard.

KOPF: 30 PUNKTE
Form: 15 Punkte
Ohren: 10 Punkte
Augen: 5 Punkte

KÖRPER: 35 PUNKTE
Form: 20 Punkte
Nacken: 5 Punkte
Beine, Pfoten: 5 Punkte
Schwanz: 5 Punkte

FELL: 20 PUNKTE

FARBE: 15 PUNKTE
Körperfarbe: 10 Punkte
Augenfarbe: 5 Punkte

KOPF: 35 PUNKTE

FELL: 20 PUNKTE

KÖRPER: 35 PUNKTE

KONDITION: 10 PUNKTE

International Society for the Preservation of the Maine Coon gegründet, und schließlich gewährte die Cat Fanciers' Association der Rasse den vollen Champion-Status.

Charakter und Pflege

Die Maine Coon, von ihren Verehrern als ideale Hauskatze geschätzt, ist sehr verspielt und verschmitzt und sie kann sich sogar selbst kleine Kunststücke beibringen. Sie entwickelt sich nur sehr langsam: Erst im Alter von drei oder vier Jahren hat sie ihre endgültige Gestalt und Größe erreicht.

Sie hat ein langes und lockeres Fell, das sich nur selten verfilzt und durch gelegentliches Kämmen leicht pflegen läßt.

FEHLER

Bei der Maine Coon gelten als Fehler: kurzes oder unregelmäßiges Fell; Fehlen der Unterwolle; disharmonische Proportionen; graziler Knochenbau; lange oder dünne Beine, kurzer Schwanz; zu weit auseinander oder nach außen stehende Ohren; zu ausgeprägtes Schnurrhaarkissen; gerades oder konvexes Profil; schräg stehende, mandelförmige Augen.

HAUPTMERKMALE

- **KATEGORIE:** Langhaar

- **KÖRPERBAU:** mittelgroß bis groß

- **FELL:** dicht und zottig, von seidiger Textur, kurz an Kopf, Schultern und Beinen, zum Rücken und zu den Seiten hin länger werdend, strähnig an Bauch und Hinterläufen; volle Halskrause (Kragen)

- **KOPF:** mittlere Größe, kantiger Umriß; leicht konkaves Profil, Stirn sanft gebogen, hohe, hervorgehobene Wangenknochen

- **NASE:** mittlere Länge

- **KINN:** fest, in senkrechter Linie mit Nase und Oberlippe

- **AUGEN:** Groß, leicht oval, nicht mandelförmig; leicht schräg in Richtung des äußeren Ohransatzes liegend

- **OHREN:** groß, breit am Ansatz, mäßig spitz zulaufend, mit luchsartigen Büscheln, hoch am Kopf, weit auseinander stehend

- **KÖRPER:** lang, starker Knochenbau, kraftvoll, gut proportioniert, muskulös, breiter Brustkorb; Kater sind kräftiger als Kätzinnen

- **BEINE:** mittlere Länge

- **PFOTEN:** groß, rund, Haarbüschel zwischen den Zehen

- **SCHWANZ:** mindestens so lang wie der Körper vom Schulterblatt bis zum Schwanzansatz, am Ansatz breit, zum Schwanzende hin spitz zulaufend; volles, wehendes Schwanzhaar

- **FARBSCHLÄGE:** Die Maine Coon wird in allen Farbschlägen anerkannt, außer mit Himalaya- oder Burma-Faktor, Chocolate, Cinammon, Lilac oder Fawn. Eine Verbindung zwischen Augen- und Fellfarbe besteht nicht; eine klare Augenfarbe ist allerdings erwünscht. Jeglicher Weißanteil ist gestattet.

**COLOURPOINT
BLAUCREME MIT
WEISS**
*Die Maine Coon stammt
aus dem amerikanischen
Bundesstaat Maine, wo
diese Varietät als »Dilute
Calico« bezeichnet wird.*

**MAINE COON
WEISS**
*Die Maine Coon
gehört zu den
wenigen Rassekatzen,
bei denen die weiße
Varietät grüne Augen
haben darf.*

DER STANDARD für einfarbige Varietäten schreibt vor, daß das Fell bis zu den Wurzeln durchgefärbt ist, ohne Schattierung, Zeichnungen und Spuren einer anderen Farbe. Nasenspiegel und Pfotenballen müssen zur Augenumrandung passen. Zeichnungen sollten sich über das ganze Fell erstrecken und bei der Tortie auch auf Beinen und Schwanz zu finden sein. Bei zwei- (Bicolour) und mehrfarbigen (Particolour-) Tieren ist jede einfarbige, Tortie-, Tabby-, Shaded- oder Smoke-Färbung erlaubt, immer kombiniert mit weißen Fellpartien.

WEISS Das Fell ist glänzend schneeweiß. Nasenspiegel und Pfotenballen sind rosafarben. Die Augen können blau, orangefarben, grün oder verschiedenfarbig sein.

SCHWARZ Das Fell ist von der Wurzel bis zur Spitze tief kohlschwarz durchgefärbt, ohne »Rostspuren« an den Haarspitzen oder Anzeichen von Smoke auf der Unterwolle. Der Nasenspiegel ist schwarz, die Pfotenballen schwarz oder braun.

BLAU Das Fell ist gleichmäßig graublau und muß bis zu den Wurzeln durchgefärbt sein. Nasenspiegel und Pfotenballen sind blau.

ROT Das Fell ist von intensivem, klarem, leuchtendem Rot ohne Schattierungen, Zeichnungen oder Ticking. Lippen und Kinn müssen die gleiche Farbe aufweisen wie das Fell. Nasenspiegel und Pfotenballen sind ziegelrot.

CREME Das Fell ist gleichmäßig blaß cremefarben, ohne jede Zeichnung. Es muß bis zu den Wurzeln durchgefärbt sein. Nasenspiegel und Pfotenballen sind rosafarben.

TORTIE Das Fell ist schwarz mit einheitlich gefärbten, klar abgegrenzten roten und hellroten Flecken sowohl an Rumpf und Extremitäten. Eine rote oder hellrote Blesse im Gesicht ist erwünscht.

TORTIE MIT WEISS Latz, Bauch und Pfoten müssen und ein Drittel des Körpers sollte weiß sein.

BLAUCREME Das Fell ist blau mit streifenfreien, einheitlich gefärbten, klar abgegrenzten cremefarbenen Flecken an Rumpf und Extremitäten.

BLAUCREME MIT WEISS Das Weiß sollte verteilt sein wie bei der Tortie mit Weiß.

BICOLOUR Fellfarbe ist eine mit Weiß kombinierte Grundfarbe. Die farbigen Fellpartien dominieren. Weiße Zeichnungen befinden sich im Gesicht, an Brust, Bauch und Extremitäten. Erlaubte Farben sind Schwarz, Blau, Rot und Creme.

SMOKE UND SHADED-VARIETÄTEN

IN DIESER GRUPPE wird jede einfarbige oder Tortie-Varietät anerkannt. Das Unterfell sollte so weiß wie möglich sein. Die Haarspitzen müssen Tipping aufweisen, das an Kopf, Rücken und Pfoten am dunkelsten ausfällt. Die Smoke ist intensiv gefärbt, während die Shaded mehr von ihrem silbernen Unterfell erkennen läßt.

SHADED SILVER Das Unterfell ist weiß, überzogen mit gleichmäßig schwarzem Tipping und dunklen Schattierungen an Rücken, Seiten, Kopf und Schwanz. An Kinn, Brust, Bauch und Schwanzunterseite wird es heller bis reinweiß. Die Beine sollen den gleichen Farbton aufweisen wie das Gesicht. Die allgemeine Erscheinung ist viel dunkler als die der Chinchilla. Augen, Lippen und Nase sind schwarz umrandet. Der Nasenspiegel ist ziegelrot, die Pfotenballen sind schwarz.

SHADED RED Das Unterfell ist weiß, mit rotem Tipping an Flanken, Gesicht und Schwanz, die Färbung am Rücken ist dunkler. An Kinn, Brust, Bauch und Schwanzunterseite darf sie weiß sein. Die Beine sollen den gleichen Farbton aufweisen wie das Gesicht. Nasenspiegel und Pfotenballen sind schwarz.

BLACK SMOKE Das Unterfell ist weiß, mit tiefschwarzem Tipping. Ruhend erscheint die Katze schwarz. Sobald sie sich bewegt, wird das weiße Unterfell sichtbar. Die Haare sind fast ganz schwarz, nur direkt über der Wurzel befindet sich eine schmale weiße Zone. Points und Maske erscheinen schwarz, Halskrause (Kragen) und Ohrbüschel sind hellsilber. Nasenspiegel und Pfotenballen sind schwarz.

BLUE SMOKE Das Unterfell ist weiß, mit tiefblauen Tipping. Nur in Ruhe wirkt die Katze blau, weil die Haare fast ganz blau sind und sich nur direkt über der Wurzel eine schmale weiße Zone befindet. Points und Maske erscheinen blau. Halskrause (Kragen) und Ohrbüschel sind weiß, Nasenspiegel und Pfotenballen blau.

RED SMOKE Das Unterfell ist weiß, mit tiefrotem Tipping. Ruhend wirkt die Katze rot, sobald sie sich bewegt, wird das weiße Unterfell sichtbar. Points und Maske erscheinen rot. Augenumrandung, Nasenspiegel und Pfotenballen sind rosa.

CREME SMOKE Dies ist eine hellere Version der Red Smoke. Das rote Tipping ist zu einem blassem Creme verdünnt.

RED SHADED
Bei den Shaded-Varietäten sollte das Unterfell so weiß wie möglich sein und die Grundfarbe an Kopf, Rücken und Pfoten am dunkelsten ausfallen.

TABBY-VARIETÄTEN

KATZEN MIT Classic-Tabby- (gestromt) und mit Mackerel-Tabby-Zeichnung (getigert) werden in allen folgenden Farbschlägen akzeptiert.

SILVER TABBY Grundfarbe ist ein blaß klares Silber mit klar abgegrenzten tiefschwarzen Markierungen. Um Lippen und Kinn ist Weiß erlaubt. Der Nasenspiegel ist ziegelrot; die Pfotenballen sind schwarz.

BROWN TABBY Grundfarbe ist ein leuchtendes Kupferbraun mit tiefschwarzen Markierungen. Die Fußsohlen sind von der Pfote bis zur Ferse schwarz. Um Lippen und Kinn ist Weiß erlaubt. Nasenspiegel und Pfotenballen sind schwarz oder braun.

BLUE TABBY Grundfarbe ist ein blaß bläuliches Elfenbein mit klar abgegrenzten dunkelblauen Markierungen. Fell mit warmem Fawnschimmer (rehbraun). Um Lippen und Kinn ist Weiß erlaubt. Der Nasenspiegel ist altrosafarben; die Pfotenballen sind rosa.

RED TABBY Grundfarbe ist Rot mit intensiv dunkelroten Markierungen. Um Lippen und Kinn ist Weiß erlaubt. Nasenspiegel und Pfotenballen sind ziegelrot.

CREME TABBY Grundfarbe ist Blaßcreme mit bräunlichgelben oder cremefarbenen Markierungen, die dunkel genug sind, um einen guten Kontrast zu der Grundfarbe zu bilden. Um Lippen und Nase ist Weiß erlaubt. Nasenspiegel und Pfotenballen sind rosa.

BROWN MACKEREL TABBY
Die getigerte Tabby-Zeichnung besteht aus feinen Streifen, die am Körper hinunterlaufen.

MACKEREL TABBY MIT WEISS
Diese Zeichnungen entsprechen eher dem Mackerel- (getigert) als dem Classic-Tabby-Typ (gestromt).

SILVER TABBY
Katzen mit Tabby-Muster tragen auf der Stirn eine Zeichnung, die einem »M« ähnelt.

TORTIE TABBY
Die großen, strahlenden Augen bringen das glänzende Fell erst richtig zur Geltung.

SILVER TORTIE TABBY MIT WEISS
Bei der Maine Coon finden sich ungewöhnliche Färbungen. Das Fell dieser Katze weist blasse Tortie- und Silver-Tabby-Zeichnungen mit Weiß auf, was zu einem schönen Gesamteindruck führt.

CAMEO TABBY Weißliche Grundfärbung mit roten Markierungen. Um Lippen und Kinn ist auch Weiß erlaubt. Nasenspiegel und Pfotenballen sind rosa.

TORTIE TABBY Als Tortie Tabby oder Torbie bezeichnet man eine Färbung in Silver oder Brown Tabby mit roten und hellroten Flecken, oder Blue Tabby mit cremefarbenen Flecken. Der Nasenspiegel ist ziegelrot bis rosa; die Pfotenballen sind schwarz und/oder rosafarben. Nasenspiegel und Pfotenballen der Blue Tabby sind blau und/oder rosa.

TABBY MIT WEISS Fellfarbe Silver, Blau, Rot oder Creme. Brustlatz, Bauch und Pfoten müssen Weiß aufweisen. Im Idealfall beträgt der Weißanteil ein Drittel. Nasenspiegel und Pfotenballen zur Grundfarbe passend (s.o.).

TORTIE TABBY MIT WEISS Die Farbe entspricht der Tortie Tabby, weist jedoch zusätzlich weiße Partien wie die Tabby mit Weiß (s.o.) auf. Anerkannte Farben sind Silver, Braun und Blau. Die Farbe des Nasenspiegels hängt von der Körperfarbe ab; die Pfotenballen sind stets rosa.

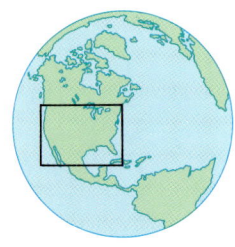

RAGDOLL

Die Amerikanerin Ann Baker war die erste, die Ragdolls züchtete. Sie besaß eine weiße Langhaarkatze namens Josephine, die von einem Verkehrsunfall bleibende Schäden davontrug. Als Josephine Junge bekam, stellte man fest, daß sie ungewöhnlich ausgeglichen waren und sich vollkommen entspannten, sobald man sie auf den Arm nahm, was ihnen die Bezeichnung Ragdoll, »Lumpenpuppe«, einbrachte.

Die Rasse wurde zuerst 1965 von der National Cat Fanciers' Association anerkannt. Daß die Rasse angeblich keine Schmerzen empfinde, keine Angst kenne und sich gegen andere Tiere nicht zur Wehr setze, wurde mit Josephines Unfall erklärt, was natürlich nicht nur aus genetischer Sicht völlig unhaltbar ist. Das äußerst friedfertige Temperament dieser Katzen ist wohl eher auf die Tatsache zurückzuführen, daß schon für die erste Paarung nur ausgesprochen liebenswerte Tiere verwendet wurden. Die drei Varianten (oder Patterns) allerdings, in denen diese Rasse gezüchtet wird, könnten tatsächlich auf Josephine oder ihren Partner zurückgehen, wenn einer der beiden die Gene für den Himalaya-Faktor, langes Fell und außerdem das Gen für Weißanteile trug.

Ungeachtet der Tatsache, daß einige Fragen, die diese Rasse betreffen, unbeantwortet

OFFIZIELLE PUNKTESKALA

Die aufgeführten Punkte beziehen sich auf den britischen Standard.

KOPF: 20 PUNKTE

OHREN: 5 PUNKTE

AUGEN: 10 PUNKTE

KÖRPER und NACKEN: 20 PUNKTE

FELL: 10 PUNKTE

Länge, Textur und Kondition: 10 Punkte

FARBE und ZEICHNUNGEN: 20 PUNKTE

SCHWANZ: 5 PUNKTE

BEINE und PFOTEN: 10 PUNKTE

bleiben müssen, ist die Ragdoll inzwischen weltweit sehr beliebt und eine Bereicherung für jede Katzenausstellung.

Charakter und Pflege

Die Ragdoll ist eine ausgesprochen anhängliche, liebevolle und ruhige Katze. Sie ist im allgemeinen ausgeglichen und friedliebend und hat eine angenehm leise Stimme. Außerdem ist sie äußerst verspielt und verschmust. Das dichte Fell ist pflegeleicht, sollte aber regelmäßig sanft gebürstet werden. Schwanz- und Halspartien sollten gekämmt werden.

FEHLER

Als Fehler gelten bei der Ragdoll: schmaler Kopf, römische Nase, zu ausgeprägter Stop; zu kleine oder zu spitze Ohren; mandelförmige Augen; zu langer oder zu dünner Hals; gedrungener Körper; schmale Brust; kurze Beine; gespreizte Zehen, Fehlen der Haarbüschel zwischen den Zehen; kurzer oder stumpfer Schwanz; jede andere Augenfarbe als Blau.

HAUPTMERKMALE

- **KATEGORIE:** Langhaar

- **KÖRPERBAU:** groß, kräftige Gesamterscheinung

- **FELL:** mittlere Länge, dicht, weich und seidig, am Körper anliegend, aufbrechend bei Bewegung; das Fell ist an Hals und äußerem Gesichtsrand am längsten; das Gesichtshaar selbst ist kurz; an Vorderbeinen und Körper ist das Fell mittellang bis lang

- **KOPF:** mittlere Größe, breite, modifizierte Keilform, zwischen den Ohren flach; gut ausgebildete Wangen; mittellange Schnauze

- **NASE:** leichte Einbuchtung am Nasenansatz

- **KINN:** gut ausgebildet

- **AUGEN:** groß und oval, der äußere Augenrand sollte eine Linie mit dem Ohransatz bilden

- **OHREN:** mittelgroß, breit am Ansatz, abgerundete Spitzen, weit auseinander stehend, leicht nach vorne geneigt

- **KÖRPER:** lang, mittelstarker Knochenbau; Brust breit und gut ausgebildet, muskulöse Hinterläufe

- **BEINE:** mittellang, von mittlerem Knochenbau; Hinterbeine etwas höher als Vorderbeine

- **PFOTEN:** groß, rund und kompakt; Haarbüschel zwischen den Zehen

- **SCHWANZ:** lang, aber in Proportion zum Körper, mittelstark am Ansatz, verjüngt sich zum Schwanzende hin; buschig

- **FARBSCHLÄGE:** Seal Point, Blue Point, Chocolate Point und Lilac Point, alle mit klaren blauen Augen

MITTED

**RAGDOLL
SEAL MITTED**
Die Ragdoll Mitted darf zusätzlich neben einem weißen Kinn einen schmalen weißen Streifen auf der Nase und Weiß an Brust, Latz und Unterkörper aufweisen. Die Pfoten müssen weiß sein.

**RAGDOLL
BLUE MITTED**
Bei der Ragdoll Mitted sind die Pfoten weiß wie bei der Birma.

DIE HELLE KÖRPERFARBE ist nur leicht schattiert. Die Points (außer an Pfoten und Kinn) sollten sich deutlich abheben und mit der Körperfarbe harmonieren. Das Kinn muß weiß sein. Ein weißer Streifen auf der Nase ist erwünscht. Weißen Handschuhe reichen bis zum Knie bzw. Sprunggelenk. Das untere Ende des Lätzchens geht in einen weißen Streifen über, der zwischen den Vorderbeinen hindurch bis zum Schwanzansatz verläuft.
LILAC POINT Die Körperfarbe ist Gletscherweiß. Die Points sind, mit Ausnahme der weißen Partien, frostgrau mit einem leichten Rosaschimmer.

SEAL POINT Die Körperfarbe ist ein helles Fawnbraun oder Creme; die Points sind mit Ausnahme der weißen Partien tief sealbraun.
BLUE POINT Die Körperfarbe ist ein bläuliches Weiß; die Points sind mit Ausnahme der weißen Partien blau ausgefärbt.
CHOCOLATE POINT Die Körperfarbe erinnert an Elfenbein; die Points sind mit Ausnahme der weißen Partien milchschokoladenbraun.
LILAC POINT Die Körperfarbe ist Gletscherweiß; die Points sind mit Ausnahme der weißen Partien frostgrau mit leichtem Rosaschimmer.

BICOLOUR

DIE KÖRPERFARBE ist hell; die Points – Ohren, Maske und Schwanz – sollten sich deutlich abheben. Die Maske weist ein umgekehrtes weißes »V« auf. Der Bauch ist weiß, im Idealfall auch die Beine. An Ohren und Schwanz jedoch darf kein Weiß vorkommen.

SEAL POINT Die Körperfarbe ist helles Fawnbraun oder Creme; die Points sind mit Ausnahme der weißen Partien tief sealbraun.

BLUE POINT Die Körperfarbe ist bläuliches Weiß; die Points sind, mit Ausnahme der weißen Partien, blau.

CHOCOLATE POINT Die Körperfarbe erinnert an Elfenbein; die Points sind mit Ausnahme der weißen Partien milchschokoladenbraun.

RAGDOLL CHOCOLATE BICOLOUR
Das umgekehrte weiße »V«, das sich von der Stirn über die ganze Nase erstreckt, ist ein besonderes Merkmal der Ragdoll Colourpoint.

RAGDOLL SEAL BICOLOUR
Die Ragdoll ist eine große, sehr ruhige Katze mit einem ausgesprochen liebenswerten und geselligen Wesen. Trotz ihres langen Fells läßt sie sich mit wenig Aufwand pflegen.

COLOURPOINT

DIE KÖRPERFARBE ist hell und weist nur leichte Schattierungen auf. Die Points (Ohren, Maske, Beine und Schwanz) sollten sich deutlich abheben, farblich gut zueinander passen und mit der Körperfarbe harmonieren. Weiße Haare und Flecken sind nicht gestattet.

LILAC POINT Die Körperfarbe ist Gletscherweiß; die Points sind frostgrau mit leichtem Rosaschimmer.

SEAL POINT Die Körperfarbe ist helles Fawnbraun oder Creme; die Points sind tief sealbraun.

BLUE POINT Die Körperfarbe ist bläuliches Weiß; die Points sind blau.

CHOCOLATE POINT Die Körperfarbe ist Elfenbein; die Points sind milchscholokadenbraun.

SEAL COLOURPOINT
Alle Points sind gleichmäßig durchgefärbt, weiße Zeichnungen sind nicht erlaubt.

BLUE COLOURPOINT
Die Ragdoll Colourpoint wird in den Grundfarben Seal, Blue, Chocolate und Lilac anerkannt.

LILAC COLOURPOINT
Auch bei der Lilac müssen sich die Points deutlich von der Grundfarbe abheben. Das Fell sollte dicht, seidig und mittellang sein.

SNOWSHOE

DIE SNOWSHOE,
gelegentlich auch
»Silver Laces«
genannt, ist eine
äußerst seltene Katze
und wird nur von
wenigen Verbänden
anerkannt. Sie hat
den für die American
Shorthair typischen
stämmigen Körper-
bau.

Die Snowshoe ist selbst in den USA, ihrem Ursprungsland, äußerst selten. Sie verbindet die stämmige Statur der American Shorthair mit der Körperlänge der Siam, weist eine Siam- bzw. Himalaya-Färbung auf und hat weiße Pfoten wie die Birma.

Charakter und Pflege

Die Snowshoe ist eine robuste, lebhafte Katze, Sie ist intelligent, liebevoll und wie die Siam sehr menschenbezogen.

Ihr Fell benötigt nur wenig Pflege. Die weißen Pfoten können mit gelegentlichem Einsatz von Pflegepuder strahlend weiß gehalten werden.

HAUPTMERKMALE

- **KATEGORIE:** Kurzhaar

- **KÖRPERBAU:** mittelgroß und muskulös

- **FELL:** kurz, fein, eng anliegend

- **FARBEN:** alle anerkannten Point-Farben

- **ANDERE MERKMALE:** Kopf dreieckig; große, spitze Ohren, am Ansatz breit; große, ovale, tiefblaue Augen; langer, muskulöser Körper; kräftiger Rücken; Beine von mittlerer Knochenstruktur mit kompakten, ovalen Pfoten; Schwanz am Ansatz dick, verjüngt sich; für Nase und Kinn gibt es keinen Standard

NORWEGISCHE WALDKATZE

Die Norwegische Waldkatze, in Norwegen als »Norsk Skaukatt« bekannt, ähnelt in vielem der Maine Coon. Sie ist eine rein skandinavische Rasse und erscheint bereits in nordischen Mythen und in Märchen aus der Mitte des 19. Jahrhunderts. Da sie sich auf natürliche Weise im kalten nordischen Klima entwickelt hat, hat sie ein dichtes, wasserabweisendes Fell. Das Deckhaar ist mittellang und glatt mit fettigen Leithaaren, es bedeckt die Unterwolle und schützt die Katze vor Nässe, während die dichte Unterwolle den Körper warm hält. Sie ist eine hervorragende Kletterin. Sie erklimmt nicht nur Bäume, sondern auch felsige Hänge. Sie ist intelligent, äußerst gewandt und eine ausgezeichnete Jägerin.

In den 30er Jahren begann man mit der Zucht dieser robusten Bauernkatze. Als Rasse wurde sie erst in den 70er Jahren berühmt, sie erhielt 1977 von der FIFe den vollen Champion-Status. Die ideale Showkatze unterscheidet sich von der Maine Coon dadurch, daß ihre Hinterbeine länger sind als die Vorderbeine. Außerdem erhält sie Standardpunkte für ihr doppeltes Fell, das bei der amerikanischen Rasse erlaubt, aber nicht erwünscht ist.

OFFIZIELLE PUNKTESKALA

Die aufgeführten Punkte beziehen sich auf den europäischen Standard.

OHREN: 10 PUNKTE

Form und Plazierung

KOPF: 20 PUNKTE

allgemeine Form, Nase, Profil, Kiefer, Zähne, Kinn

AUGENFORM: 5 PUNKTE

SCHWANZ: 10 PUNKTE

Form, Länge

KÖRPER: 25 PUNKTE

Gestalt, Größe, Knochenstruktur, Beinlänge und -höhe

FELL: 25 PUNKTE

Qualität, Textur und Länge

KONDITION: 5 PUNKTE

Charakter und Pflege

Trotz ihrer Stärke und Robustheit kann die Norwegische Waldkatze sehr verspielt sein. Den unabhängigen Charakter ihrer halbwilden Vorfahren hat sie sich trotzdem bewahrt. Menschliche Gesellschaft liebt sie. Zwar kann sie sehr anhänglich sein, sie mag es jedoch nicht, wenn man sie zu sehr verhätschelt. Das Fell muß nur gelegentlich gekämmt werden damit die Unterwolle in guter Kondition bleibt und der wehende Schwanz und die volle Halskrause zur Geltung kommen.

FEHLER

Bei der Norwegischen Waldkatze gelten als Fehler: zu klein oder zu grazil gebaut, runder oder eckiger Kopf, Stop im Profil, kleine Ohren, kurze Beine, kurzer Schwanz, trockenes oder verfilztes Fell.

HAUPTMERKMALE

- **KATEGORIE:** Langhaar

- **KÖRPERBAU:** groß

- **FELL:** halblang, wolliges Unterfell, von geschmeidigen, wasserabstoßenden Deckhaaren überdeckt; glänzende Leithaare bedecken Rücken und Flanken; volle Halskrause (Kragen)

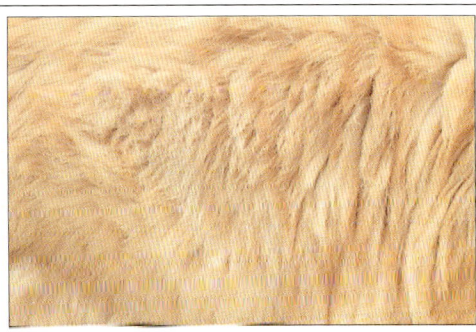

- **KOPF:** dreieckig; langes, gerades Profil ohne Stop

- **NASE:** lang und gerade

- **KINN:** fest

- **AUGEN:** groß, gut geöffnet, leicht schräg gestellt

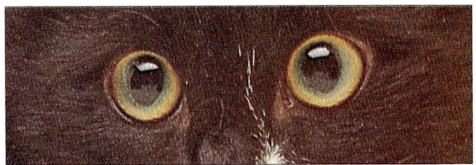

- **OHREN:** breit an der Basis, luchsartige Haarbüschel, hoch angesetzt, die Außenränder der Ohren folgen den Kopflinien bis hinunter zum Kinn

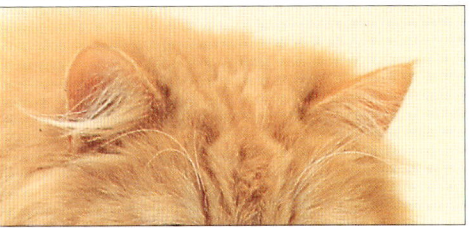

- **KÖRPER:** lang, stämmig, kräftiger Knochenbau

- **BEINE:** lang, Hinterbeine länger als Vorderbeine

- **PFOTEN:** mit Haarbüscheln

- **SCHWANZ:** lang und buschig

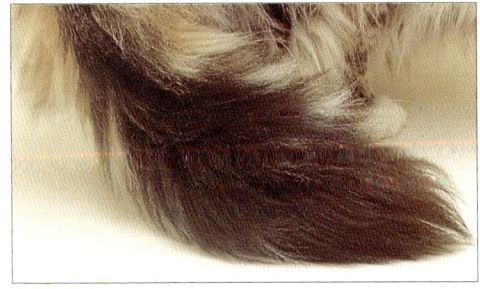

- **FARBSCHLÄGE:** alle Farben außer Chocolate, Cinnamon, Lilac und Fawn werden anerkannt; Himalaya- und Burma-Faktor sind nicht erlaubt; Typ wird immer höher bewertet als Farbe; alle Augenfarben, unabhängig von Fellfarbe, sind erlaubt; klare Augenfarbe erwünscht

Einfarbige Varietäten

WEISS
Bei der Norwegischen Waldkatze ist unabhängig von der Fellfarbe jede Augenfarbe erlaubt.

EINFARBIGE VARIETÄTEN sollen gleichmäßig gefärbtes Fell ohne Schattierungen, Zeichnungen und andere Farben als die Grundfarbe haben.

WEISS Fell glänzend schneeweiß; Nasenspiegel und Pfotenballen sind rosafarben.

SCHWARZ Fell durchgängig kohlschwarz; keine Anzeichen von »Rost« an den Haarspitzen auf und auch kein Smoke-Unterfell. Der Nasenspiegel ist schwarz; die Pfotenballen sind braun bis schwarz.

BLAU Das Fell ist von der Nase bis zur Schwanzspitze gleichmäßig graublau und muß bis zu den Wurzeln durchgefärbt sein. Nasenspiegel und Pfotenballen sind blau.

ROT Fellfarbe tiefes, leuchtend sattes Rot ohne Schattierung, Zeichnung und Tikking. Färbung von Lippen und Kinn wie Fellfarbe. Nasenspiegel und Pfotenballen ziegelrot.

CREME Fellfarbe gleichmäßiges bräunliches Creme, ohne jede Zeichnung. Die Haare sind bis zur Wurzel durchgefärbt. Nasenspiegel und Pfotenballen sind rosafarben.

NORWEGISCHE WALDKATZE
Das Doppelfell besteht aus wollenem Unterfell und glatten, wasserabweisenden Deckhaaren.

TABBY-VARIETÄTEN

BEI DER NORWEGISCHEN WALDKATZE werden alle vier Tabby-Muster in vielen Farbschlägen anerkannt, mit Ausnahme der Chocolate- und Lilac-Varietäten. Jeder Weißanteil ist erlaubt.

SILVER TABBY Die Grundfarbe ist ein helles, klares Silber mit kräftigen schwarzen Zeichnungen. Um Lippen und Kinn ist auch Weiß erlaubt. Der Nasenspiegel ist ziegelrot; die Pfotenballen sind schwarz.

BROWN TABBY Fell glänzend kupferbraun mit kräftigen schwarzen Zeichnungen. Hinterläufe von der Pfote bis zur Ferse schwarz; um Lippen und Kinn ist Weiß erlaubt. Nasenspiegel und Pfotenballen schwarz oder braun.

BLUE TABBY Grundfarbe ist ein blaß bläuliches Elfenbein mit dunklen blauen Zeichnungen, die sich von der Grundfarbe deutlich abheben. Über dem ganzen Fell liegt ein warmer fawnbrauner Schimmer. Um Lippen und Kinn ist auch Weiß erlaubt. Der Nasenspiegel ist altrosafarben; die Pfotenballen sind rosa.

RED TABBY Grundfarbe Rot, mit sattroten Zeichnungen. Um Lippen und Kinn ist Weiß erlaubt. Nasenspiegel, Pfotenballen ziegelrot.

CREME TABBY Grundfarbe helles Creme, mit bräunlichgelben oder cremefarbenen Mustern, die deutlich dunkler sind und sich so gut von der Grundfarbe abheben. Um Lippen und Kinn ist auch Weiß erlaubt; Nasenspiegel und Pfotenballen sind rosa.

TABBY MIT WEISS Diese Varietät kann Silver, Braun, Blau, Rot oder Creme sein. Weiß im Gesicht möglich, Weiß an Lätzchen, Bauch und Pfoten erwünscht. Im Idealfall sollte ein Drittel des Körpers weiß sein. Nasenspiegel und Pfotenballen wie oben beschrieben.

BLUE SILVER TABBY

An Pfoten, Brust und Unterbauch oder als Gesichtsblesse ist jeder Weißanteil erlaubt.

BROWN TICKED TABBY

Alle Tabby-Muster sind erlaubt, auch die Ticked-Variante. Die hier abgebildete Katze hat ein wunderschönes, besonders dichtes Fell.

BROWN TABBY

Die klassische oder gestromte Tabby-Zeichnung kommt auf dem glatten halblangen Fell dieser hübschen Katze besonders schön zur Geltung.

RED SILVER TABBY MIT WEISS

Die Kombination verschiedener Farbschläge mit Silver führt zu attraktiven hellen Varietäten.

ROT MIT WEISS
Obwohl der Weiß-anteil für diese Rasse nicht festgelegt ist, sieht die Katze hübscher aus, wenn sie ein kleines weißes Lätzchen und dazu passende weiße Pfoten hat.

DIE NORWEGISCHE WALDKATZE, die sich aus der einheimischen Hauskatze entwickelt hat, kommt in einer Vielzahl von Farbschlägen und -mustern vor. Die Augenfarbe ist von der Fellfarbe unabhängig.

TORTIE Schwarz mit streifenfreien (hell)ro-ten Fellpartien, wobei die Flecken klar abge-grenzt und gut verteilt an Körper und Extre-mitäten erscheinen. Rote Blesse im Gesicht erwünscht.

TORTIE MIT WEISS Färbung wie bei der Tortie, mit oder ohne Weiß im Gesicht. Lätz-chen, Bauch und Pfoten müssen Weiß auf-weisen. Der Weißanteil sollte ein Drittel der Körperoberfläche ausmachen.

BLAUCREME Fellfarbe Blau, mit klar abge-grenzten, streifenlosen, gut verteilten creme-farbenen Flecken an Körper und Extremitäten.

BLAUCREME MIT WEISS Farben wie bei der Blaucreme, mit oder ohne Weiß im Ge-sicht; Lätzchen, Bauch und alle Pfoten sollen Weiß aufweisen. Der Weißanteil sollte ein Drittel der Körperoberfläche ausmachen.

BICOLOUR Eine Grundfarbe – Blau, Rot, Schwarz oder Creme – mit weißen Partien an Gesicht, Brust, Bauch, Beinen und Pfoten.

TORTIE
Bei der Norwegischen Waldkatze sind alle Tortie-Farben erlaubt; sie können mit oder ohne weiße Markie-rungen vorkommen.

SMOKE- UND CAMEO-VARIETÄTEN

DIE NORWEGISCHE WALDKATZE ist besonders attraktiv in den Varietäten Smoke, Shaded, Tipped oder Cameo in allen Farbschlägen mit silbernem Unterfell.

CHINCHILLA Reinweiße Unterwolle. An Rücken, Flanken, Kopf und Schwanz ausreichend schwarzes Tipping. Die Beine dürfen leichte Schattierungen durch Tipping aufweisen. Kinn, Ohrbüschel, Bauch und Brust sind reinweiß; Augen, Lippen und Nase sind schwarz umrandet, Nasenspiegel und Pfotenballen schwarz.

SHADED SILVER Die weiße Unterwolle ist überzogen mit schwarzem Tipping. Schattierungen auf Seiten, Gesicht und Schwanz, dunkel am Rücken, heller bis weiß auf Kinn, Brust, Bauch und Schwanzunterseite. Die Beine sollen den gleichen Farbton aufweisen wie das Gesicht. Allgemein viel dunkler als die Chinchilla. Augen, Lippen und Nase sind schwarz umrandet. Der Nasenspiegel ist ziegelrot; die Pfotenballen sind schwarz.

RED SHELL CAMEO Unterwolle weiß. Das Deckhaar ist an Rücken, Flanken, Kopf und Schwanz genügend rot getippt, um der Katze ihr typisches sprühendes Aussehen zu verleihen. Gesicht und Beine können leichte Schattierungen durch Tipping aufweisen. Kinn, Ohrbüschel, Bauch und Brust sind weiß. Augenumrandung, Nasenspiegel, Pfotenballen rosafarben.

RED SHADED CAMEO Rotes Tipping überzieht die weiße Unterwolle an Seiten, Gesicht und Schwanz, dunkel am Rücken, heller bis weiß an Kinn, Brust, Bauch und Schwanzun-terseite. Die Beine sollen den gleichen Farbton wie das Gesicht aufweisen. Nasenspiegel und Pfotenballen sind schwarz.

BLACK SMOKE Unterwolle weiß, mit tiefschwarzem Tipping. Nur wenn sich das Tier bewegt, ist die Unterwolle sichtbar. Points und Maske erscheinen schwarz, nur unmittelbar über der Wurzel weisen die Haare eine helle Zone auf. Halskrause und Ohrbüschel sind hell silbern, Nasenspiegel und Pfotenballen dagegen schwarz.

BLUE SMOKE Unterwolle weiß, Tiefblaues Tipping. Ruhend wirkt die Katze blau; bei Bewegung scheint Unterwolle vor. Points und Maske erscheinen blau, nur über der Wurzel haben die Haare eine schmale weiße Zone. Halskrause und Ohrbüschel weiß, Nasenspiegel und Pfotenballen blau.

RED SMOKE Weiße Unterwolle mit tiefrotem Tipping. Auch bei dieser Katze wird die weiße Unterwolle nur sichtbar, wenn sie sich bewegt. Points und Maske erscheinen rot und weisen nur unmittelbar über der Wurzel eine schmale weiße Zone auf. Augenumrandung, Nasenspiegel sind wie die Pfotenballen rosa.

BLACK SMOKE
Die Augen der Waldkatze sollten groß, weit geöffnet sein und leicht schräg stehen. Alle Augenfarben sind erlaubt.

TÜRKISCH ANGORA

Die Angora, die aus der Türkei stammt, ist eine der ältesten Katzenrassen. Sie war die erste Langhaarkatze, die nach Europa gelangte. Im 16. Jahrhundert holte der Naturforscher Nicholas-Claude Fabri de Peiresc Katzen aus Angora, dem heutigen Ankara, nach Frankreich. Mit diesen Katzen wurde gezüchtet, und einige der Kätzchen gelangten nach England. Dort wurden sie als französische Katzen hochbegehrt. Als ein anderer Typ Langhaarkatzen aus Persien nach Europa eingeführt wurde, wurden Angora- und Perserkatzen wahllos miteinander vermischt.

Die Perser verdrängte mit der Zeit die Angora, bis die Angora im 20. Jahrhundert außerhalb ihres Ursprungslandes so gut wie unbekannt war.

In den 50er und 60er Jahren importierten Nordamerika, Großbritannien und Schweden Katzen aus der Türkei und entwickelten Zuchtprogramme für die Angorarasse. In den USA wurde die Türkisch Angora Anfang der 70er Jahre von einigen Verbänden offiziell anerkannt und zum Championat zugelassen. Bis 1978 akzeptierte die CFA jedoch nur die weiße Varietät. Mittlerweile hat sich eine Vielzahl anderer Farben durchgesetzt.

Charakter und Pflege

Angoras, die als Kätzchen recht lebhaft sein können, sind verspielt und athletisch. Im allgemeinen sind sie sehr zutraulich, können sich allerdings Fremden gegenüber recht distanziert verhalten.

Angoras haben im Sommer einen starken Fellwechsel und sollten täglich gekämmt werden. Wegen des Fehlens der Unterwolle verfilzt das Fell nicht.

OFFIZIELLE PUNKTESKALA

Die rechts aufgeführten Punkte beziehen sich auf den britischen, die unten auf den amerikanischen Standard.

KOPF: 35 PUNKTE

KÖRPER: 30 PUNKTE

FARBE: 20 PUNKTE

FELL: 15 PUNKTE

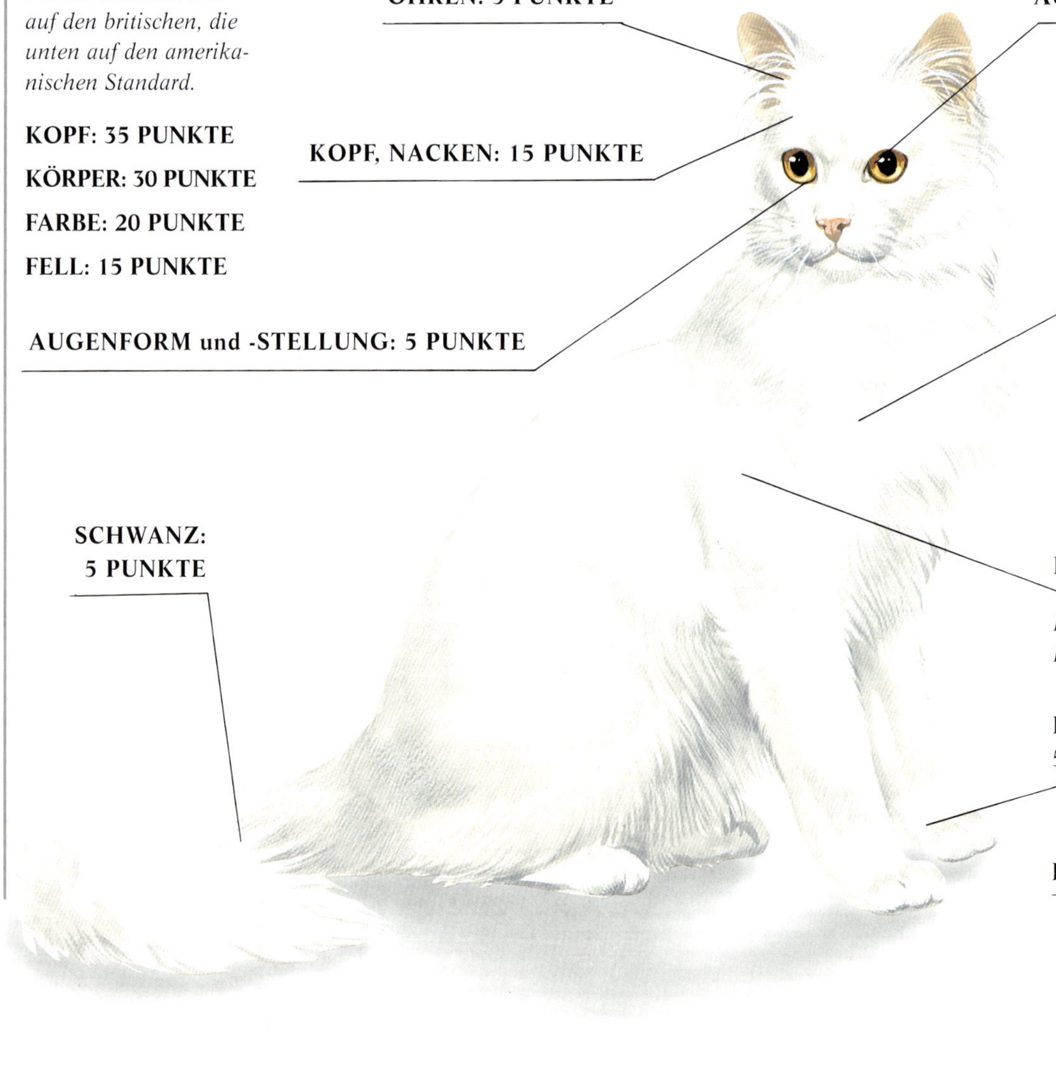

OHREN: 5 PUNKTE

AUGENFARBE: 10 PUNKTE

KOPF, NACKEN: 15 PUNKTE

KÖRPER: 15 PUNKTE

AUGENFORM und -STELLUNG: 5 PUNKTE

SCHWANZ: 5 PUNKTE

FELL: 40 PUNKTE

Farbe, Muster, Länge, Textur, Kondition

BEINE und PFOTEN: 5 PUNKTE

KONDITION: 5 PUNKTE

HAUPTMERKMALE

- **KATEGORIE:** Langhaar

- **KÖRPERBAU:** mittelgroß, gut proportioniert; Kater etwas größer als Katzen

- **FELL:** halblang, fein und seidig, ohne Unterwolle; lang an der Halskrause

- **KOPF:** klein bis mittelgroß, keilförmig, breit an der Oberseite des Kopfes, zum Kinn hin spitz zulaufend

- **NASE:** mittlere Länge, leicht konkav geneigt, ohne Stop oder Break

- **KINN:** sanft gerundet, Kinnspitze bildet mit der Nase eine senkrechte Linie

- **AUGEN:** groß, mandelförmig, zur Nase hin leicht schräggestellt

- **OHREN:** lang und spitz, breit am Ansatz, gut behaart, mit kräftigen Büscheln

- **KÖRPER:** feiner Knochenbau, Brustkorb nicht stark ausgeprägt, schlanker Rumpf; geschmeidig, hinten etwas höher als vorne

- **BEINE:** lang, Hinterbeine länger als Vorderbeine

- **PFOTEN:** klein, rund und zierlich, Haarbüschel zwischen den Zehen

- **SCHWANZ:** lang und spitz zulaufend, breit am Ansatz, schmal am Ende; kräftig behaart; wird waagerecht über dem Körper getragen, wobei er manchmal den Kopf berührt

- **FARBSCHLÄGE:** Weiß mit bernsteinfarbenen, blaugrünen oder verschiedenfarbigen Augen (odd-eyed); Schwarz, Blau, Chocolate, Rot, Creme, Cinnamon, Caramel, Fawn, Blaucreme Tabby in Standard und Silver, in allen Mustern und Farben; Tortie, Tortie Tabby, Smoke und Shaded in allen Farben

FEHLER

Bei der Türkisch Angora gelten als Fehler: Knickschwanz oder sonstige Schwanzfehler.

DISQUALIFIKATION

- Körperbau wie die Perser

113

TÜRKISCH-ANGORA-VARIETÄTEN

ROT Tiefes, leuchtend klares Rot ohne Schattierung, Zeichnung oder Ticking. Lippen und Kinn wie Fell. Nasenspiegel und Pfotenballen sind ziegelrot, die Augen bernsteinfarben.
CREME Gleichmäßig klares, warmes Creme ohne Zeichnung, Haare sollen bis zur Wurzel durchgefärbt sein. Hellere Farbtöne bevorzugt. Nasenspiegel und Pfotenballen sollten rosa sein; die Augen sind bernsteinfarben.
BLAUCREME Vorherrschende Farbe Blau, mit einfarbigen Cremepartien. Flecken deutlich abgesetzt, am Körper und an den Extremitäten gut verteilt. Augen bernsteinfarben.
TORTIE Hauptfarbe Schwarz, mit streifenfreien (hell)roten Flecken. Flecken deutlich abgesetzt und am Körper und an den Extremitäten gut verteilt. Eine (hell)rote Blesse im Gesicht erwünscht. Augenfarbe Bernstein.
CALICO Fell überwiegend weiß, mit streifenlosen roten und schwarzen Flecken, wobei an der Unterseite des Körpers Weiß dominieren sollte. Augen bernsteinfarben. Bei der »Dilute Calico« ist die dominante Farbe ebenfalls Weiß, doch hier sind die streifenlosen Flecken blau und cremefarben; an der Unterseite des Körpers dominiert Weiß.
BICOLOUR Varietäten sind Schwarz mit Weiß, Blau mit Weiß, Rot mit Weiß oder Creme mit Weiß. Schnauze, Brust, Beine, Pfoten und untere Körperpartien stets weiß sein. Weiß ist an der Unterseite des Schwan-

WEISS, ODD-EYED

Im Gegensatz den meisten anderen Rassen soll bei der odd-eyed Angora ein Auge blau und das andere grün sein.

IN GROSSBRITANNIEN hat die Angora vorläufigen Showstatus als langhaariges Äquivalent zur Orientalisch Kurzhaar, die von der Cat Association und der FIFe »Javanese« genannt wird.
WEISS Fell soll reinweiß sein. Nasenspiegel und Pfotenballen sind rosa. Es gibt drei Varietäten: mit bernstein-, blauen und verschiedenfarbigen Augen (odd-eyed).
SCHWARZ Farbe kohlschwarz, kein »Rost« an den Haarspitzen oder am Smoke-Unterfell. Nasenspiegel schwarz. Pfotenballen schwarz oder braun, Augen bernsteinfarben.
BLAU Dunklere Blautöne bevorzugt. Fell soll von der Nase bis zur Schwanzspitze gleichmäßig gefärbt sein. Haare müssen bis zur Wurzel durchgefärbt sein. Nasenspiegel und Pfotenballen blau, Augen bernsteinfarben.

WEISS

Das Fell sollte makellos weiß sein. Bei Jungkatzen sind schwache Farbflecken erlaubt.

ANGORA LILAC

Diese Katze ist ein hervorragendes Beispiel dieser Varietät: ein gut ausgeprägter Typ und wunderschönes Lilac-Fell, das dem Standard genau entspricht – frostgrau mit deutlichem Rosaschimmer.

zes und als Kragen erlaubt. Eine Blesse in Form eines umgekehrten »V« im Gesicht ist erwünscht. Augen bernsteinfarben.

BLACK SMOKE Unterfell weiß mit tiefschwarzem Tipping. Ruhend wirkt die Katze schwarz; in Bewegung wird das weiße Unterfell sichtbar. Die schmale weiße Zone an den Haaren oberhalb der Wurzel ist nur zu sehen, wenn das Fell geteilt wird. Maske und Points, Nasenspiegel und Pfotenballen sind schwarz. Die Augen sind bernsteinfarben.

BLUE SMOKE Weißes Unterfell, tiefblau getippt. Ruhend blau, in Bewegung wird weißes Unterfell sichtbar. Maske und Points erscheinen blau; wenn das Fell geteilt wird, wird die weiße Zone an den Haaren sichtbar. Maske und Points, Nasenspiegel und Pfotenballen blau. Augen bernsteinfarben.

Tabby

Folgende Farbschläge beziehen sich sowohl auf die Classic- (gestromt) als auch auf die Mackerel- (getigert) Tabby-Zeichnungen.

SILVER TABBY Helle, klar silberne Grundfarbe, auch an Lippen und Kinn, mit kräftigen schwarzen Zeichnungen. Nasenspiegel ziegelrot, Pfotenballen schwarz. Augenfarbe ist Grün oder Haselnußbraun.

BROWN TABBY Glänzend kupferbraune Grundfarbe mit schwarzen Zeichnungen. Lippen und Kinn wie Augenumrandung. Hinterseite der Beine von Pfote bis Ferse schwarz. Nasenspiegel ziegelrot; Pfotenballen schwarz oder braun. Augen bernsteinfarben.

BLUE TABBY Grundfarbe erinnert an Elfenbein mit leichtem Blauschimmer, sie gilt auch für Lippen und Kinn, mit tiefblauen Zeichnungen, gut kontrastierend zur Grundfarbe. Ein warmer, fawnbrauner Schimmer sollte über dem gesamten Fell liegen. Der Nasenspiegel ist altrosa; die Pfotenballen sind rosa, die Augen bernsteinfarben.

RED TABBY Grundfarbe Rot, auch an Lippen und Kinn, mit dunklen, sattroten Zeichnungen. Nasenspiegel und Pfotenballen sind ziegelrot; Augen bernsteinfarben.

SCHWARZ

Das kohlschwarze Fell läßt sich nur schwer züchten. Daher machen die Showrichter vor allem bei jungen Katzen Zugeständnisse.

115

TÜRKISCH VAN

Die Türkisch Van, wie die in Großbritannien als »Turkish« bekannte Katze in Europa und in den USA heißt, wurde 1955 von Laura Lushington nach Großbritannien gebracht und Katzenliebhabern in der ganzen Welt vorgestellt. Während eines Türkei-Aufenthalts wurden sie und ihr Begleiter in der Gegend um den Van-See auf diese Katzen aufmerksam. Es gelang ihnen, das erste Zuchtpärchen zu erstehen. Andere Katzen dieser Rasse wurden nach Großbritannien eingeführt und die nötigen Zuchtprogramme aufgestellt, um die Katze als eigenständige Rasse offiziell anerkennen zu lassen. Im Jahre 1969 war dieses Ziel erreicht, und der neuen Rasse wurde überall große Beachtung zuteil.

Unabhängig davon wurden Turkish Van-Katzen auch direkt aus der Türkei in die USA gebracht, wo sie inzwischen von einigen Verbänden anerkannt werden.

Charakter und Pflege

Die ersten Katzen, die aus der Türkei eingeführt wurden, reagierten recht scheu auf Menschen. Die heutigen Katzen jedoch sind im allgemeinen sehr zutraulich. Sie sind stark und robust, und viele Züchter sind entzückt von der natürlichen Vorliebe dieser Rasse für Wasser: Sie schwimmen bereitwillig, wenn man ihnen die Möglichkeit dazu gibt, und sträuben sich nicht, wenn man sie zur Vorbereitung für eine Katzenschau badet.

Ihr seidiges Fell besitzt keine Unterwolle, was die Fellpflege sehr erleichtert.

OFFIZIELLE PUNKTESKALA

Die aufgeführten Punkte entsprechen dem europäischen Standard.

KOPF: 25 PUNKTE

Form, Nase, Kiefer und Zähne, Kinnform und Augengröße

OHREN: 10 PUNKTE

Form, Plazierung und Farbe

KÖRPER: 25 PUNKTE

Körperbau, Größe, Knochenstruktur, Beine, Pfotenform, Schwanzform und -länge

AUGENFARBE: 10 PUNKTE

FELL: 25 PUNKTE

Farbe, Qualität, Textur, Länge

FEHLER

Als Fehler gelten bei der Türkisch Van: unzulässige Färbung oder Zeichnung.

KONDITION: 5 PUNKTE

TÜRKISCH VAN KASTANIENROT

Die Farbbezeichnung »Van« benutzt man bei anderen Rassen, wenn sonst weiße Tiere die typischen Markierungen der Türkisch Van an Kopf, Ohren oder Schwanz aufweisen.

HAUPTMERKMALE
● **KATEGORIE:** Langhaar
● **KÖRPERBAU:** mittelgroß, sehr kräftig
● **FELL:** fein und seidig, mittellang am Körper, kein wolliges Unterfell **Muster:** Fell vorwiegend weiß, kastanienrote oder cremefarbene Markierungen an Gesicht und Blesse; Ohren weiß; Schwanz kastanienrot oder creme; kleine, unregelmäßige kastanienrote oder cremefarbene Flecken bei einwandfreien Tieren geduldet
● **FARBSCHLÄGE:** kastanienrot-kalkweißes Fell ohne Gelb, kastanienrote Markierungen im Gesicht, weiße Blesse und Ohren; Augenränder, Nasenspiegel, Pfotenballen, Ohrinneres muschelrosa; Augen bernstein (GB), blau oder verschiedenfarbig (Europa); creme-kalkweißes Fell, creme Markierungen am Gesicht, weiße Blesse und Ohren; Augenränder, Nasenspiegel, Pfotenballen, Ohrinneres muschelrosa; Augen bernsteinfarben, blau, verschiedenfarbig
● **ANDERE MERKMALE:** kurzer Kopf, in Form eines unten stumpfen Dreiecks; Nase mittellang, gerade; kräftiges Kinn; Augen groß, oval, leicht schräg; Ohren groß, gut behaart, an der Basis breit, an den Spitzen leicht gerundet, hoch und aufrecht stehend; Körper lang, kräftig, muskulös, mit mittellangen Beinen und Schwanz, stark behaart, ohne Unterwolle; Pfoten rund und zierlich, mit ausgeprägten Haarbüscheln

TÜRKISCH VAN CREME

Die Türkisch Van Creme kann hell bernsteinfarbene oder blaue Augen haben. Auch verschiedenfarbige Augen werden akzeptiert, wenn das eine blau und das andere hell bernsteinfarben ist.

KURZHAAR

BRITISCH KURZHAAR

Diese Rasse entwickelte sich vermutlich aus Hauskatzen, die von römischen Kolonisten vor etwa 2000 Jahren auf die Britischen Inseln gebracht wurden. Heute muß die Britisch Kurzhaar einem strengen Punktestandard entsprechen und sich von Hauskatzen deutlich unterscheiden.

Auf den ersten Ausstellungen Ende des 19. Jahrhunderts war die Kurzhaar in großer Zahl vertreten, sie wurde dann jedoch von Perser und Angora verdrängt, die importiert wurden.

In den 30er Jahren des 20. Jahrhunderts begann man sich wieder für die Rasse zu interessieren. Zuchtprogramme ergaben Katzen in der erwünschten Farbe. Erst wurden einfarbige Varietäten vorgezogen; begehrt war die Britisch Kurzhaar Blau, die unter dem Namen British Blue als eigene Rasse anerkannt wurde.

Während des Zweiten Weltkriegs erlitt die Britisch Kurzhaar einen Rückschlag, da viele Besitzer ihre Zucht aufgaben. Später gab es nur noch wenige reinrassige Deckkater, und der Britisch-Kurzhaar-Typ litt darunter, daß Kreuzungen mit anderen Kurzhaar-Typen durchgeführt werden mußten. Anfang der 50er Jahre gelang durch sorgfältiges Einkreuzen von blauen Persern eine Verbesserung der Lage, so daß die Britisch Kurzhaar innerhalb weniger Generationen dem heute geforderten Standard entsprechen konnte.

Aus den besten britischen Zuchtprogrammen wurden Tiere nach Amerika eingeführt. Die ACFA erkannte zunächst offiziell nur blaue und schwarze Varietäten an, die CCA und CCF nur die Britisch Blau. 1976 war die ACFA bereit, alle Farben anzuerkennen. Andere Verbände folgten. In den USA und in Großbritannien werden Britisch Kurzhaar nur mit anderen Britisch Kurzhaar gekreuzt. Die Einkreuzung von Persern ist nicht erlaubt.

OFFIZIELLE PUNKTESKALA

Die rechts aufgeführten Punkte beziehen sich auf den britischen Standard und gelten für einfarbige Katzen. Die unten aufgeführten Punkte gelten für Tiere mit Zeichnung.

KOPF und OHREN: 25 PUNKTE

AUGEN: 10 PUNKTE

KÖRPER, BEINE und PFOTEN: 20 PUNKTE

SCHWANZ: 5 PUNKTE

FELL: 40 PUNKTE

FELL: 35 PUNKTE

Länge und Textur: 20 Punkte
Farbe: 15 Punkte

KOPF und OHREN: 20 PUNKTE

AUGEN: 10 PUNKTE

KÖRPER, BEINE, und PFOTEN: 25 PUNKTE

SCHWANZ: 10 PUNKTE

Charakter und Pflege

Die typische Britisch Kurzhaar hat ein sanftes Wesen. Sie ist ausgesprochen still und stellt keine großen Anforderungen an ihren Besitzer. Im allgemeinen ist sie ausgeglichen, intelligent und sehr anhänglich.

Ihr kurzes Fell ist außerordentlich dicht und muß regelmäßig gepflegt werden. Es sollte am besten jeden Tag bis zu den Wurzeln durchgekämmt und gebürstet werden. Es ist wichtig, kleine Kätzchen schon an diese Prozedur zu gewöhnen, damit es später nicht zu Schwierigkeiten kommt. Augen und Ohren werden bei Bedarf vorsichtig mit Wattestäbchen gereinigt, und das Fell sollte mit einem Seidentuch oder einem Pflegehandschuh zum Glänzen gebracht werden.

FEHLER

Als Fehler gelten bei einer Britisch-Kurzhaar-Showkatze: ausgeprägter Stop, zu langes oder farblich unklares Fell.

DISQUALIFIKATION
- falsche Augenfarbe
- Schwanzdeformationen
- langes, flaumiges Fell
- falsche Zehenzahl
- Medaillon weiß, andere Zeichnung
- falsche Farbe von Nasenspiegel oder Pfotenballen
- Anzeichen von Erkrankungen
- deformierter Mund oder Kiefer

Für einige Varietäten gelten bei Ausstellungen zusätzliche Fehler

---

HAUPTMERKMALE

- **KATEGORIE:** Kurzhaar

- **KÖRPERBAU:** groß, stämmig (nicht gedrungen oder übergewichtig)

- **FELL:** kurz und dicht, kein doppeltes oder wolliges Fell; fühlt sich fest und geschmeidig an

- **KOPF:** sehr breit und rund mit gut entwickelten Wangen; kurzer, kräftiger Hals

- **NASE:** mittlere Breite mit einer leichten Einbuchtung im Profil

- **KINN:** fest und gut entwickelt

- **AUGEN:** groß, rund und gut geöffnet

- **OHREN:** mittelgroß, Ansatz breit, abgerundet, weit auseinander stehend

- **KÖRPER:** mittelgroß bis groß, kräftig, breite Brust, gerade Schultern

- **BEINE:** kurz bis mittellang, stämmig

- **PFOTEN:** rund

- **SCHWANZ:** Länge proportional zum Körper, am Ansatz dick, zur Spitze hin verjüngend, mit abgerundeter Spitze

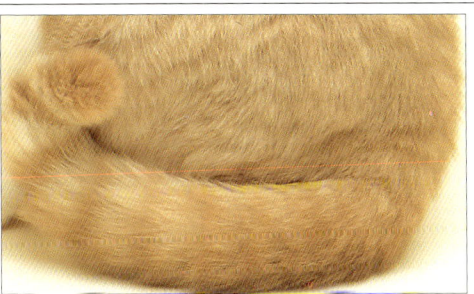

- **FARBSCHLÄGE:** Weiß, Schwarz, Blau, Creme Tortie, Blaucreme, Black Smoke, Bicolour, Tortie mit Weiß; Classic-, Mackerel-, Spotted-Tabby (alle Farben); Chocolate, Lilac, Smoke (alle Farben), Tipped (alle Farben); Colourpoint bzw. Himalayan (alle Farben)

EINFARBIGE VARIETÄTEN

DIE BELIEBTESTE Britisch Kurzhaar ist die einfarbige Britisch Blau. Ihr Fell kommt wunderschön durch die orange- oder kupferfarbenen Augen zur Geltung. Die Standards für das Fell der Britisch Kurzhaar Schwarz und Weiß sind nur schwer zu erreichen.

KURZHAAR SCHWARZ Diese Varietät gehört zu den ältesten dieser Rasse und hat leider meist ein weißes Medaillon. Die ideale Showkatze darf keine weißen Haare aufweisen. Die echte Kurzhaar Schwarz muß ein glänzendes Fell haben, bis zu den Wurzeln tiefschwarz durchgefärbt, ohne »Rost«. Nasenspiegel schwarz, Pfotenballen schwarz oder braun. Die Augen sind gold-, orange- oder kupferfarben ohne jede Spur von Grün.

KURZHAAR WEISS Die ideale Weiß muß reinweißes Fell haben, ohne Gelb, Nasenspiegel und Pfotenballen rosafarben. Bei der Weiß mit blauen Augen ist die Augenfarbe Saphirblau. Bei Ausstellungen gelten grüne Ränder oder Sprenkel in den Augen als Fehler. Die Weiß mit orangefarbenen Augen hat dunkel orange-, gold- oder kupferfarbene Augen.

SCHWARZ

Die Britisch Kurzhaar Schwarz gehört zu den ältesten Rassekatzen überhaupt, ist aber schwer züchten: Es ist nicht leicht, ein bis zu den Wurzeln durchgefärbtes tiefschwarzes Fell ohne weiße Haare zu erhalten.

WEISS MIT BLAUEN AUGEN

Obwohl sie gelegentlich zur Taubheit neigt, ist die Britisch Kurzhaar Weiß eine zauberhafte Varietät. Die ideale Showkatze hat tiefblaue Augen.

BRITISCH KURZ-HAAR CREME
Die Creme-Varietät soll möglichst wenig Tabby-Zeichnung und keine weißen Haare aufweisen. Die Augen können kupfer-, orange- oder gold sein.

BLAU
Die »Britisch Blau« ist die beliebteste und bekannteste Vertreterin ihrer Rasse. Ihre großen, leuchtenden Augen können kupfer-, orange- oder goldfarben sein und passen hervorragend zu ihrem blauen Fell.

KURZHAAR CREME Die Kurzhaar Creme ist eine seltene Varietät und läßt sich nur schwer züchten. Der Standard verlangt, daß ihr hell cremefarbenes Fell keine Anzeichen von Tabby-Markierungen und keine weißen Flecken haben darf. Das Fell soll bis zu den Wurzeln in einem satten Cremeton durchgefärbt sein. Nasenspiegel und Pfotenballen sind rosa, die Augen orange- oder kupferfarben.

KURZHAAR BLAU Die Britisch Blau ist die bekannteste Kurzhaar-Varietät und kommt dem Showstandard sehr nahe. Das Fell soll gleichmäßig gefärbt sein und einen hellen bis mittleren Blauton aufweisen, hellere Farbtöne werden bevorzugt. Sie darf keine Tabby-Zeichnung und keine weißen Haare haben. Nasenspiegel und Pfotenballen sind blau, die Augen gold-, orange- oder kupferfarben.

KURZHAAR BLAUCREME Diese Varietät gibt es nur bei Kätzinnen, eine hellere (verdünnte) Variante der Tortie. Sie basiert auf einer Kreuzung zwischen Katzen vom Farbschlag Blau und Creme, Creme und Tortie oder Blau und Tortie. Der britische Standard verlangt, daß das Fell eine Mischung beider Schattierungen zeigt; in den USA muß diese Varietät ein deutlich blaues Fell mit cremefarbigen Flecken haben. Nasenspiegel und Pfotenballen sind blau und/oder rosa, die Augen gold-, orange- oder kupferfarben.

BLAUCREME
Das Fell der Britisch Kurzhaar Blaucreme soll einen gleichmäßigen mittleren Blaugrauton aufweisen, gleichmäßig mit hellem Creme vermischt.

LILAC
Die Lilac ist ein relativ neuer Farbschlag und entspricht dem gewöhnlichen Standard. Sie besitzt ein gleichmäßig frostgrau gefärbtes Fell mit deutlichem Rosaschimmer.

BICOLOUR-VARIETÄTEN

BICOLOUR CREME MIT WEISS

Bei der Britisch Kurzhaar Bicolour ist eine möglichst symmetrische Verteilung der Zeichnung erwünscht; der Weißanteil soll nicht mehr als die Hälfte betragen.

BICOLOUR BLAU MIT WEISS

Diese Katze ist sehr gleichmäßig gezeichnet. Grundfarbe ist ein kräftiges Mittelblau.

DIE FELLFARBE der Kurzhaar-Bicolour-Varietäten besteht aus einer Kombination von Weiß mit einer anderen Farbe. Es ist wichtig, daß die Zeichnungen so symmetrisch wie möglich ausfallen, um einen ausgewogenen Gesamteindruck zu erzeugen. Der Farbschlag erscheint als Weiß mit je einer der Farben Schwarz, Blau, Rot oder Creme, wobei in den farbigen Partien keine Tabby-Zeichnung auftreten darf. Die Farbpartien sollten unmittelbar hinter den Schultern beginnen, sich um den Körper ziehen und über Schwanz und Hinterbeine erstrecken. Auch Ohren und Maske sollten farbig sein, während Schultern, Hals, Vorderbeine, Pfoten, Kinn, Lippen und Blesse weiß sein sollten. Im Idealfall zieht sich die Blesse bis oben auf den Kopf. Nasenspiegel und Pfotenballen weisen im allgemeinen Rosa auf. Bei der Augenfarbe variieren Gold, Orange oder Kupfer.

Als Fehler gelten Scheckung oder Tabby-Zeichnung. Die Katze wird disqualifiziert, wenn der Weißanteil im Fell zu groß ist.

TORTIE-VARIETÄTEN

FELLFARBE ist Schwarz mit hell- und sattroten Feldern, die gleichmäßig über Kopf, Körper, Beine und Schwanz verteilt sein sollten. Die Farben sollen gut vermischt, aber klar abgesetzt sein, ohne Verwischung, Scheckung und Tabby-Zeichnung. Weiße Markierungen dürfen nicht vorkommen. Eine rote Gesichtsblesse ist erwünscht. Nasenspiegel und Pfotenballen sollten rosa und/oder schwarz sein. Augenfarbe ist Gold, Orange oder Kupfer (einigen Verbände akzeptieren auch Haselnußbraun).

Als Fehler gelten: Scheckung, Tabby-Zeichnung, Unausgewogenheit der Farbe, ungebrochene Färbung der Pfoten. Jegliche weiße Zeichnung führt zu Disqualifikation.

TORTIE
Im Fell dieser Katze sind die schwarzen und roten Farben gut vermischt.

CHOCOLATE TORTIE
Fellfarbe der Chocolate Tortie ist Schokoladenbraun, kombiniert mit Rot und Hellrot.

LILAC TORTIE
Dem Fell der Lilac Tortie verleiht eine Mischung aus Lilac und hellem Creme einen hübschen Pastellschimmer.

TORTIE MIT WEISS

DIE TORTIE MIT WEISS, oft »Calico-Katze« genannt, entspricht nur selten den Standardanforderungen. Ihr Fell sollte eine ausgewogene Mischung aus schwarzen, sattroten und hellroten Partien auf Weiß aufweisen. Die Farben müssen deutlich abgesetzt sein; das Fell darf keinerlei Scheckung oder Tabby-Zeichnung zeigen. Die Fleckenmuster sollten den oberen Teil des Kopfes sowie Ohren und Wangen bedecken, auch Rücken, Schwanz und Flankenpartien. Eine weiße Gesichtsblesse ist erwünscht. Nasenspiegel und Pfotenballen sind rosa und/oder schwarz. Augenfarbe Gold, Orange oder Kupfer. Einige Vereine akzeptieren auch Haselnußbraun.

Folgende Merkmale sind Fehler: Tabby-Zeichnung, nicht unterbrochene Färbung der Pfoten und unsymmetrische Zeichnung. Die Katze wird disqualifiziert, wenn der Weißanteil im Fell zu hoch ist.

TORTIE MIT WEISS
Diese Katze ist bei Ausstellungen nur selten vertreten, da sie sich nur schwer züchten läßt.

BLUE TORTIE MIT WEISS
Das Fell dieser hübschen Katze zeichnet sich durch große blaue und cremefarbene Farbfelder aus, die durch die weißen Partien besonders hervorgehoben werden. Bei dieser Varietät können die Augen kupfer-, orange- oder goldfarben sein.

127

TABBY-VARIETÄTEN

FÜR DIE BRITISCH KURZHAAR gelten drei anerkannte Tabby-Muster: gestromt, getigert, getupft (Classic, Mackerel, Spotted). Alle drei gibt es in einer Vielzahl von Farben, aber nur wenige werden bei Showkatzen anerkannt. Dabei gelten weltweit sehr unterschiedliche Standards. Als Fehler bei Tabby-Varietäten gelten falsche Augenfarbe, Weißanteile und unkorrekte Tabby-Zeichnung.

BROWN SPOTTED

Die getupfte Tabby muß deutlich abgegrenzte schwarze Tupfen auf Braun aufweisen.

Muster

Bei der gestromten Tabby Classic sollten die Zeichnungen kräftig und klar abgesetzt sein. Die Beine und der Schwanz müssen gleichmäßig mit Bändern gestreift sein. Außerdem sollte die Katze mehrere ununterbrochene Halsbänder an Hals und Brust aufweisen. Auf der Stirn ist der Buchstabe »M« zu erkennen; und von den äußeren Augenwinkeln verläuft je eine durchgehende Linie nach hinten. Auf den Wangen sieht man Spiralen. Vom Hinterkopf verlaufen vertikale Linien zu den Schultermarkierungen, deren Form einem gepunk-

RED MACKEREL TABBY

Die vielen Streifen der getigerten Tabby verlaufen entlang der Wirbelsäule nach unten. Die Markierungen am Kopf entsprechen denen der übrigen Tabbies.

BROWN CLASSIC TABBY

Die stämmige Britisch Kurzhaar hat das Muster der Classic Tabby, auch »Marbled« oder »Blotched Tabby« genannt.

BLUE SPOTTED
Bei der Blue Spotted besteht das Muster aus blaugrauen Flecken auf hellem Untergrund. Die Färbung soll so stark sein, daß Markierung und Grundfarbe gut kontrastieren.

teten Schmetterling ähnelt. Rechts und links vom Aalstrich läuft parallel je ein weiterer Streifen, durch Bänder in der Grundfarbe gut voneinander abgesetzt. Auf jeder Körperseite soll ein großer einfarbiger Fleck von mindestens einem ununterbrochenen Ring umrandet sein. Die Muster sollen an beiden Körperseiten gleich ausfallen. Eine Doppelreihe von runden Flecken oder »Westenknöpfen« sollte von der Brust über den Bauch verlaufen.

MACKEREL Bei der getigerten oder gestreiften Tabby sollen die feinen Strichen ähnelnden Markierungen intensiv gefärbt und klar umrissen, die Beine gleichmäßig mit dichter Bänderung versehen sein. Der Schwanz ist gestreift. Am Hals verlaufen mehrere gut abgesetzte schmale Halsbänder. Auch am Kopf sind dunkle Streifen. Auf der Stirn ist ein »M« zu erkennen. Von den Augen verlaufen durchgehende Linien nach hinten zu den Schulterzeichnungen. Einige Streifen laufen dicht nebeneinander zunächst am Rückgrat entlang, dann zusammen und bilden so einen dunklen Sattel. Feine Linien laufen von der Wirbelsäule über die Flanken hinunter.

SPOTTED Das Fell soll klare Tupfen aufweisen (rund, oval, rechteckig oder rosettenförmig). Kopfzeichnung wie bei der getigerten Tabby. Beine deutlich getupft; der Schwanz ebenso, wenn er keine gebrochenen Ringe aufweist. Als Fehler gelten undeutliche Flecken sowie Streifen, es sei denn, sie befinden sich am Kopf.

SILVER SPOTTED
Das Fell der Silver Spotted ist wohl das klarste aller Spotted-Varietäten, da es kräftige schwarze Muster auf sehr hellem silberweißem Untergrund aufweist.

RED TABBY

Diese hübsch gezeichnete Red Tabby zeigt das typische Classic-Tabby-Muster auf einer etwas helleren roten Grundfarbe. Die erwünschten ununterbrochenen Halsbänder sind hier klar zu erkennen.

SILVER TABBY

Auch die Silver Tabby kommt mit einem Muster in Schwarz auf blaß silbernem Untergrund besonders gut zur Geltung. Halsbänder und Augenlinien sind hier deutlich zu sehen.

Farben

BROWN TABBY Grundfarbe soll ein sattes Sable (Zobelbraun) oder Braun mit kräftigen schwarzen Markierungen sein. Lippen und Kinn sollten die gleiche Farbe aufweisen wie die Ringe um die Augen, die Hinterseite der Beine von der Pfote bis zur Ferse schwarz sein. Der Nasenspiegel ist ziegelrot, die Pfotenballen schwarz oder braun. Augenfarbe ist Gold, Orange oder Kupfer. (Einige Verbände akzeptieren auch Grün oder Haselnußbraun.)

RED TABBY Grundfarbe ist Rot, auch an Lippen und Kinn. Zeichnungen kräftig sattrot, gut kontrastierend zur Grundfarbe. Nasenspiegel und Pfotenballen ziegelrot. Gleiche Augenfarbe wie die Brown Tabby.

SILVER TABBY Grundfarbe ist ein blasses, klares Silver, auch an Lippen und Kinn. Die Markierungen sind tiefschwarz. Augenfarbe kann Grün oder Haselnußbraun sein.

BLUE TABBY ist nicht von allen Verbänden anerkannt. Grundfarbe, auch an Lippen und Kinn, blasser Elfenbeinton mit Blauschimmer. Zeichnungen intensiv tiefblau sein. Über dem ganzen Fell soll ein Fawnschimmer liegen. Nasenspiegel altrosa-, Pfotenballen rosafarben. Augenfarbe ist Gold oder Kupfer.

CREME TABBY Auch diese Varietät ist nicht von allen Verbänden anerkannt. Grundfarbe ist ein sehr helles Creme, Lippen und Kinn ebenso. Die Markierungen sind zwar recht hell bzw. verdünnt (»dilute«) bräunlichgelb oder cremefarben, aber dennoch so dunkel, daß sie sich deutlich von der Grundfarbe absetzen. Nasenspiegel und Pfotenballen sind rosa. Augenfarbe ist Gold oder Kupfer.

BLUE TABBY
Bei den hellen bzw. abgeschwächten (»dilute«) Varietäten wie dieser Blue Tabby wirkt das Muster etwas verwaschener.

RED SILVER TABBY
Die hübsche, blaß silbrig-creme Grundfärbung wirkt sehr warm.

TORTIE TABBY
Bei der Tortie Tabby (»Torbie«) ist das Tabby-Muster mit (hell)roten oder cremefarbenen Flecken überlagert, je nach Grundfarbe der Zeichnung. Bei dieser Katze handelt es sich um eine Tortie Silver Tabby.

131

ANDERE VARIETÄTEN

SMOKE-VARIETÄTEN können normale Standardfarben haben, wobei die Haare nicht bis zur Wurzel durchgefärbt sind. Das Unterfell ist weiß oder silver. Die Katze wirkt in Ruhe einfarbig, in Bewegung wird das Unterfell sichtbar und gibt dem Fell einen seidigen Schimmer. Bei jeder Varietät dieses Farbschlags entsprechen Nasenspiegel, Pfotenballen und Augenfarbe den Anforderungen für die jeweilige Grundfarbe. Die Britisch Kurzhaar Smoke kann in vielen Farben gezüchtet werden, doch die Verbände erkennen nur wenige Varietäten an.

BLACK SMOKE Weißes oder silverfarbenes Unterfell, tiefschwarz getippt. In Ruhe wirkt die Katze einfarbig, in Bewegung kommt das helle Unterfell zum Vorschein. Nasenspiegel und Pfotenballen schwarz, Augen entweder gold- oder kupferfarben.

BLUE SMOKE Unterfell tiefblau getippt. In Bewegung wirkt die Katze nicht einfarbig, weil das helle Unterfell sichtbar wird. Nasenspiegel und Pfotenballen blau, Augen gold- oder kupferfarben.

COLOURPOINT

Für diese Varietät gelten die gleichen Anforderungen wie für andere Kurzhaarrassen. Viele Farbschläge werden akzeptiert, unter anderem auch die Lilac Point.

COLOURPOINT ROT

Maske, Ohren, Beine und Schwanz sollen farblich klar abgesetzt sein und zur Grundfärbung passen.

COLOURPOINT CREME

Der Kontrast zwischen den Points und der Körperfarbe muß gut ausgeprägt sein; alle Körperschattierungen sollen den gleichen Farbton haben wie die Points.

COLOURPOINT BLAUCREME
Obwohl der Punkte-standard bei Colour-point-Katzen als Augenfarbe klares Blau vorschreibt, ist diese Farbe bei den meisten Varietäten züchterisch nur schwer zu erreichen.

KURZHAAR SCHWARZ GETIPPT
Genetisch handelt es sich bei diesem Farbschlag um eine Silver-Varietät; die Farbe ist auf die obersten Haarspitzen beschränkt, während das Unterfell so hell ist, daß es reinweiß erscheint.

COLOURPOINT LILAC CREME
Diese Varietät ist auch als Lilac Tortie bekannt. Ihr Fell wirkt ausgesprochen ätherisch. Die Points weisen eine Mischung aus sanften creme- und zart fliederfar-benen Tönen auf.

133

KARTÄUSER (CHARTREUX)

Diese aus Frankreich stammende Rasse soll bereits im 16. Jh. von Kartäusermönchen gezüchtet worden sein. Schon in seiner 1756 Naturgeschichte beschrieb Georges Louis Buffon diese einfarbig blaue Katzenrasse. In den 1930er Jahren schlug ein französischer Tierarzt für diese Rasse den Namen *Felis catus cartusianorum* vor. Moderne Kartäuserkatzen sind weder mit Britisch- noch mit Europäisch-Kurzhaar in der Farbe Blau zu verwechseln. Sie weisen einen massiven Körperbau und gut entwickelte Wangen auf, die beim Kater ausgeprägter sind als bei der Kätzin. Die Rasse wird ausschließlich im Farbschlag Blau gezüchtet.

Charakter und Pflege

Die anschmiegsame Kartäuserkatze wird von Kennern hoch geschätzt. Sie fühlt sich ohne weiteres auch als reine Stubenkatze wohl. Das dichte Fell mit seiner flauschigen Unterwolle bedarf regelmäßiger Pflege. Die Besonderheit dieser Rasse, ihr abstehendes Fell, bewahrt man durch regelmäßiges Bürsten.

OFFIZIELLE PUNKTESKALA

Die aufgeführten Punkte entsprechen dem britischen Standard.

KOPF: 25 PUNKTE

allgemeine Form, Nase, Kiefer und Gebiß, Stirn und Kinn; Form und Ansatz der Ohren; Form und Größe der Augen

FELL: 30 PUNKTE

Farbe, Qualität und Textur, Länge: 25 Punkte Kondition: 5 Punkte

FEHLER

Fehler bei der Kartäuser sind Stupsnase, brauner oder rötlicher Schimmer des Fells, Schattierungen, Tipping; grünlich wäßrige Augenfarbe und stark abweichende Farbe des Unterfells.

AUGENFARBE: 10 PUNKTE

SCHWANZ: 10 PUNKTE

Form und Länge

KÖRPER: 25 PUNKTE

Körperbau, Größe, Knochenbau; Form der Beine und Pfoten

*Die als »Kartäuser«
bezeichnete blaue
Katze hat einen
kräftigen, breiten
Schädel.*

HAUPTMERKMALE

- **KATEGORIE:** Kurzhaar

- **KÖRPERBAU:** mittelgroß bis groß, fest und muskulös

- **FELL:** dicht, mit etwas wolligem Unterfell; doppeltes Fell mit vom Körper abstehenden glänzenden Haaren

- **FARBE:** einheitlich (vorzugsweise helle) Blaugraufärbung

- **WEITERE MERKMALE:** breiter Kopf mit schmalem, flachem Raum zwischen den Ohren und ausgeprägten Wangen; breite, gerade Nase; festes, gut entwickeltes Kinn; große, offene Augen, nicht allzu rund und außen leicht nach oben gezogen; Augenfarbe möglichst intensiv, lebhaft dunkelgelb bis dunkelkupfer; mittelgroße Ohren, hoch am Kopf stehend, leicht ausgestellt; kräftiger Körperbau, muskulös; breite Brust; stämmige mittellange Beine; große Pfoten; mittellanger Schwanz, bei manchen Tieren zum Ende hin dünner werdend, mit gerundeter Spitze

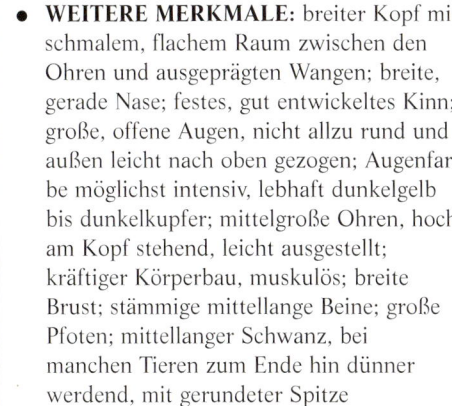

KARTÄUSER

*Die Kartäuserkatze,
eine der echt blauen
Katzenrassen, die
mit Ausnahme von
Großbritannien
weltweit gezüchtet
wird, ist eine kräftige,
große Rasse mit
liebenswürdigem,
eher stillem Naturell.*

MANX

Legenden ranken sich um die Ursprünge dieser einzigartigen schwanzlosen Rasse, die moderne Forschung ist sich jedoch einig, daß die Mutation eines dominanten Gens die Schwanzlosigkeit bedingt. Manxkatzen sind seit 1900 bekannt, und der erste auf diese Rasse spezialisierte Zuchtverein wurde schon 1901 in Großbritannien gegründet.

Manxkatzen sind recht selten. Das Gen für die Schwanzlosigkeit bedingt, daß die Würfe klein ausfallen. Das Merkmal ist semiletal, d.h. homozygote Exemplare – Tiere, die das Gen für Schwanzlosigkeit von beiden Elternteilen erben – sterben noch als Fötus im Mutterleib ab. Lebendgeborene Manxkatzen sind also immer heterozygot, haben nur einmal das Gen für Schwanzlosigkeit geerbt, während der andere Teil des Genpaars den normalen Schwanz vorsieht. Züchter kreuzen meist schwanzlose mit normalen Nachkommen, um den Körperbau zu wahren.

Charakter und Pflege

Manxkatzen sind wegen ihrer Intelligenz, Verspieltheit und Zutraulichkeit ebenso ungewöhnliche wie ideale Hausgenossen. Ein gutes Exemplar erhält bei Ausstellungen meist Bestnoten, wenn es umgänglich ist und sich den Richtern vorteilhaft präsentiert.

Gute Ernährung und regelmäßige Pflege schlagen sich im Fell nieder. Es sollte überall bis zur Haarwurzel gekämmt werden; Glanz erhält es durch Abreiben mit den Händen, einem Fellpflegehandschuh oder Seidentuch.

OFFIZIELLE PUNKTESKALA

Die aufgeführten Punkte entsprechen dem britischen Standard.

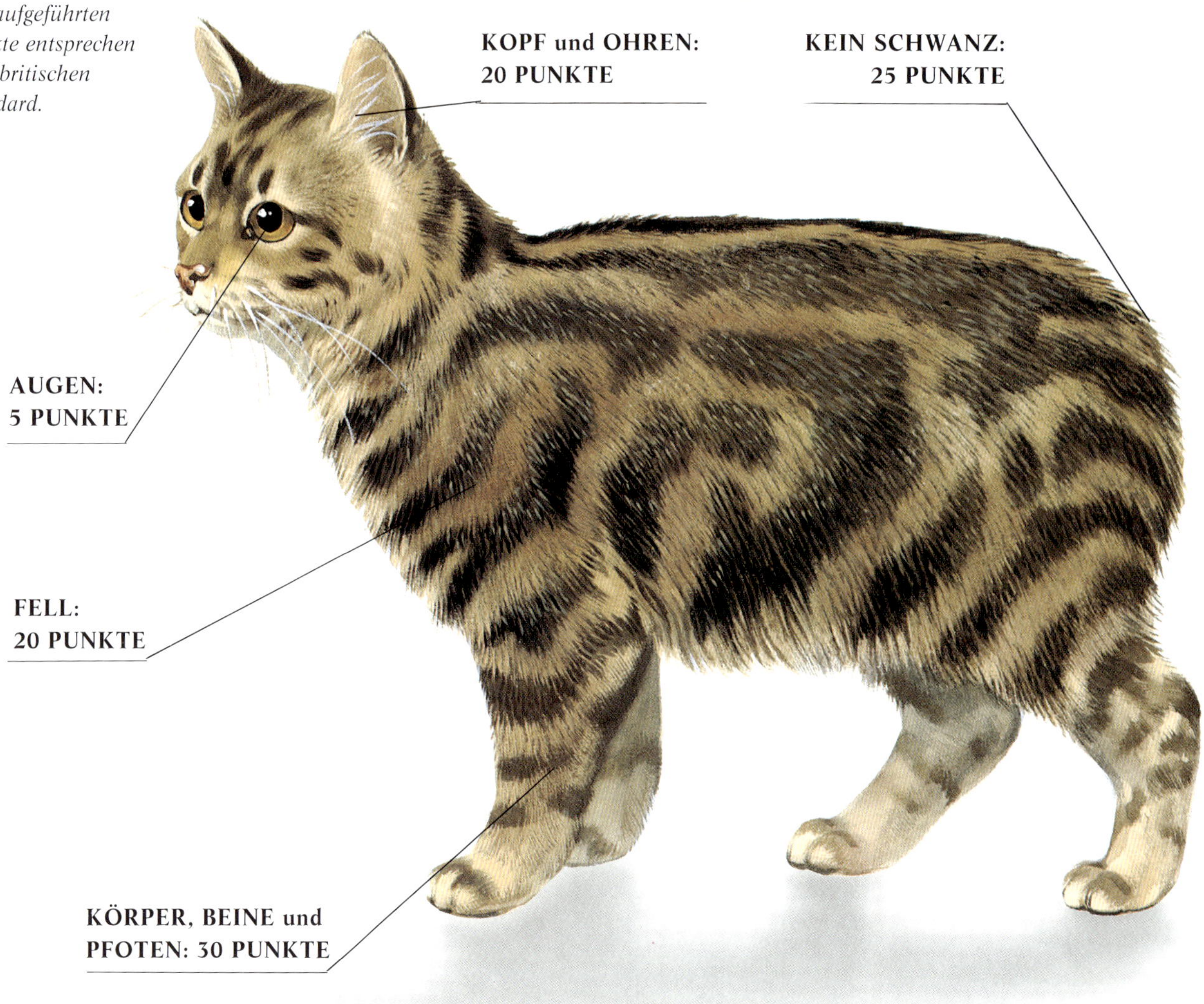

**KOPF und OHREN:
20 PUNKTE**

**KEIN SCHWANZ:
25 PUNKTE**

**AUGEN:
5 PUNKTE**

**FELL:
20 PUNKTE**

**KÖRPER, BEINE und
PFOTEN: 30 PUNKTE**

HAUPTMERKMALE

- **KATEGORIE:** Kurzhaar

- **KÖRPERBAU:** mittelgroß, insgesamt rund wirkend

- **FELL:** *Manx:* kurz, dicht, aufgrund des relativ langen, lockeren Deckhaars und der dichten, watteartigen Unterwolle wie gepolstert wirkend
Cymric: mittellang, kurze, dichte Unterwolle, längeres, abstehendes Deckhaar; im Halsbereich und an der Hinterhand üppig; Haarbüschel an Ohren und Zehen

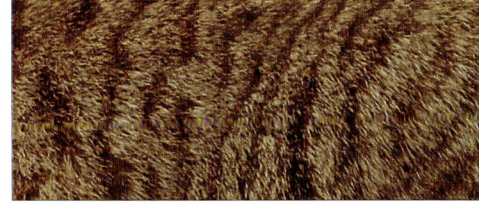

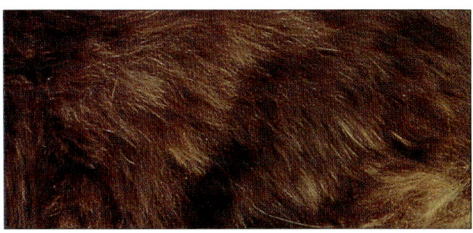

- **KOPF:** rund, etwas länger als breit, mit gerundeter Stirn, vorstehende und ausgeprägte Wangen; Betonung der runden Schnurrhaarkissen durch eine deutliche Einkerbung; gut entwickelte Schnauze

- **NASE:** im Profil leichte Einbuchtung erkennbar

- **KINN:** fest und kräftig

- **AUGEN:** groß, rund und weit geöffnet

- **OHREN:** mittelgroß, weit auseinanderstehend und leicht nach außen stehend

- **KÖRPERBAU:** kräftige Muskulatur, kompakte Form mit stämmigem Knochenbau; breite Brust; der kurze Rücken bildet eine von den Schultern zur Kruppe erwünschte, durchgehende weiche Wölbung

- **BEINE:** schwerer Knochenbau von Beinen und Füßen; Hinterbeine erheblich länger als die Vorderbeine, so daß die Kruppe im Stehen höher als die Schultern liegt

- **PFOTEN:** zierlich und rund

- **SCHWANZ:** Bei der perfekten Manxkatze ist Schwanzlosigkeit ein Muß. Am Ende der Wirbelsäule soll dort, wo sich normalerweise der Schwanzansatz befindet, eine deutliche Einbuchtung sein. Ansteigende Knochen am Steiß werden nicht immer als Fehler gewertet

- **FARBSCHLÄGE:** alle Farben und Muster mit Ausnahme von Points

FEHLER

Als fehlerhaft werden Exemplare betrachtet, die der Richter nicht motivieren kann, zu stehen oder zu laufen.

DISQUALIFIKATION

- schlechte körperliche Verfassung
- Poly- oder Oligodaktylie
- auf Bastardisierung hindeutende Farbe oder Zeichnung; langes oder seidiges Fell oder ein deutlich sichtbares Schwanzgelenk führen zur Versetzung der Katze von der Manx- in die allgemeine Klasse.

VARIETÄTEN

MANXKATZEN werden von den meisten amerikanischen Verbänden in den unten aufgeführten Farbschlägen anerkannt. Alle genannten Varietäten entsprechen dem Farbschlag der American Shorthair, abgesehen von der Augenfarbe. Im American-Shorthair-Farbschlag mit leuchtenden goldfarbenen Augen sollte die Manx leuchtend kupferfarbene Augen aufweisen.

Anerkannte Farbschläge: Schwarz, Blau, Rot, Creme, Schildpatt (Tortie), Blaucreme, Calico, Dilute Calico, Chinchilla, Shaded Silver, Black Smoke, Classic und Mackerel Tabby (in den Farbschlägen Brown Tabby, Blue Tabby, Red Tabby, Creme Tabby, Cameo Tabby, Silver Tabby) sowie Patched Tabby (Torbie) in Braun, Blau und Silber.

Weitere Manx-Farbschläge
Anerkannt werden alle übrigen Farben und Zeichnungen, es sei denn, sie lassen eine Einkreuzung von Siam-Points erkennen. Die Augenfarbe soll mit der vorherrschenden Fellfarbe harmonieren.

**MANX
TORTIE TABBY
MIT WEISS**
Dieses niedliche Jungtier weist die typische Haltung der Manx-Rasse auf. Manx-Junge sind frühreif, sehr verspielt und neugierig: Sie eignen sich hervorragend als Hausgenossen.

**MANX
ROTGETUPFT**
Bei der Manx werden alle Farbschläge ohne Points anerkannt.

**MANX
BROWN TABBY
MIT WEISS**
*Erlaubt sind alle
Tabbymuster, auch
in Verbindung mit
weißen Flecken.
Wichtig ist vor allem
die Schwanzlosigkeit.*

**MANX BLAU
SCHILDPATT
MIT WEISS**
*Der kräftige, kompakte Körperbau und
der kurze Rücken
lassen die typische
Manxkatze plump
wirken. Die Hinterbeine sind länger als
die Vorderbeine, die
Kruppe ist fest und
gerundet.*

Cymric

ENDE DER 60ER JAHRE entdeckten amerikanische Manxkatzen-Züchter zu ihrer Verblüffung gelegentlich langhaarige Exemplare in den Würfen ihrer Manx-Königinnen. Obwohl es in keinem der Stammbäume langhaarige Vorfahren gab, war offenbar von einer früher eingekreuzten kurzhaarigen Manx mit Schwanz das rezessive Gen für langhaariges Fell eingebracht worden. Zunächst ließen die Züchter solche Jungtiere kastrieren und gaben sie als Hauskatzen ab. Später entschloß man sich, die Varietät als eigenständige Rasse weiterzuzüchten. Einige Verbände wählten »Langhaarige Manx« als Bezeichnung, andere »Cymric« (kumrik gesprochen). Die Rasse wird mittlerweile von einigen Verbänden anerkannt, wobei der Standard, abgesehen von der Fellänge, die gleichen Anforderungen wie an die Manx stellt. Das Fell der Cymric ist mittellang, weich und dicht, der Körper soll gepolstert und schwer wirken. Es gelten die gleichen Fellfarben und -muster wie bei der Manx.

**CYMRIC
SCHILDPATT**
*Die langhaarige
Version der Manx
wird nicht von
allen Verbänden
anerkannt.*

SCHOTTISCHE FALTOHRKATZE

Bei einem 1961 in Schottland geborenen, ansonsten normalen Wurf wiesen einige Jungtiere Faltohren auf. Der Schäfer William Ross sah die Kätzchen mit den Schlappohren und interessierte sich so sehr für sie, daß er eines kaufen wollte. Zwei Jahre später brachte das Muttertier wiederum zwei Kätzchen mit Faltohren zur Welt, und William Ross bekam eines davon. In Großbritannien wurde daraufhin ein Zuchtprogramm eingeleitet. Als man feststellte, daß einige Faltohrkatzen verdickte Schwänze und Glieder hatte, schloß der Dachverband Faltohrkatzen grundsätzlich von Ausstellungen aus. Die britischen Züchter behalfen sich mit der Registrierung der Katze bei Verbänden in den USA, so daß sich die Zuchttätigkeit dorthin verlagerte. Heute werden Schottische Faltohr in Großbritannien mit Britisch Kurzhaar, in den USA mit Amerikanisch Kurzhaar oder aber mit normalohrigen Nachkommen der Faltohr gekreuzt. Die Faltohren beruhen auf einem einzigen dominanten Gen, und bei allen Faltohrkatzen muß mindestens ein Elternteil Faltohren haben.

Charakter und Pflege

Die Faltohrkatze ist eine friedliebende, gesellige Katze, die Menschen und anderen Haustieren sehr zugetan ist. Die Weibchen sind gute Mütter und die Jungtiere recht frühreif.

Das kurze, dichte Fell ist mit wenig Aufwand in gut zu pflegen. Die Faltohren müssen innen mit einem feuchten Wattebausch gereinigt werden.

OFFIZIELLE PUNKTESKALA

Die aufgeführten Punkte entsprechen dem britischen Standard.

OHREN: 30 PUNKTE

AUGEN: 15 PUNKTE

FARBE: 10 PUNKTE

KOPF: 15 PUNKTE

SCHWANZ: 20 PUNKTE

KÖRPER: 10 PUNKTE

FEHLER

Zu Punktabzug führen bei der Schottischen Faltohr ein untypischer Gesamteindruck und ein deutlicher Break.

DISQUALIFIKATION
- abgeknickter oder zu kurzer Schwanz
- unbeweglicher Schwanz wegen zu dicker Wirbel

SCHOTTISCHE FALTOHR BICOLOUR
Diese rassentypische Katze zeigt die anliegenden Faltohren.

FALTOHRKATZE CALICO
Die Farbschläge der Schottischen Faltohr sind die gleichen wie für Amerikanisch Kurzhaar.

LANGHAARIGE VARIETÄT
Hier handelt es sich um eines der langhaarigen Exemplare, die gelegentlich in den Würfen schottischer Faltohrkatzen vorkommen.

PATCHED SILVER TABBY MIT WEISS
Die Ohren der Schottischen Faltohr sind nach vorn gebogen und sitzen hoch am Kopf.

HAUPTMERKMALE

- **KATEGORIE:** Kurzhaar

- **KÖRPERBAU:** mittelgroß, gut gerundet, mittelstarker Knochenbau

- **FELL:** kurz, dicht, wasserabweisend

- **FARBSCHLÄGE:** Weiß, Schwarz, Blau, Rot, Creme, Schildpatt, Calico, Dilute Calico, Blaucreme, Chinchilla, Shaded Silver, Shell Cameo, Shaded Cameo, Black Smoke, Blue Smoke, Cameo Smoke, Bicolour, Classic und Mackerel Tabby in Braun, Blau, Rot, Creme, Cameo, Silber; Patched Tabby (Torbie) in Braun, Blau, Silber; alle anderen Farben und Muster (außer sie lassen eine Einkreuzung von Chocolate oder Lavender, Siam-Abzeichen oder diese in Kombination mit Weiß erkennen); die Augenfarbe sollte zur Fellfarbe passen; insgesamt die gleichen Anforderungen wie bei der Amerikanisch Kurzhaar

- **WEITERE MERKMALE:** gut gerundeter Kopf, Kinn und Kiefer fest, Schnauze mit gerundeten Schnurrhaarkissen; kurze, sanft gebogene Nase mit weicher Einbuchtung in Augenhöhe; kleine, nach vorn gebogene Ohren, sollen anliegen, damit der Schädel rund wirkt; gerundete Ohrspitzen; große, runde Augen; mittelgroßer, fester Körper; Beine von mittlerer Statur mit runden, glatten Pfoten; (mittel)langer, Schwanz, zum Ende hin verjüngt

EUROPÄISCH KURZHAAR

Diese Zuchtrasse entwickelte sich ganz natürlich aus den im kontinentalen Europa heimischen Hauskatzen. Die Punkteskala des Standards ist vergleichbar mit dem der British Shorthair; die Tiere sollen keinerlei Beimischungen anderer Rassen aufweisen. Die ersten Europäisch Kurzhaar stammen von Katzen ab, die bei den römischen Eroberungsfeldzügen nach Nord- und Mitteleuropa mitgeführt wurden, um den Proviant der Soldaten vor Ratten und Mäusen zu schützen.

Charakter und Pflege

Die ruhige Europäisch Kurzhaar eignet sich sehr gut als Hausgenosse. Auch die Zeit im Ausstellungskäfig und die Anforderungen der Richter erträgt sie mit gelassener Würde.

Das kurze, dichte Fell ist pflegeleicht; es benötigt nicht mehr als ein paar Minuten Kämmen pro Tag, damit die Unterwolle in Form bleibt. Augen und Ohren sollten regelmäßig mit einem angefeuchteten Wattebausch gereinigt werden.

OFFIZIELLE PUNKTESKALA

Die aufgeführten Punkte entsprechen dem europäischen Standard.

AUGENFARBE: 10 PUNKTE

KOPF: 25 PUNKTE

KÖRPER: 25 PUNKTE

FELL: 35 PUNKTE

Farbe, Abzeichen, Muster: 25 Punkte
Qualität, Textur, Länge: 10 Punkte

KONDITION: 5 PUNKTE

HAUPTMERKMALE

- **KATEGORIE:** Kurzhaar

- **KÖRPERBAU:** mittelgroß bis groß (nicht übergroß)

- **FELL:** kurz und dicht, eng anliegend, glänzend, nicht flauschig

- **KOPF:** ziemlich groß; rund, jedoch etwas länger als breit; Stirn und Schädel leicht gerundet, gut entwickelte Wangen; Hals muskulös, mittellang

- **NASE:** mittellang, gerade

- **KINN:** fest

- **AUGEN:** rund und groß, weit auseinander und etwas schräg stehend

- **OHREN:** mittelgroß, an den Spitzen leicht gerundet, aufrecht und weit auseinanderstehend

- **KÖRPER:** stämmig, stark, muskulös, mit kräftigem Brustkorb

- **BEINE:** mittellang, stark und stämmig, zu den Pfoten hin schlanker werdend

- **PFOTEN:** fest und rund

- **SCHWANZ:** mittellang, am Ansatz dick, mit abgerundeter Spitze

- **FARBSCHLÄGE:** Weiß mit blauen, grünen, gelben, orange oder verschiedenfarbigen Augen; Schwarz, Blau, Rot, Creme, Black Tortie, Blue Tortie; Smoke in Black, Blue, Red, Creme, Black Tortie, Blue Tortie; Tabby mit Ausn. von Silber: Black, Blue, Red, Creme, Black Tortie, Blue Tortie (alle als Classic, Mackerel und Spotted Tabby); Silver Tabby in Black, Blue, Red, Creme, Black Tortie, Blue Tortie (alle als Classic, Mackerel und Spotted Tabby); Bicolour: Schwarz, Blau, Rot, Creme, Black Tortie, Blue Tortie (alle als Van, Harlekin und Bicolour)

FEHLER

Als Fehler gelten bei der Europäisch Kurzhaar: ein zu langer oder zu großer Körper, zu große Korpulenz oder, im Gegenteil, zu schlanker Körperbau.

DISQUALIFIKATION
- Hängebacken
- ausgeprägter Stop
- überlanges Fell oder flauschiger Gesamteindruck
- Anzeichen für Einkreuzungen bei den Vorfahren

VARIETÄTEN

DIE AHNEN VIELER Europäisch Kurzhaar sind Britisch Kurzhaar, deshalb gleichen sich die Farbschläge und Zeichnungen. Tabbymuster sind häufig, vor allem als Silver Tabby, ebenso in den typischen Rot- und Cremefarben, auch als Blaucreme.

EUROPÄISCH KURZHAAR WEISS Hier gibt es drei Unterarten; alle müssen reinweißes Fell ohne gelben Schimmer oder farbige Haare aufweisen. Die erste hat dunkelblaue Augen, die zweite entweder grüne, gelbe oder orangefarbene Augen, die dritte, White Oddeyed, hat verschiedenfarbige Augen (dunkelblau und grün, gelb oder orange).

EUROPÄISCH KURZHAAR EINFARBIG Die einfarbige Europäisch Kurzhaar gibt es in Schwarz, Blau, Rot und Creme. Das Fell muß jeweils bis zur Haarwurzel durchgefärbt sein. Augenfarbe Grün, Gelb oder Orange.

EUROPÄISCH KURZHAAR TORTIE Diese gefleckte Varietät darf entweder schwarzrot sein(Black Tortie) oder aber blaucreme (Blue Tortie). In beiden Fällen kann die Augenfarbe Grün, Gelb oder Orange sein.

EUROPÄISCH KURZHAAR SMOKE Diese Katzen haben weiße bis silberne Unterwolle. Die sechs anerkannten Varietäten sind Black Smoke, Blue Smoke, Red Smoke, Creme Smoke, Black Tortie Smoke und Blue Tortie Smoke. Bei allen sollen die Augen entweder Grün, Gelb oder Orange sein.

Tabby-Varietäten
Die nicht zur Silver Tabby gehörenden Tabbies können gestromt (Classic Tabby), getigert (Mackerel) oder getupft (Spotted) sein. Die sechs anerkannten Varietäten sind Black Tabby, Blue Tabby, Red Tabby, Creme Tabby, Black Tortie Tabby und Blue Tortie Tabby. Auch die Tabby-Varietäten haben grüne, gelbe oder orangefarbene Augen.

Bei den Silver Tabbys gibt es die wesentlichen Farben der einzelnen Varietäten als Muster auf reinem, hellem Silber als Grundfarbe. Es dürfen keinerlei Ticking und keine depigmentierten Haare vorhanden sein. Anerkannt sind die drei Tabbymuster Classic, Mackerel und Spotted in den sechs Farbschlägen Black Silver Tabby, Blue Silver Tabby, Red Silver Tabby, Creme Silver Tabby, Black Tortie Silver Tabby, Blue Tortie Silver Tabby. Als Augenfarbe wird Grün bevorzugt, Gelb und Orange werden toleriert.

SILVER SPOTTED TABBY
Diese typische Europäisch Kurzhaar ist die schwarze Version der Silver-Spotted-Varietäten. Das Tupfenmuster ist an den Flanken schön ausgeprägt.

Andere zweifarbige Varietäten

Anerkannt sind die Muster Van, Harlekin und Bicolour. Die Zeichnung kann schwarz, blau, rot, creme, Black Tortie oder Blue Tortie sein.

Bei Van und Harlekin, die übrigens zusammen gerichtet werden, dürfen die Augen tiefblau, grün, gelb, orangefarben und verschiedenfarbig (tiefblau und grün, gelb oder orangefarben) sein. Bei der Bicolour sollten die Augen grün, gelb oder orange sein.

Van-Katzen haben als Grundfarbe Weiß und weisen auf der Stirn zwei von einem bis zur Nase reichenden weißen Keil getrennte Flecken auf. Auch der Schwanz ist vom Ansatz bis zur Spitze gefärbt. Die Ohren können farbig sein, bevorzugt werden weiße Ohren mit rosiger Ohrmuschel. Brust und Bauch müssen weiß sein. Die Richter tolerieren bis zu drei kleine, unregelmäßig verteilte Farbflächen an Körper oder Beinen; es dürfen keinerlei weiße Haare beigemischt sein.

Für Tabby Van gelten dieselben Anforderungen. Sie dürfen Flecken in einem der drei anerkannten Tabbymuster haben. Unabhängig vom Muster werden sie aber in derselben Klasse beurteilt. Für Tortie Van gelten die gleichen Anforderungen, bei ihnen weisen aber die farbigen Flecken Schildpattmuster auf.

Der Nasenspiegel darf rosa oder den Flecken entsprechend gefärbt sein. Bei der Tabby Van soll der Nasenspiegel rosa bis rot und von einer zu den Flecken passenden Farbe umrandet sein. Bei der Tortie Van soll der Nasenspiegel rosa gesprenkelt sein.

Bei der Harlekin ist die Grundfarbe Weiß; mindestens ein Viertel und höchstens die Hälfte der Körperoberfläche besteht aus einfarbigen Flecken, klar abgegrenzt, jeweils von Weiß eingerahmt, selbst aber frei von weißen Haaren. Tabby und Tortie Harlekin werden auch anerkannt. Nasenspiegel und Pfotenballen entsprechen dem Van-Muster.

Die zweite Farbe der weißen Bicolour-Katzen soll klar abgegrenzt sein. Mindestens die Hälfte, maximal zwei Drittel des Fells müssen farbig sein, gleichmäßig über den Körper verteilt. Wünschenswert sind eine weiße Blesse und etwas Weiß auf dem Rücken. In den Farbpartien dürfen keine depigmentierten Haare vorhanden sein.

Tabby Bicolour dürfen gestromt, getigert oder getupft sein. Tortie Bicolour sollten große, klar abgesetzte Flecken in reinen, leuchtenden Farben aufweisen. Nasenspiegel und Pfotenballen entsprechen dem Van-Muster.

CLASSIC TABBY (GESTROMT)
Das klassische Tabby-Muster besteht aus gut angeordneten, deutlich hervortretenden dichten Zeichnungen auf hellerer Grundfarbe.

MACKEREL TABBY (GETIGERT)
Das beispielhafte Tigermuster entspricht dem Standard für die Europäisch Kurzhaar.

AMERIKANISCH KURZHAAR

Anfang des 20. Jahrhunderts schenkte ein englischer Katzenliebhaber einen Red-Tabby-Kurzhaarkater edler Abstammung seinem amerikanischen Freund, der ihn mit einer Kätzin der dort heimischen Kurzhaarkatzen kreuzen sollte. Dieser Kater wurde unter dem Namen »Belle« als erste Rassekatze ins Register der Cat Fanciers' Association eingetragen. Weitere britische Katzen folgten, und so wuchs das Register. Zunächst wurde diese neue Rasse nur als Shorthair bezeichnet, später als Domestic Shorthair und ab 1966 endgültig als Amerikanisch Kurzhaar. Um den Anspruch zu festigen, eine echt amerikanische Rasse zu züchten, erkannten die Verbände auch Katzen und Jungtiere an, die keinen Stammbaum aufwiesen, aber den Anforderungen des Rassestandards genügten. 1971 erhielt eine solche Katze als höchste Auszeichnung der CFA den Titel »Beste Amerikanisch Kurzhaar des Jahres«.

Trotz des Einflusses der Britisch Kurzhaar auf die Zuchtprogramme hat sich die Amerikanisch Kurzhaar ihre Merkmale bewahrt.

Charakter und Pflege

Amerikanisch Kurzhaar sind ausgeglichene Katzen und gute Hausgenossen. Die intelligenten, gutmütigen Tiere vertragen sich gut mit anderen Katzen und sogar Hunden.

Das kurze, dicke Fell ist einfach in Form zu halten und erfordert nur wenig regelmäßige Pflege. Kämmen macht das Fell geschmeidig, Abreiben mit der Hand oder einem Seidentuch verleiht ihm Glanz. Augen und Ohren werden mit einem Wattebausch gereinigt. Ein Kratzbaum hilft Stubentigern, ihre Krallen kurz zu halten.

OFFIZIELLE PUNKTESKALA

Die aufgeführten Punkte entsprechen dem US-Standard.

KOPF: 30 PUNKTE

einschl. Größe und Form der Augen, Form und Ansatz der Ohren, Struktur der Nase

AUGENFARBE: 10 PUNKTE

FARBE: 20 PUNKTE

(Tabbymuster 10 Punkte, Farbe 10 Punkte)

FELL: 15 PUNKTE

SCHWANZ: 25 PUNKTE

einschließlich Form, Größe, Knochenbau und Länge des Schwanzes

- **KATEGORIE:** Kurzhaar

- **KÖRPERBAU:** mittelgroß bis groß, drahtig und kraftvoll, weder gedrungen noch schlaksig

- **FELL:** kurz, dicht und gleichmäßig, griffig, im Winter etwas schwerer und dicker

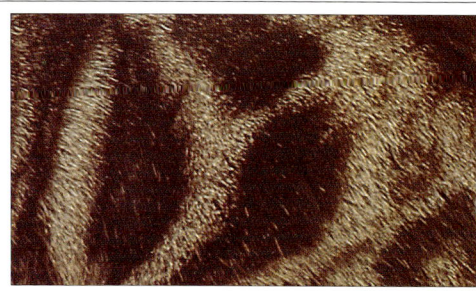

- **KOPF:** groß, mit vollen Wangen, ovale Form; etwas länger als breit; eckige Schnauze; mittellanger, muskulöser Hals

- **NASE:** mittlere Länge

- **KINN:** fest und gut entwickelt

- **AUGEN:** rund, weit auseinanderstehend, äußerer Augenwinkel leicht schräg

- **OHREN:** mittelgroß mit abgerundeten Spitzen, weit auseinanderstehend

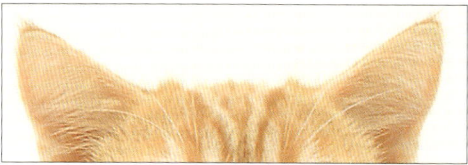

- **KÖRPER:** drahtiger, kraftvoller Körper mit gut entwickeltem Brustkorb und massigen Schultern

- **BEINE:** mit kräftigem Knochenbau und starker Muskulatur

- **PFOTEN:** fest, dick, rundlich, mit kräftigen Ballen

- **SCHWANZ:** mittellang, am Ansatz breiter, mit stumpfer Spitze

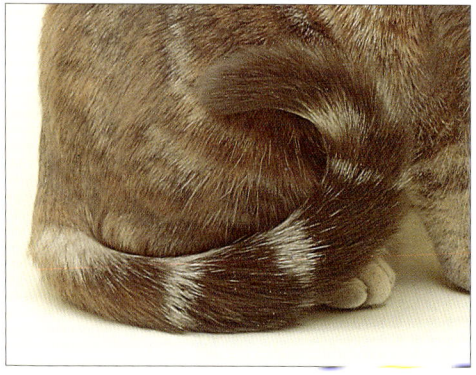

- **FARBSCHLÄGE:** Weiß, Schwarz, Blau, Rot, Creme, Chinchilla, Shaded Silver, Shell Cameo, Shaded Cameo, Black Smoke, Blue Smoke, Cameo Smoke, Schildpatt Smoke, Brown Patched Tabby, Blue Patched Tabby, Silver Patched Tabby, Silver Tabby, Red Tabby, Brown Tabby, Blue Tabby, Creme Tabby, Cameo Tabby, Schildpatt, Calico, Dilute Calico, Blaucreme, Bicolour, Van Bicolour, Van Calico, Van Blaucreme mit Weiß

FEHLER

Als Fehler, die bei Ausstellungen einen Punktabzug bedingen, gelten: ein zu plumper Körperbau oder ausgeprägte Langgliedrigkeit, Fettleibigkeit oder Knochigkeit sowie ein sehr kurzer Schwanz.

DISQUALIFIKATION

- langes, flauschiges Fell
- Knickschwanz oder sonstige Anomalien des Schwanzes
- tiefer Break der Nase im Profil
- Poly- oder Oligodaktylie

VARIETÄTEN

AMERIKANISCH KURZHAAR

Diese aus der als Nutztier gehaltenen amerikanischen Haus-katze entwickelte Rasse wurde zu einer attraktiven und doch sehr zähen, gesunden Ausstellungskatze verfeinert, deren Standard eine breite Palette von Farben und Mustern vorsieht.

IM CFA-STANDARD wird die Amerikanischr sehr liebevoll beschrieben. Es heißt, manche Naturschützer hielten die Katze für die ursprüngliche Hauskatze, die sich im Laufe der Jahrhunderte von sich aus freudig den Bedürfnissen des Menschen angepaßt habe, ohne dabei im mindesten ihre Kraft oder Intelligenz einzubüßen.

Der Standard fährt fort: »Der Jagdinstinkt ist so ausgeprägt, daß sie ihm sogar dann folgt, wenn sie ausreichend Futter vorgesetzt bekommt. Als einzige Rasse ist sie eine echte Nutzkatze(…). Sie ist einerseits geschmeidig genug, um der Beute aufzulauern, aber auch stark, um sie leicht zu töten. Ihre Reflexe sind perfekt gesteuert. Die Beine sind lang, um so mit jedem Terrain fertig zu werden, und kräftig und muskulös genug für hohe Sprünge. Das Gesicht ist lang, damit sie mit ihren kraftvollen Kiefern fest zupacken kann. Das Fell ist so dicht, daß es sie vor Feuchtigkeit, Kälte und Schürfwunden schützt, zugleich aber kurz und drahtig genug, daß es nicht verfilzt und auch nicht hängenbleibt, wenn die Katze durch dichtes Unterholz streicht. Kein Körperteil ist so übertrieben ausgebildet, daß er zu Schwächen neigen würde. Insgesamt wirkt die Katze wie ein durchtrainierter Sportler, die Muskulatur zeichnet sich elastisch unter der Haut ab, die Figur ist schlank und fest und läßt eine große in ihr schlummernde Kraft erkennen.«

Da für die Amerikanisch Kurzhaar Hauskatzen in allen Farbschlägen und Mustern mit hochwertigen reinrassigen Britisch Kurzhaar gekreuzt wurden, gibt es heute eine breite Palette anerkannter Farben und Zeichnungen.

Die bekannteste und beliebteste Amerikanisch-Kurzhaar-Varietät ist zweifellos die Silver Tabby, wobei klassische (gestromte) und getigerte Muster am meisten geschätzt werden. Auch andere Tabbyfarben sind weit verbreitet. Jede anerkannte Varietät hat ihre eigenen glühenden Verehrer.

TABBY-VARIETÄTEN

DIE TABBY-VARIETÄTEN der Amerikanisch Kurzhaar gibt es gestromt (Classic) und getigert (Mackerel). Beim klassischen Muster soll die Zeichnung klar hervortreten, Beine und Schwanz gleichmäßig beringt sein. Die Katze soll mehrere durchgehende »Halsbänder« an Hals und Brust haben. Auf dem Kopf bilden die Linien ein »M«. Von den äußeren Augenwinkeln zieht sich eine ununterbrochene Linie über die Wange, auf der Spiralen zu sehen sind. Vom Hinterkopf verlaufen zwei parallele Striche über die Schultern und münden in schmetterlingsähnliche Abzeichen mit klar umrissenem Flügeln und darin angeordneten Punkten. Über den Rücken verlaufen rechts und links einer Mittellinie, durch Streifen in der Grundfarbe getrennt, zwei parallele Striche. Auf beiden Flanken befindet sich je ein großer, einfarbiger Fleck, der von einem oder mehreren durchgehenden Ringen eingerahmt

sein soll. Die Zeichnung soll auf beiden Seiten identisch sein. Eine doppelte Reihe von »Knöpfen« zieht sich über Brust und Bauch.

Beim Mackerel Tabby sollen die fein gestrichelten Markierungen klar hervortreten. Die Beine sollen gestreift, der Schwanz geringelt sein. Am Hals sind schmale Bänder. Der Kopf ist gestreift, mit einem »M« auf der Stirn und dunkle Striche von den Augenwinkeln über die Wangen. Vom Hinterkopf verlaufen Striche in die Schulterzeichnung. Über dem Rückgrat laufen die Linien zu einem dunklen Sattel zusammen, zu beiden Seiten des Rückens laufen gestrichelte Linien über die Flanken.

BLUE TABBY Grundfarbe des Fells, einschließlich Lippen und Kinn, ist ein hell bläuliches Elfenbein mit tiefblauen Markierungen. Die Fellfarbe hat einen rehbraunen Schimmer. Der Nasenspiegel ist altrosa; Pfotenballen rosa, Augen leuchtend goldfarben.

**AMERICAN
SHORTHAIR
BLUE TABBY**

*Diese Classic Tabby
mit dem typischen
vollwangigen Gesicht
zeigt klar das aus
Linien gebildete »M«
auf der Stirn.*

MACKEREL TABBY

Bei der getigerten Tabby bestehen die Zeichnungen aus klaren, schmalen Strichen, die vom Rückgrat zu den Seiten herunterlaufen. An den Beinen sind schmale Ringe (»Armreifen«) zu sehen.

CLASSIC TABBY

Der klassische oder gestromte Tabby zeigt an Kopf, Körper, Beinen und Schwanz ein bestimmtes Muster, das auf Ausstellungen bei der Auswahl der Sieger mit großer Sorgfalt begutachtet wird.

BROWN TABBY Grundfarbe ist leuchtendes Kupferbraun mit tiefschwarzen Markierungen. Lippen und Kinn im gleichen Farbton wie Augenumrandung. Rückseiten der Beine von der Pfote zur Ferse schwarz. Nasenspiegel ziegelrot, die Pfotenballen schwarz oder braun. Die Augen sind leuchtend gold.

RED TABBY Die Grundfarbe von Fell, Lippen und Kinn ist Rot mit dunkelroter Zeichnung. Nasenspiegel und Pfotenballen sind ziegelrot, die Augen ebenfalls goldfarben.

CREME TABBY Grundfarbe Hellcreme, auch auf Lippen und Kinn. Die leder- oder cremefarbenen Abzeichen sind soviel dunkler, daß sie einen guten Kontrast zur Grundfarbe bilden. Nasenspiegel und Pfotenballen sind rosa, die Augen gold.

CAMEO TABBY Grundfarbe ist gebrochenes Weiß mit rotem Tabbymuster. Nasenspiegel, Pfotenballen und Augen haben die gleichen Farben wie bei der Creme Tabby.

CAMEO TABBY

Cameo ist eine weiche, zarte Farbe. Bei dieser gestromten Tabby sieht man deutlich den Verlauf der Zeichnung an den Seiten und Flanken sowie den deutlichen Kontrast zwischen der Grundfarbe und den aufgesetzten Mustern.

RED TABBY

Dieses schön gezeichnete Exemplar weist das klassische Tabby-Muster in Rot auf. Sowohl die Grundfarbe als auch die Zeichnungen sind richtig ausgebildet.

BROWN TORBIE
Tortie Tabbys, die oftmals auch kurz als »Torbies« bezeichnet werden, heißen in den Vereinigten Staaten bei bestimmten Verbänden »Patched Tabby«.

SILVER TABBY
Classic (Marbled) Silver Tabbys mit ihrer dichten schwarzen Zeichnung, die sich klar und deutlich vom silbrig-blassen Unter-grund abhebt, reprä-sentieren den wohl eindrucksvollsten Typ der Tabby-Katze.

SILVER TABBY Die Grundfarbe einschließlich der Lippen und des Kinns ist ein helles, reines Silber mit intensiv schwarzer Zeichnung. Der Nasenspiegel ist ziegelrot, die Pfotenballen sind schwarz. Die Augen dürfen grün oder haselnußbraun sein.

PATCHED TABBY (TORBIE) Sie entsprechen, abgesehen von den zusätzlichen (hell)roten (creme) Flecken, bekannten Mustern.

BROWN PATCHED TABBY Grundfarbe ist ein leuchtendes Kupferbraun mit klassischem oder getigertem Tabbymuster in Tiefschwarz und klar abgegrenzten Flecken in Hellrot bis Rot. Eine (hell)rote Blesse wird gern gesehen. Lippen und Kinn sollen den gleichen Farbton aufweisen wie die Augenumrandung. Die Augen selbst leuchten goldfarben.

BLUE PATCHED TABBY Grundfarbe des Fells, auch von Lippen und Kinn, ist hell bläuliches Elfenbein mit klassischer oder getigerter Tabbyzeichnung in Tiefblau. An Körper und Extremitäten deutliche Flecken in Creme. Cremefarbene Blesse im Gesicht ist erwünscht, ein rehbrauner Hauch soll den Körper überziehen. Augen leuchtend gold oder haselnußbraun.

SILVER PATCHED TABBY Die Grundfarbe von hellem, reinem Silber zeigt sich auch an Lippen und Kinn. Das klassische oder getigerte Tabbymuster ist Tiefschwarz. Deutlich abgegrenzte Flecken in Hellrot bis Rot erscheinen an Körper und Extremitäten. Eine Blesse in Rot oder Hellrot ist erwünscht. Die Augenfarbe entspricht der der Blue Patched Tabby.

BLUE TORBIE
Diese Tortie-Tabby-Variante ist ebenfalls deutlich gezeichnet, aber viel heller. Die blau gefleckte Version ist eine Verdünnung des Brown Torbie mit blauen und cremefarbenen Abzeichen anstelle von Schwarz und Rot.

AMERICAN WIREHAIR

Auf einem Bauernhof in Vermont in den USA wurde 1966 ein Wurf Kätzchen geboren, von dem eines ein ungewöhnlich dünnes, drahtiges Fell hatte. Ein erfahrener Katzenzüchter kaufte das Tier und eines seiner normalen Geschwister und schickte Haarproben von beiden zur Untersuchung an einen britischen Experten für Katzengenetik. Das Fell war anders als alles, was man zuvor gesehen hatte. Ein Zuchtprogramm half, das Merkmal der Drahthaarigkeit weiterzuentwickeln.

Die erste American Wirehair war ein rotweißer Kater. Zuerst paarte er sich mit seiner Wurfschwester, später mit nicht verwandten Kurzhaarkatzen. So entwickelte sich die neue Rasse. Über die Jahre wurden die Tiere für die Zucht stets sorgfältig ausgewählt, um Schönheit und Überlebensfähigkeit der Rasse sicherzustellen. Der Championtitel für diese Rasse wurde 1977 von der CFA eingeführt.

Charakter und Pflege

Besitzer von Wirehair behaupten, die Tiere dominierten Hausgenossen und andere Katzenrassen, seien aber liebevolle Eltern. Sie sind eigensinnig, verschmust und verspielt.

Das ungewöhnlich drahtige Fell ist leicht zu pflegen. Richtige Ernährung und gelegentliches Bürsten reichen aus, um es in Form zu halten.

OFFIZIELLE PUNKTESKALA

Die aufgeführten Punkte entsprechen dem US-Standard.

KOPF: 25 PUNKTE

einschließlich Größe und Form der Augen sowie Form und Ansatz der Ohren

FARBE und AUGEN-FARBE: 10 PUNKTE

TYP: 20 PUNKTE

einschließlich Statur, Größe, Knochenbau, Schwanzlänge

FELL: 45 PUNKTE

FEHLER

Punktabzug gibt es für einen tiefen Break sowie für zu langes oder zu flauschiges Fell.

DISQUALIFIKATION
- Fehlen des Drahthaars
- Knickschwanz oder sonstige Anomalien des Schwanzes
- Oligo- oder Polydaktylie
- Anzeichen für eine Einkreuzung von Siam-Abzeichen
- die Farben Chocolate und Lavender, einzeln oder in Kombinaton mit Weiß

HAUPTMERKMALE

- **KATEGORIE:** Wirehair

- **KÖRPERBAU:** mittelgroß bis groß mit mittelstarkem Knochenbau; Kater größer als Kätzinnen

- **FELL:** federnd, dicht und elastisch, fühlt sich grob und rauh an; gekräuselte, drahtige Haare mit eingerollten Spitzen; Brauen und Schnurrhaare ebenfalls gekräuselt und oft in seltsamem Winkel abstehend

- **FARBSCHLÄGE:** Anforderungen wie für American Shorthair (siehe S. 146–153); Weiß, Schwarz, Blau, Rot, Creme, Schildpatt, Calico, Blaucreme, Dilute Calico, Chinchilla, Shaded Silver, Shell Cameo, Shaded Cameo, Black Smoke, Blue Smoke, Cameo Smoke, Bicolour; Classical oder Mackerel Tabby in Braun, Blau, Rot, Creme, Cameo und Silber

- **WEITERE MERKMALE:** runder Kopf mit vorstehenden Wangenknochen und gut entwickelter Schnauze, leichte Einbuchtung hinter den Schnurrhaarkissen; Nase im Profil sanft konkav; festes Kinn; große, runde, leuchtende, klare Augen, weit auseinander und leicht schräg stehend; mittelgroße, weit auseinanderstehende Ohren; (mittel)großer Körper mit geradem Rücken und gerundeter Kruppe; muskulöse Beine mit ovalen, kompakten Pfoten; gut proportionierter Schwanz, zur abgerundeten Spitze hin schlanker werdend

SCHWARZWEISS
Die schöne Zeichnung dieser Katze umfaßt ein weißes Areal, das sich von einem Keil auf der Stirn über Kinn und Brust bis zum Bauch fortsetzt.

AMERIKANISCH KURZHAAR
Alle für Amerikanisch Kurzhaar anerkannten Farbschläge gelten auch für die American Wirehair.

EXOTIC SHORTHAIR

Bei der Entwicklung der britischen und amerikanischen Kurzhaarkatzen und der Züchtung neuer Farbschläge bei Perserkatzen paarte man auch reinrassig kurzhaarige mit reinrassig langhaarigen Tieren. Eigentlich sollten in diesen Einzelfällen die Jungtiere nur in die ursprünglichen Rassen rückgekreuzt werden, um erwünschte Merkmale zu verstärken.

In den 60er Jahren erhielten Kreuzungen zwischen Persern und Kurzhaarkatzen mit Genehmigung des CFA-Vorstandes die Rassebezeichnung »Exotic Shorthair«. Die Rasse ist im Prinzip eine kurzhaarige Version der typischen Perser: Sie weist deren Statur auf, bietet jedoch den Vorteil eines relativ pflegeleichten Fells. Die vom Körper abstehenden Haare sind länger als bei der Britisch oder Amerikanisch Kurzhaar.

Charakter und Pflege

Vom Temperament her ist die Exotic Shorthair eine ruhige und friedfertige Katze. Sie eignet sich hervorragend für Ausstellungen, da sie leicht vorzubereiten ist und sich gern berühren und bewundern läßt.

Das mittellange Fell ist recht leicht zu kämmen; Bürsten gegen den Strich sorgt dafür, daß die Haare plüschig vom Körper abstehen. Kondition und glänzendes Fell sind mit richtiger Ernährung zu erzielen; Augen und Ohren werden mit einem Wattebausch vorsichtig gereinigt.

OFFIZIELLE PUNKTESKALA

Die aufgeführten Punkte entsprechen dem US-Standard.

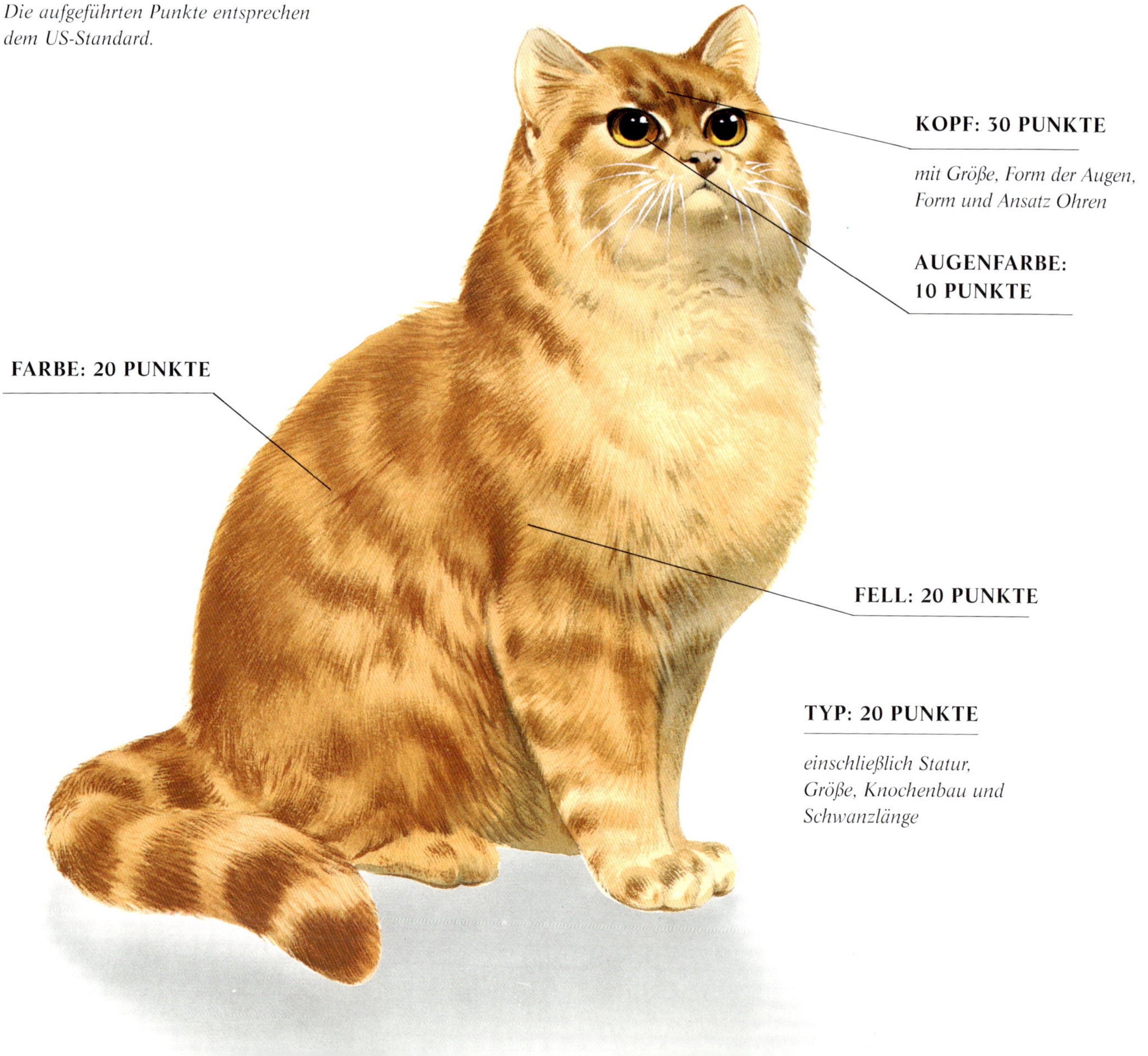

KOPF: 30 PUNKTE

mit Größe, Form der Augen, Form und Ansatz Ohren

AUGENFARBE: 10 PUNKTE

FARBE: 20 PUNKTE

FELL: 20 PUNKTE

TYP: 20 PUNKTE

einschließlich Statur, Größe, Knochenbau und Schwanzlänge

HAUPTMERKMALE

- **KATEGORIE:** Kurzhaar

- **KÖRPERBAU:** mittelgroß bis groß, gedrungen

- **FELL:** mittellang, dicht und plüschig, weich strukturiert, aufgrund der Dichte deutlich vom Körper abstehend, niemals glatt anliegend

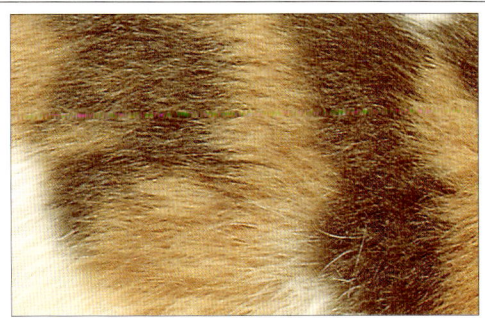

- **KOPF:** rund und massig, mit tiefem Schädel und kurzem, dickem Hals; rundes Gesicht, volle Wangen, breiter, kraftvoller Kiefer

- **NASE:** kurze Stupsnase mit deutlichem Stop

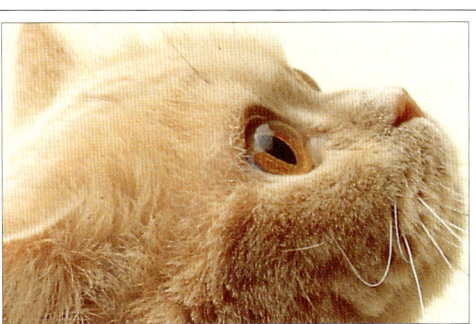

- **KINN:** voll und gut entwickelt

- **AUGEN:** groß, rund und weit auseinander stehend

- **OHREN:** klein, mit abgerundeter Spitze, weit auseinander und tief am Kopf angesetzt

- **KÖRPER:** stämmig; kräftige Brust; Schultern und Kruppe massiv, gerader Rücken

- **BEINE:** kurz und dick

- **PFOTEN:** groß und rund

- **SCHWANZ:** kurz

- **FARBSCHLÄGE:** Weiß (blaue oder orangerote Augen), Schwarz, Blau, Chocolate, Lilac, Rot, Creme; Classic oder Mackerel Tabby (in den Farben Silber, Braun, Blau, Chocolate, Lilac, Rot, Creme); Tortie Tabby (in Schwarz, Blau, Chocolate, Lilac); Tortie (in Blaucreme, Chocolate Tortie, Lilac Creme); Tortie mit Weiß, Blue Tortie mit Weiß, Chocolate Tortie mit Weiß, Lilac Tortie mit Weiß; Bicolour, Van Bicolour und Tricolour; jede anerkannte Farbe mit Weiß; Spotted Tabby (in Braun, Blau, Chocolate, Lilac, Rot, Creme und Silber); Smoke in jeder anerkannten Farbe mit silberweißem Unterfell

FEHLER

DISQUALIFIKATION
- unerwünschte weiße Zeichnungen, etwa ein Medaillon
- Knickschwanz oder sonstige Anomalien des Schwanzes
- Oligo- oder Polydaktylie

EINFARBIGE VARIETÄTEN

EXOTIC SHORT-HAIR CREME
Das Fell der Exotic Shorthair ist sehr dicht und plüschig, es fühlt sich weich an und steht vom Körper ab.

EXOTIC SHORT-HAIR BLAU
Der Kopf der typischen Exotic Shorthair ist praktisch identisch mit dem der Perser Standard.

EINFARBIGE EXOTIC SHORTHAIR werden mit hohem Qualitätsanspruch gezüchtet und erhalten bei Ausstellungen sofort Punkteabzug, wenn die Augenfarbe falsch, extrem blaß ist oder wenn nur Sprenkel einer falschen Farbe in der Iris auftauchen. Orientalische, mandelförmige oder schräg stehende Augen werden grundsätzlich nicht akzeptiert.

WEISS Die Farbe ist ein reines, glänzendes Weiß, Nasenspiegel und Pfotenballen sind rosa. Augen tiefblau oder leuchtend kupfer. Weiße Katzen mit verschiedenfarbigen Augen dürfen ein blaues und ein kupfernes Auge in gleicher Farbintensität haben.

SCHWARZ Dichtes, kohlschwarzes Fell, von der Wurzel bis zur Spitze durchgefärbt. Nasenspiegel schwarz, Pfotenballen schwarz oder braun. Augen leuchtend kupfer.

BLAU Von der Nase bis zur Schwanzspitze exakt der gleiche Blauton, Haare müssen vollständig durchgefärbt sein, hellere Farbtöne bevorzugt. Nasenspiegel und Ballen sind blau, die Augen leuchtend kupferfarben.

ROT Sattes, leuchtendes Rot ohne Schattierung, Zeichnung oder Bänderung. Farbe von Lippen und Kinn wie Körper. Nasenspiegel und Pfotenballen sind ziegelrot, die Augen leuchtend kupferfarben.

CREME Cremefarbener Lederton, einheitlich und frei von Schattierungen oder Zeichnungen, hellere Nuancen bevorzugt. Nasenspiegel und Pfotenballen sind rosa, die Augen auch hier leuchtend kupferfarben.

CHOCOLATE Das Fell weist ein mittleres bis dunkles Schokoladenbraun auf, ohne Schattierung oder Markierung. Nasenspiegel und Pfotenballen sind schokoladenbraun. Die Augenfarbe ist Kupfer oder Orange.

LILAC Der warme Lilac-Ton muß einheitlich und völlig durchgefärbt sein. Nasenspiegel und Pfotenballen sind lilac, die Augen kupfer- oder orangefarben.

TABBY- UND BICOLOUR-VARIETÄTEN

DIE EXOTIC SHORTHAIR wird anerkannt als Classic und Mackerel Tabby (in Silber, Braun, Blau, Chocolate, Lilac, Rot und Creme). Die Anforderungen an die Farbe entsprechen den jeweiligen Varietäten der Britisch Kurzhaar, mit Ausnahme der Augenfarbe, die bei der Exotic Shorthair leuchtend Kupfer sein soll.

Tortie Tabbys werden in Schwarz, Blau, Chocolate und Lilac anerkannt. Die getupfte Exotic Shorthair gibt es in den Farbschlägen wie im klassischen und getigerten Tabbymuster, sie ist aber besonders attraktiv durch die vielen klar gezeichneten runden, ovalen oder rosettenförmigen Tupfen, die sich in einer Kontrastfarbe vom hellen Unterfell absetzen.

BICOLOUR Das Fell der Bicolour ist wie bei der Amerikanisch Kurzhaar weiß mit Arealen in Schwarz, Blau, Rot oder Creme, die keine weißen Haare enthalten dürfen. Nasenspiegel und Pfotenballen entsprechen farblich der Hauptfarbe. Die Augen sind leuchtend kupfer.

VAN BICOLOUR Das Fell dieser Katze ist weiß. Es zeigt Flecken in Schwarz, Blau, Rot oder Creme, die keine weißen Haare enthalten dürfen und auf Kopf, Schwanz und Beine beschränkt sein müssen. Bis zwei kleine Farbflächen am Körper sind ebenfalls zulässig.

VAN TRICOLOUR Das Fell der dreifarbigen Van ist weiß mit makellos einfarbigen Flächen in Schwarz und Rot an Kopf, Schwanz und Beinen. Bis zu drei kleine Farbflächen am Körper werden toleriert.

VAN BLAUCREME MIT WEISS Bei dieser Varietät ist das Fell weiß mit reinfarbigen Flecken in Blau und Creme an Kopf, Schwanz und Beinen; ein bis zwei kleine Farbflächen am Körper sind zulässig.

EXOTIC SHORTHAIR BLAU-WEISS
Exotic Shorthair Bicolour sollen klare, gut verteilte Farbflecken aufweisen, wie dieses schöne Exemplar in Blau und Weiß. Im Gesicht sollen beide Farben auftauchen.

EXOTIC SHORTHAIR BLUE TABBY COLOURPOINT
Bei den Colourpoint-Varietäten der Exotic Shorthair werden sechs Farbschläge akzeptiert.

ANDERE VARIETÄTEN

**EXOTIC SHORT-
HAIR BLUE TOR-
TIE MIT WEISS**
*Gleichmäßig verteilte
Farbflächen in hellem
bis mittlerem Blau,
Creme und Weiß
bilden das Muster
dieser Varietät, die in
den USA unter der
Bezeichnung »Dilute«
(verdünntes) Calico
bekannt ist.*

DIE EXOTIC SHORTHAIR ist eine ideale Rasse für denjenigen, der am liebsten eine Katze vom »echten« Persertypus hätte, jedoch nicht über die nötige Zeit verfügt, sich um das anspruchsvolle Fell einer Perser zu kümmern. Exotic Shorthair sind im Grunde eine kurzhaarige Form ihrer Perser-Ahnen. Abgesehen vom Fell sind die Anforderungen beider Standards praktisch identisch.

SCHILDPATT Fell schwarz, aber an Körper und Extremitäten klar abgegrenzte Flecken in Rot und Hellrot ohne depigmentierte Haare. Eine rote oder hellrote Blesse ist erwünscht. Die Augenfarbe ist Kupfer.

SCHILDPATT MIT WEISS Das Fell ist weiß mit reinfarbigen Flecken in Schwarz und Rot, wobei Weiß an der Unterseite vorherrscht. Die Augen sind leuchtend kupferfarben.

BLAUCREME Das Fell ist eine zart schattierte Mischung von Blau und Creme in Pastelltönen. Die Augen sind leuchtend kupfer.

BLAUCREME MIT WEISS Areale in Blau und Creme im weißen Fell; Weiß herrscht an der Unterseite vor. Augen leuchtend kupfer.

CHINCHILLA Das Unterfell ist reinweiß. An Rücken, Flanken, Kopf und Schwanz sind die Haarspitzen so weit schwarz gefärbt, daß die Katze insgesamt silbrig glänzend wirkt. Die Beine dürfen ebenfalls leichtes Tipping aufweisen. Kinn, Ohrbüschel, Bauch und Brust sind reinweiß. Augen, Lippen und Nase sollen schwarz umrandet sein. Der Nasenspiegel ist ziegelrot. Die Pfotenballen sind schwarz, die Augen grün oder blaugrün.

SHADED SILVER Unterfell reinweiß, mit deutlicher schwarzer Schattierung über der Wirbelsäule, den Flanken sowie im Gesicht und am Schwanz, wobei das Tipping von sehr dunkel auf dem Rücken bis zu Weiß auf Kinn, Brust, Bauch und Schwanzunterseite verlaufen soll. Beine im gleichen Farbton wie Gesicht. Insgesamt viel dunkler als die Chinchilla. Augen, Lippen und Nase schwarz umrandet. Nasenspiegel ziegelrot, Pfotenballen schwarz, Augen grün oder blaugrün.

CHINCHILLA GOLDEN Das Unterfell hat einen warmen Cremeton. An Rücken, Flanken, Kopf und Schwanz gibt die sealbraune Spitzenfärbung dem Fell einen goldenen Schimmer. Die Beine dürfen leicht schattiert sein. Kinn, Ohrbüschel, Bauch und Brust sind cremefarben, Augen, Lippen und Nase mit Sealbraun umrandet. Der Nasenspiegel ist dunkelrosa, die Pfotenballen sind sealbraun und die Augen grün oder blaugrün.

SHADED GOLDEN Das Unterfell ist warm cremefarben. Die Haare an Wirbelsäule, Flanken sowie Gesicht und Schwanz sind deutlich sealbraun schattiert. Zu Kinn, Brust, Bauch und Schwanzunterseite hin wird die Schattierung heller bis cremefarben. Die Beine sind

**EXOTIC
SHORTHAIR
BROWN TABBY**
*Auf der Stirn ist eine
»M«-förmige Zeich-
nung zu erkennen.*

EXOTIC SHORTHAIR SILVER TABBY
Die dunkle Zeichnung wird abgeschwächt, wenn das Tabby-Muster auf silberner Grundfarbe auftritt. Diese Katze weist den für diese Varietät geforderten ziegelroten Nasenspiegel auf.

ebenfalls schattiert. Der Nasenspiegel ist ziegelrot, Augen, Lippen und Nase sind schwarz umrandet. Augen sind grün oder blaugrün.

SHADED TORTOISESHELL Weißes Unterfell mit ausgeprägtem schwarzem Tipping und klar abgegrenzten Flecken mit (hell)roter Spitzenfärbung, die wie beim Schildpattmuster verteilt sind. Die Schattierung zieht sich über Wirbelsäule, Flanken, Gesicht und Schwanz. Eine Flamme mit (hell)roter Spitzenfärbung ist erwünscht. Nasenspiegel und Pfotenballen sind schwarz, rosa oder gesprenkelt.

EXOTIC SHORTHAIR SMOKE Smoke-Katzen bei der Exotic in allen Farbschlägen anerkannt. Anstelle einer durchgehenden Färbung der Haare ist der Haaransatz hier jeweils silberweiß. Es darf keine Tabbyzeichnung vorliegen, Deck- und Unterfell sollen stark kontrastieren. Nasenspiegel und Pfotenballen sollen mit der Fellfarbe harmonieren. Augen kupferfarben, orange oder tiefgolden.

EXOTIC SHORTHAIR TIPPED Das Tipping darf in Verbindung mit jeder Farbe auftreten, die bei Perser-Varietäten anerkannt sind. Unterfell möglichst schneeweiß; Haarspitzen so weit gefärbt, daß der typische Glanz entsteht. Nasenspiegel bei Katzen mit schwarzem Tipping ziegelrot, bei allen anderen Farbschlägen entsprechend der Fellfarbe. Pfotenballen schwarz oder sealbraun, wenn das Fell schwarz getippt ist; bei anderen Farben wie Grundfarbe.

EXOTIC SHORTHAIR COLOURPOINT Diese Varietät weist die Siamabzeichen an Kopf, Schwanz, Beinen und Pfoten in Verbindung mit hellem Körperfell auf. Zwischen Körper und Points soll ein klarer Kontrast bestehen. Abzeichen ohne Weiß. Wenn der Körper (unerwünschterweise) Schattierungen aufweist, sollten sie in der Farbe der Points gehalten sein. Nasenspiegel und Pfotenballen entsprechen der Farbe der Abzeichen, die Augen sollen ein klares Blau zeigen.

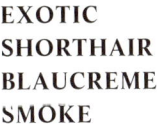

EXOTIC SHORTHAIR BLAUCREME SMOKE
Das silbrig-weiße Unterfell der Smoke Exotic zeigt sich nur, wenn man das Deckhaar scheitelt.

EXOTIC SHORTHAIR SHADED SILVER
Das reinweiße Unterfell hat eine schwarze Spitzenfärbung. So entsteht ein silbriger Schimmer.

161

ANDERE KURZ-
HAARRASSEN

ABESSINIER

Es gibt keine Beweise für eine Verwandt-schaft der abessinischen Katze, die 1868 aus Äthiopien nach England gebracht wurde, mit der heutigen Abessinier, die seit 1882 als eigenständige Rasse gilt. Man nannte sie auch Ticked Cat, Bunny Cat, Spanische, Russische, Hasen- oder Kaninchenfarbene Katze (man vermutete, sie sei eine Kreuzung zwischen einer Katze und einem Wildkaninchen!)

Die moderne Abessinier ist als Rasse welt-weit verbreitet und beliebt. Wegen ihrer Ähn-lichkeit mit den heiligen Katzen des alten Ägypten nennt man sie auch »Götterkind«. In allen Farbschlägen weisen die Abessinier eine Bänderung auf, die man »Agouti« oder »Wild-färbung« nennt. Durch selektive Zucht über Generationen wurden die an Gesicht, Hals, Schwanz und Bauch vorhandenen natürlichen Tabby-Streifen mehr und mehr reduziert, so daß die heutige rassetypische Katze eine klare, glänzende Bänderung aufweist.

Die Abessinierkatze gehört zu den Foreign Shorthair-Rassen und wird in den Vereinigten Staaten nach einem etwas anderen Standard gerichtet als in Europa. Die nordamerikani-schen Abessinier haben einen kürzeren Kopf und ein runderes Profil als ihre Artgenossen in Europa. Bei der Einteilung der Punkteskala

Die rechts aufgeführten Punkte entsprechen dem britischen, die unten aufgeführten dem US-Standard.

KOPF: 25 PUNKTE
Schnauze: 6 Punkte
Schädel: 6 Punkte
Ohren: 7 Punkte
Augenform: 6 Punkte

KÖRPER: 30 PUNKTE
Rumpf: 15 Punkte
Beine und Pfoten:
10 Punkte
Schwanz: 5 Punkte

FELL: 10 PUNKTE
Textur: 10 Punkte

FARBE: 35 PUNKTE
Farbe: 15 Punkte
Bänderung: 15 Punkte
Augenfarbe: 5 Punkte

KOPF und OHREN: 15 PUNKTE

AUGEN: 10 PUNKTE

KÖRPER: 30 PUNKTE

FARBE: 45 PUNKTE

zählt in Amerika vor allem der Körpertypus, während in Europa eher Gewicht auf die Fellfarbe gelegt wird.

Charakter und Pflege

Abessinier sind in der Regel ruhige Katzen. Manche sind scheu, etwas zurückhaltend und Fremden gegenüber recht mißtrauisch; meist kommen sie mit anderen Katzen gut aus und verehren ihr Herrchen oder Frauchen aus ganzer Seele.

Das Fell ist leicht fit zu halten. Die großen Ohrmuscheln müssen regelmäßig mit einem feuchten Wattebausch gereinigt werden.

FEHLER

Als Fehler, die bei Ausstellungen zu Punktabzug führen, gelten bei der Abessinier fehlerhafter Kopftypus, Ringel an Beinen und Schwanz, falsche Farbe der Pfotenballen oder kalte Grautöne im Fell.

DISQUALIFIKATION
- weißes Medaillon
- Weiß an irgendeiner Stelle mit Ausnahme der Nüstern, des Kinns oder der Kehle
- ein dunkles, ununterbrochenes »Halsband«
- eng anliegendes graues Unterfell, das sich über einen großen Teil des Körpers zieht

HAUPTMERKMALE

- **KATEGORIE:** Kurzhaar (Foreign Shorthair)

- **KÖRPERBAU:** mittelgroß, geschmeidig und muskulös

- **FELL:** weich, seidig, fein strukturiert; von mittlerer Länge, lang genug für eine zwei- oder dreifache Bänderung

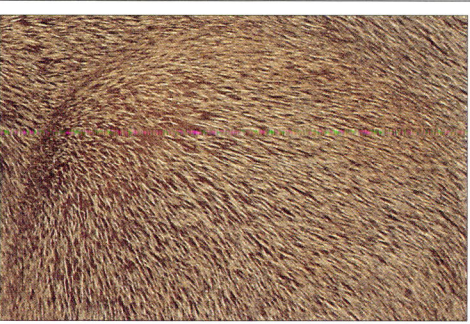

- **KOPF:** leicht gerundet, keilförmig mit abgerundeten Ecken, im Profil weich gebogen; weder spitze noch eckige Schnauze

- **NASE:** mittellang

- **KINN:** fest

- **AUGEN:** mandelförmig, groß, leuchtend und ausdrucksvoll

- **OHREN:** groß, aufmerksam gespitzt

- **KÖRPER:** langgestreckt, geschmeidig und anmutig

- **BEINE:** schlank, feingliedrig

- **PFOTEN:** klein und oval

- **SCHWANZ:** am Ansatz dick, relativ lang und spitz zulaufend

- **FARBSCHLÄGE:** Wildfarben (Usual), Blau, Sorrel (Rot), Chocolate, Lilac, Creme, Beige Fawn sowie Tortie in diesen Farben (Einige Varietäten sind bei manchen Verbänden nicht anerkannt.)

VARIETÄTEN

DIE ALS WILDFARBE oder mit dem englischen Begriff »Usual« bzw. in den USA als »Ruddy« bezeichnete rötliche Varietät ist die normale Fellfarbe der Abessinierkatze. Genetisch entspricht sie Schwarz, denn die leuchtend goldenen Haare weisen eine zwei- oder dreifache schwarze Bänderung auf. Rot (Sorrel) entsteht, wenn ein Gen für Hellbraun zum Tragen kommt.

WILDFARBEN (Europa), **RUDDY** (USA) oder **USUAL** (GB, GCCF). Fell rotbraun mit schwarzem Ticking. Unterfell in tief Apricot oder Orange. Schwanzspitze, Ohrenspitzen, Augenränder schwarz, Nasenspiegel ziegelrot (evtl. mit schwarzer Umrandung). Pfotenballen, Pfotenunterseiten und Zehenbüschel sealbraun oder schwarz. Augen gold oder grün, leuchtend dunkle Nuancen bevorzugt.

BLAU Fellfarbe Blaugrau mit dunkler, stahlblaugrauer Bänderung. Unterfell hell rehbraun bis creme. Schwanz- und Ohrspitzen dunkel stahlblaugrau, Augenränder blaugrau. Der Nasenlspiegel ist altrosa (ggf. blaugrau umrandet), die Pfotenballen altrosa oder blaugrau; Pfotenunterseiten und Zehenbüschel dunkel stahlblaugrau. Augen gold oder grün.

SORREL oder ROT Fell leuchtend kupferrot mit schokoladenbrauner Bänderung. Das Unterfell ist dunkel-apricotfarben. Schwanz-

WILDFARBENE ABESSINIER
Das goldbraun gleißende Fell mit der schwarzen Bänderung macht die wildfarbene Abessinierkatze zu einer außergewöhnlichen Erscheinung.

und Ohrspitzen, Augenränder, Fußunterseiten und Zehenbüschel sind rotbraun. Der Nasenspiegel ist blaßrot (ggf. rotbraun umrandet). Pfotenballen zimtfarben bis schokoladenbraun, Augen gold oder grün.

BEIGE FAWN (Rehbraun) Fell stumpf-beige mit satt rehbrauner Bänderung. Unterfell hell cremefarben. Schwanz- und Ohrenspitzen, die Unterseiten der Pfoten und die Zehenbüschel weisen ein dunkles, warmes Creme auf, die Augenränder sind altrosa. Der Nasenspiegel ist rosa (ggf. altrosa umrandet), ebenso die Pfotenballen. Augenfarbe Gold oder Grün.

BLACK SILVER Fell rein silberweiß mit schwarzem Ticking. Unterfell rein silberweiß. Schwanzspitze, Augenränder schwarz, die Ohrspitzen, Pfotenballen, Sohlen und Zehenbüschel schwarz oder sealbraun. Der Nasenspiegel ist ziegelrot (evtl. schwarz umrandet).

BLUE SILVER Fell rein silberweiß mit dunkel stahlblaugrauem Ticking; Unterfell klar Silberweiß. Schwanzspitze, Ohrspitzen, Augenränder, Sohlen und Zehenbüschel dunkel stahlblaugrau. Der Nasenspiegel ist altrosa (gegebenenfalls dunkel stahlblaugrau umrandet). Die Pfotenballen sind altrosa oder blaugrau.

ABESSINIER FAWN

Diese Varietät mit beigefarbenem Fell mit warm rehbrauner Bänderung zählt zu den attraktivsten ihrer Rasse.

ABESSINIER BLAU

Dieser Farbschlag tauchte schon früher ab und zu in normalen Würfen auf. Erst seit einigen Jahren sind sie auf Ausstellungen zugelassen.

ABESSINIER SORREL (ROT)

Leuchtendes Kupferrot und eine Bänderung in warmem Schokoladenbraun lassen die Sorrel oder »Rote Abessinier« regelrecht leuchten.

SOMALI

Diese Rasse ist sozusagen eine langhaarige Version der Abessinier. Man glaubte zunächst, das lange Fell beruhe auf einer spontanen Mutation in der Abessinierrasse; doch Untersuchungen ergaben, daß das Gen für Langhaarigkeit wohl von anderen Rassen eingebracht worden war, mit denen Abessinier in der Frühzeit der Zucht- und Ausstellungstätigkeit gekreuzt worden waren.

Als die ersten langhaarigen Jungtiere in ansonsten normalen Abessinier-Würfen auftauchten, wurden sie ausgesondert und als Hauskatzen abgegeben; später, als bei einigen ausgewachsenen Tieren die Schönheit des langen, gebänderten Fells zutage trat, beschloß man, die langhaarige Abessinier als eigenstän-

dige Rasse weiterzuentwickeln. Nordamerikanische, europäische, neuseeländische und australische Züchter waren daran beteiligt und gaben der neuen Rasse schließlich den Namen »Somali«. Der vollwertige Champion-Titel für sie wurde 1978 vom CFA geschaffen.

Charakter und Pflege

Wie die Abessinierkatze ist die Somali friedlich und umgänglich. Sie hat eine angenehme Stimme, ist verspielt, beweglich, kurz gesagt: die perfekte Hauskatze.

Das Fell ist dicht, aber nicht flauschig und leicht zu pflegen. Die Halskrause und den Schwanz muß man regelmäßig kämmen; die großen Ohren sollen saubergehalten werden.

OFFIZIELLE PUNKTESKALA

Die rechts aufgeführten Punkte entsprechen dem britischen, die unten dem europäischen Standard.

KOPF: 15 PUNKTE

KÖRPER: 20 PUNKTE

AUGEN: 10 PUNKTE

FELL: 50 PUNKTE
Körperfarbe: 15 Punkte
Bänderung: 10 Punkte
Textur: 10 Punkte
Länge: 15 Punkte

KONDITION: 5 PUNKTE

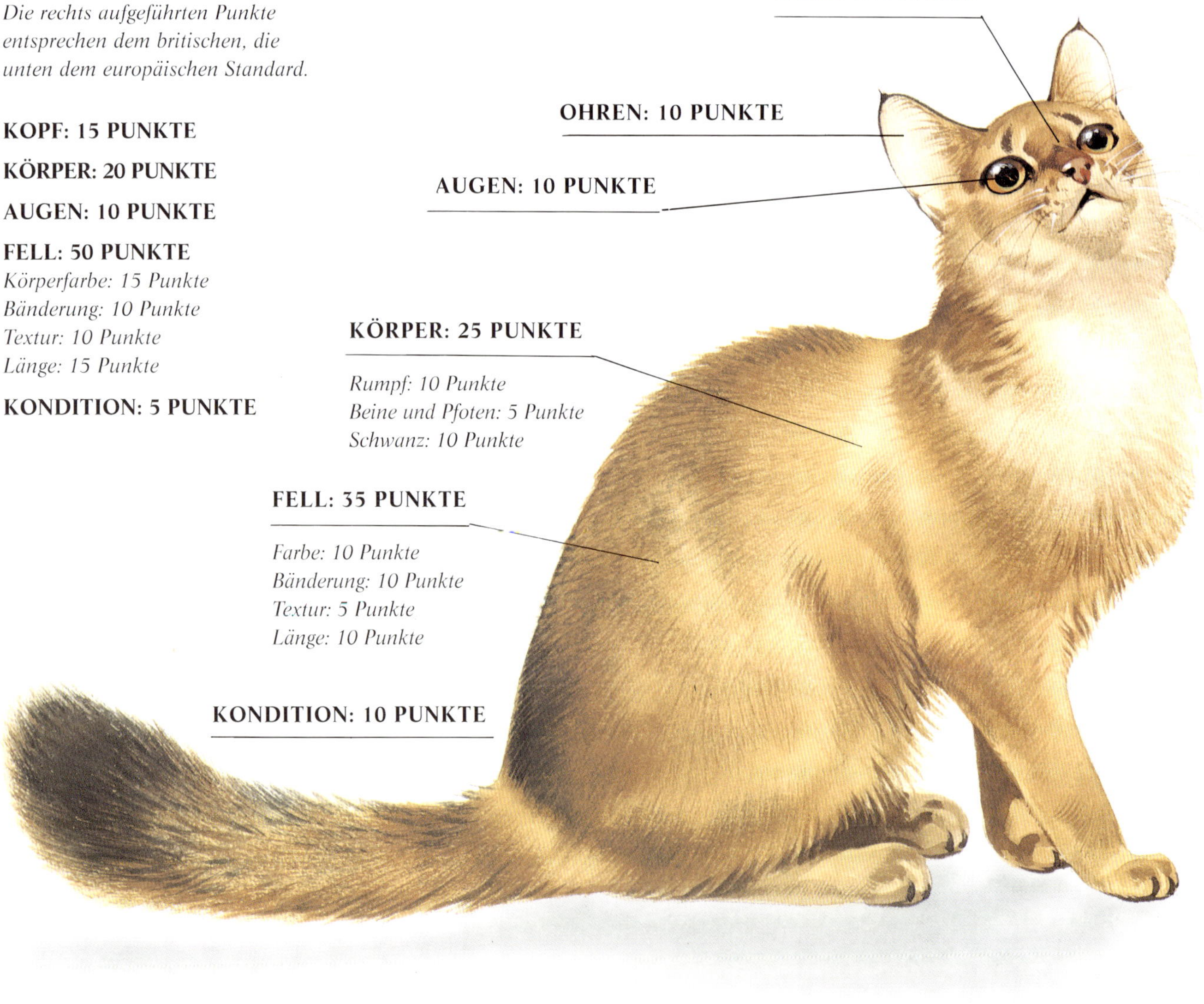

KOPF: 10 PUNKTE

OHREN: 10 PUNKTE

AUGEN: 10 PUNKTE

KÖRPER: 25 PUNKTE

Rumpf: 10 Punkte
Beine und Pfoten: 5 Punkte
Schwanz: 10 Punkte

FELL: 35 PUNKTE

Farbe: 10 Punkte
Bänderung: 10 Punkte
Textur: 5 Punkte
Länge: 10 Punkte

KONDITION: 10 PUNKTE

HAUPTMERKMALE

- **KATEGORIE:** Langhaar

- **KÖRPERBAU:** mittelgroß bis groß

- **FELL:** extrem fein und sehr dicht, mittellang, auf den Schultern etwas kürzer; gut entwickelte Halskrause; »Höschen« sind erwünscht

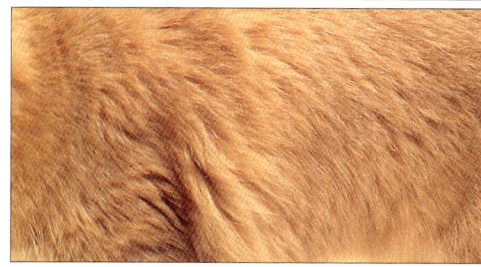

- **KOPF:** keilförmig, mittelgroß, an der Stirn breit, weiche Konturen

- **NASE:** mittellang mit sanft gebogenem Profil (kein Stop!)

- **KINN:** fest und gut entwickelt

- **AUGEN:** groß, mandelförmig und weit auseinanderstehend

- **OHREN:** groß, breit an der Basis, leicht gerundete Spitzen mit Luchspinseln, weit auseinander stehend und wachsam aufgerichtet

- **KÖRPER:** mittellang; kräftiger Knochenbau; geschmeidig und muskulös

- **BEINE:** lang und feingliedrig, gut proportioniert

- **PFOTEN:** klein und oval

- **SCHWANZ:** ziemlich lang und spitz zulaufend, am Ansatz dick und dicht behaart

- **FARBSCHLÄGE:** wie bei der Abessinierkatze (Wildfarben, Blau, Rot bzw. Sorrel, Beige-Fawn, Schwarz, Silber, Blue Silver, Sorrel Silver, Beige Fawn Silver); einige Varietäten werden von manchen Verbänden nicht anerkannt

FEHLER

Als Fehler gelten bei der Somali kalte Grau- oder Sandtöne, Sprenkelung in ungebänderten Arealen, schwarze Haarwurzeln, fehlerhafte Zeichnung, weißes Medaillon oder sonstige weiße Stellen (mit Ausnahme von Kehle, Kinn und Nüstern), falsche Farbe der Pfotenballen oder des Nasenspiegels, außerdem Siam-Abzeichen und peitschenförmiger Schwanz.

NON-SILVER-VARIETÄTEN

WENN AUCH JEDER Katzenzuchtverband eigene Regeln für die Anerkennung neuer Farbschläge hat, wird die Somali von den meisten
Verbänden in den üblichen Abessinier-Varie-
täten geführt. Die Cat Association of Britain
akzeptiert alle Farben, das GCCF jedoch
erkennt vollen Championship-Status nur für
Wildfarben und Sorrel in der Non-Silver-
Gruppe an; für die Farbschläge Blau, Chocolate, Lilac und Fawn in der Non-Silver-Grup-
pe und für Silver-Somali aller Farben gilt der-
zeit ein vorläufiger Championship-Status.

LILAC WILDFARBEN Das Fell ist leuchtend goldbraun mit schwarzer Bänderung.
Diese Varietät hat eine schwarze Schwanzspitze; Nasenspiegel ziegelrot. Ohrenspitzen
dunkelbraun bis schwarz, auch die Pfotenballen, Fußunterseiten und Zehenbüschel.
BLAU Erlaubt ist jeder Blauton mit Bänderung in dunklerem Blau; Unterfell cremefarben. Ohr- und Schwanzspitzen sind in der
Farbe der Bänderung getippt. Der Nasenspiegel ist blau-malvenfarben, die gleichfarbigen
Pfotenballen sind zwischen den Zehen und

SOMALI BLAU
*Dieser Farbschlag
erlaubt jedes blaue
Ticking auf creme-
farbenem Grund.
Dazu kommt ein
interessant malven-
rosa gefärbter
Nasenspiegel.*

**SOMALI
WILDFARBEN**
*Die amerikanische
Bezeichnung »Ruddy«
erfaßt die Wirkung
dieses Farbschlags:
Das schwarze Ticking
des apricotfarbenen
Fells läßt die Katze
insgesamt rötlich
schimmern.*

SOMALI CHOCOLATE

Somali-Jungtiere reifen nur langsam, sowohl im Hinblick auf ihre Größe als auch auf die Ausbildung des Ticking.

bis zur Ferse hinauf dunkler. Die Zehenbüschel sind dunkelblau.

CHOCOLATE Das tiefgoldene, kupferbraune Fell hat eine dunkelbraune Bänderung, das Unterfell ist heller. Ohren- und Schwanzspitze im selben Ton wie Bänderung. Der Nasenspiegel weist ein rosiges Chocolate auf. Die Pfotenballen sind chocolate, zwischen den Zehen und bis zur Ferse hinauf in einer dunkleren Nuance.

LILAC Das rosig-taubengraue Fell hat eine Bänderung in einem dunkleren Ton derselben Farbe. Ohren und Schwanz weisen Spitzen in derselben Farbe wie das Ticking auf. Nasenspiegel rosig-malvenfarben; die Pfotenballen in derselben Farbe sind zwischen den Zehen und an den Hinterläufen dunkel taubengrau. Diese farbe haben auch die Zehenbüschel.

SORREL Das warm leuchtende Kupferrot wird hervorgerufen durch eine chocolatefarbene Bänderung eines Unterfell in kräftigem Apricot. Ohren und Schwanz haben Spitzen in Chocolate. Nasenspiegel und Pfotenballen sind rosa, die Zehenzwischenräume, -büschel und Hinterläufe chocolate.

FAWN Das rehbraune Fell ist in einem dunkleren Rehbraun gebändert, Unterfell heller. Ohren- und Schwanzspitzen wie Bänderung gefärbt. Der Nasenspiegel ist rosa, die rosig-malvenfarbenen Pfotenballen sind zwischen den Zehen und an den Hinterläufen dunkel rehbraun, die Zehenbüschel ebenso.

SOMALI FAWN

Fawn ist eine Verdünnung der Farbe Sorrel (Rot). Die rehbraunen Tiere wirken, als hätte man ihr warm lohfarbenes, in einer dunkleren Nuance gebändertes Fell mit feinem Puder überstäubt. Hier ein Jungtier.

171

SOMALI-SILVER-VARIETÄTEN

EINE GELBLICHE FARBWIRKUNG am Körper, »Fawning« genannt, ist bei den Silber-Varietäten der Somali unerwünscht. Meist kommt sie beim Farbschlag Silber-Wildfarben und bei den Blau-Silber-Varietäten vor, insbesondere an Gesicht und Pfoten.

SILBER WILDFARBEN Unterfell ist weiß, schwarz gebändert; Schwanz- und Ohrspitzen schwarz. Nasenspiegel hell ziegelrot. Die Pfotenballen sind braun, zwischen den Zehen, wie Zehenbüschel, und bis zur Ferse schwarz.

BLUE SILVER Die blaue Bänderung des weißen Unterfells läßt diese Varietät silbergrau schimmern. Schwanz- und Ohrenspitzen sind blau, der Nasenspiegel ist blau-malvenfarben. Die blau-malvenfarbenen Pfotenballen sind zwischen den Zehen und an den Hinterläufen blau, ebenso die Zehenbüschel.

SILBER WILDFARBEN
Durch das schwarze Ticking des weißen Unterfells wirkt die Katze insgesamt silbrig.

RED SILVER
Dieser auch als »Silver Sorrel« bezeichnete Farbschlag hat schimmerndes Fell mit silbrigem Pfirsichton. Die Bänderung selbst hat den Ton von mittlerem Chocolate.

CHOCOLATE SILVER Das weiße Unterfell ist in dunklem Schokoladenbraun gebändert. So entsteht insgesamt der Eindruck eines silbrigen Chocolate. Der Nasenspiegel ist rosig-chocolate, Ohren und Schwanz haben Spitzen in dunklem Chocolate. Die Pfotenballen sind chocolate, zwischen den Zehen und bis zur Ferse etwas dunkler. Die Zehenbüschel sind ebenfalls dunkel-chocolate.

LILAC SILVER Unterfell weiß, mit Taubengrau gebändert, insgesamt glänzend taubengrau. Nasenspiegel rosig-malvenfarben, ebenso die Pfotenballen, die zwischen den Zehen taubengrau sind. Auch die Zehenbüschel und Hinterläufe sind taubengrau.

SORREL SILVER Der silbrig schimmernde Pfirsichton entsteht durch eine chocolatefarbene Bänderung eines weißen Unterfells. Schwanz- und Ohrenspitzen sind chocolate, der Nasenspiegel rosa. Die rosafarbenen Pfotenballen sind zwischen den Zehen bis hinauf zu den Hinterläufen schokoladenbraun. Die Zehenbüschel sind dunkel-chocolate.

FAWN SILVER Hier ist das weiße Unterfell rehbraun gebändert; das ergibt insgesamt ein glänzend-silbriges Fawn. Schwanz- und Ohrenspitzen sind rehbraun. Der Nasenspiegel ist rosa. Die rosig-malvenfarbenen Pfotenballen sind zwischen den Zehen rehbraun, ebenso die Hinterläufe und Zehenbüschel.

BLUE SILVER
Auch dieser Silber-Farbschlag wirkt exquisit. Das weiße Unterfell ist mit Blau gebändert, die Katze wirkt silbrig-blaugrau. Wie bei allen Somali-Varietäten weisen Ohren- und Schwanzspitze dieselbe Farbe wie das Ticking auf.

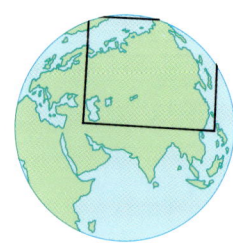

RUSSISCH BLAU

DIE AUSGESPROCHEN HÜBSCHE, auffällige Russisch Blau ist eine natürliche Rasse, bei der Statur, Farbe und Fellstruktur in einer einzigartigen Kombination auftreten, die diese Tiere zu echten Katzenpersönlichkeiten macht.

Die ersten Russisch Blau sollen aus dem russischen Weißmeerhafen Archangelsk auf Handelsschiffen nach England gelangt sein. Die Katzen, die im späten 19. Jahrhundert in England häufig bei Ausstellungen vertreten waren, unterschieden sich von den heutigen Russisch Blau durch ihre leuchtend orangefarbenen Augen. Die Rasse wurde unter einer ganzen Reihe von Namen geführt, darunter Spanische, Archangelsk- und Malteser-Katze. Bei den ersten Ausstellungen wurden alle blauen Kurzhaarkatzen unabhängig vom Typus in einer Klasse gerichtet, erst 1912 schuf man für die Russisch Blau eine eigene Klasse. Im Zweiten Weltkrieg wäre die Rasse fast ausgestorben und konnte nur durch Einkreuzen von Siamkatzen gerettet werden. Züchter taten sich zusammen, um die vor dem Krieg vorhandenen Rassemerkmale wiederzubeleben. 1966 wurde der Ausstellungsstandard dahingehend geändert, daß der Siamtypus bei der Russisch

OFFIZIELLE PUNKTESKALA

Die rechts aufgeführten Punkte entsprechen dem britischen, die unten dem US-Standard.

KOPF und HALS:
20 PUNKTE
Augen: 15 Punkte
Form: 5 Punkte
Farbe: 10 Punkte
Ohren: 5 Punkte

KÖRPERTYP:
20 PUNKTE

FELL: 20 PUNKTE

FARBE: 20 PUNKTE

KÖRPER, SCHWANZ,
BEINE: 20 PUNKTE

FELL: 30 PUNKTE

FARBE: 15 PUNKTE

KOPF und OHREN:
20 PUNKTE

AUGEN: 15 PUNKTE

FEHLER

Weiß, Tabbyzeichnung, Knickschwanz oder sonstige Anomalien des Schwanzes.

Blau nunmehr unerwünscht ist. In den USA sind Malteser oder Russisch Blau schon seit 1900 registriert, doch erst 1947 begann die Zucht. Bis heute ist die Rasse bei Ausstellungen weltweit nur selten anzutreffen.

Charakter und Pflege

Die Russisch Blau ist eine sehr ausgeglichene Katze und hat eine angenehm leise Stimme. Sie mag es nicht, wenn man sie längere Zeit allein läßt, und braucht einen Gefährten – Mensch oder Haustier.

Das kurze, dicke Doppelfell muß regelmäßig gekämmt werden. Man kann es in beide Richtungen streichen, ohne daß die blaugraue Haut sichtbar wird. Die spärlich behaarten Ohren müssen saubergehalten werden.

HAUPTMERKMALE
● **KATEGORIE:** Kurzhaar
● **KÖRPERBAU:** mittelgroß, geschmeidig und muskulös
● **FELL:** kurz, fein und plüschig; wegen seiner Dichte steht es vom Körper ab
● **FARBSCHLÄGE:** ausschließlich klares, gleichmäßiges Blau (Verbände in Australien und Neuseeland erkennen auch Russisch Schwarz und Russisch Weiß an); Leithaare mit silbernen Spitzen; hellere Blautöne werden in den USA bevorzugt, in Großbritannien Mittelblau; Nasenspiegel schiefergrau, die Pfotenballen sind lavendelrosa oder malvenfarben, die Augen sind leuchtend grün
● **WEITERE MERKMALE:** keilförmiger Kopf mit flachem Schädel, in Augenhöhe breit; mittellange Nase, gerades Kinn; Ohren am Ansatz breit, spärlich behaart; in den USA sollen die Ohren weit auseinanderstehen, in Großbritannien müssen sie höher liegen; weit auseinander stehende, leuchtend grüne Augen (USA: rund; GB: mandelförmig); feingliedriger, langgestreckter, muskulöser Körper mit langen, schlanken Beinen und kleinen Pfoten; lang und spitz zulaufender Schwanz

RUSSISCH BLAU
Eine Rasse mit wechselvoller Geschichte. Der Standard entwickelte sich dies- und jenseits des Atlantik unterschiedlich.

175

KORAT

Diese ursprünglich aus Thailand stammende Rasse heißt in ihrer Heimat »Si-Sawat«, eine Anspielung auf ihr silbergraues Fell und auf die leuchtend hellgrünen Augen. Das Buch der Katzengedichte aus dem 13. Jahrhundert (Nationalbibliothek Bangkok) beschreibt sie wie folgt: »Die Katze Mal-ed hat einen Körper wie Doklao, die Haare sind glatt mit Wurzeln wie Wolken und Spitzen wie Silber, die Augen glitzern wie Tautropfen auf einem Lotusblatt.« Mal-ed ist der Samen des Look Sawat, einer silbergrauen Frucht mit kleinen grünen Sprenkeln. Dok ist eine Blume, lao eine Pflanze, deren Blätter silberne Spitzen aufweisen. Die Si-Sawat gilt noch heute in Thailand als Glücksbringerin, und ein Pärchen dieser Katzen wird traditionell als Hochzeitsgeschenk überreicht.

Als man Koratkatzen 1896 zum ersten Mal in London ausstellte, wurden sie als Siamkatzen ohne die erwünschte rehbraune Fellfarbe, dunklen Abzeichen und blauen Augen disqualifiziert. 1959 gelangten Korat nach Amerika, wo sie 1966 anerkannt wurden. Katzenzuchtverbände in Südafrika und Australien akzeptierten die Rasse 1969, während das britische GCCF noch bis 1975 brauchte, bevor es die Rasse anerkannte, jedoch ohne Championtitel. 1983 erhielt die Korat vollen Status bei der Cat Association of Britain, und Großbritanniens erster Champion wurde von Richtern aus England, Belgien und Australien gekürt.

Charakter und Pflege

Die Korat ist eine zierliche kleine Katze mit leiser Stimme. Sie ist in der Regel aufmerksam, neugierig und zutraulich.

Zur Pflege des kurzen, dichten Fells reicht es, die Katze einmal wöchentlich zu bürsten und mit einem Seidentuch abzureiben.

OFFIZIELLE PUNKTESKALA

Die aufgeführten Punkte entsprechen dem britischen Standard.

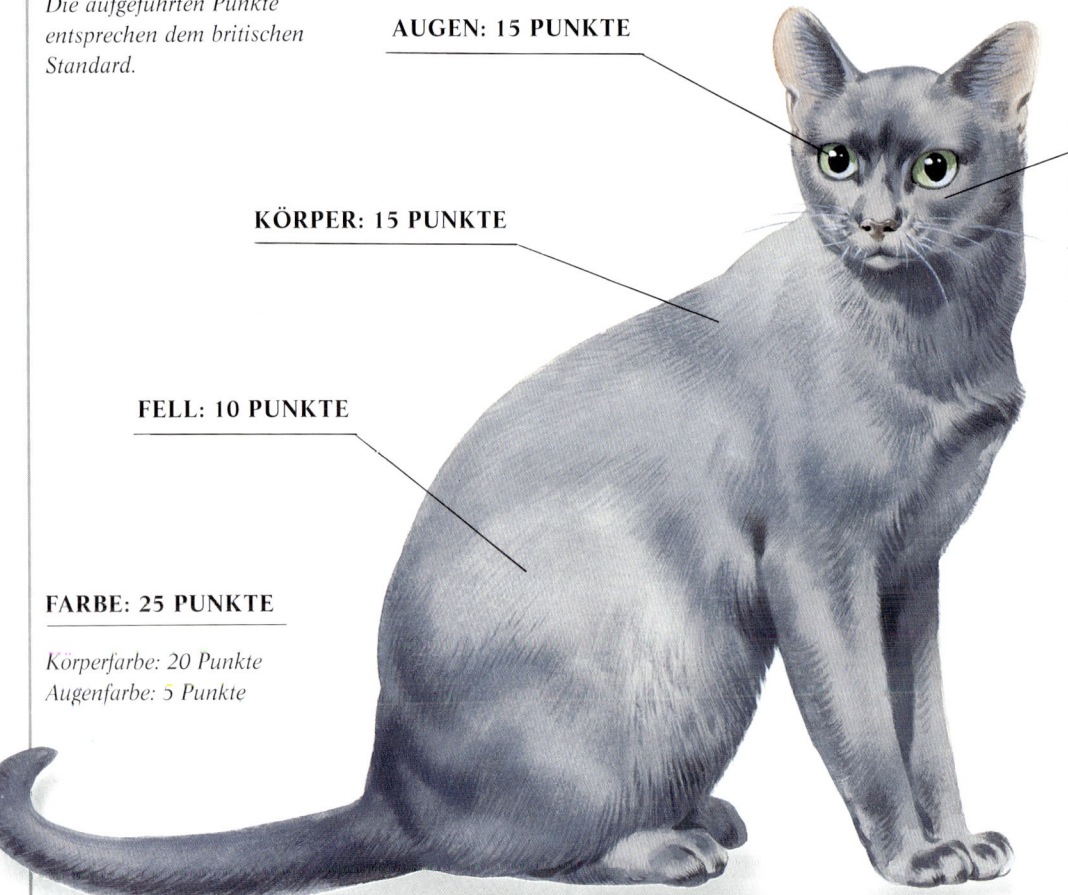

AUGEN: 15 PUNKTE

KOPF: 20 PUNKTE

Breiter Kopf: 5 Punkte
Profil: 6 Punkte
Augenabstand: 4 Punkte
Ohrenansatz, -plazierung:
5 Punkte

KÖRPER: 15 PUNKTE

FELL: 10 PUNKTE

FARBE: 25 PUNKTE

Körperfarbe: 20 Punkte
Augenfarbe: 5 Punkte

FEHLER

Alle anderen Farben als Silberblau, Knickschwanz, weiße Flecken oder Medaillon. Jungtiere erhalten keinen Punktabzug für falsche Augenfarbe.

HAUPTMERKMALE

- **KATEGORIE:** Kurzhaar

- **KÖRPERBAU:** klein bis mittelgroß

- **FELL:** kurz bis mittellang, fein strukturiert und glänzend

- **FARBSCHLÄGE:** ausschließlich Silberblau mit silbernem Tipping; Nasenspiegel und Lippen dunkelblau oder lavendelfarben, die Pfotenballen ebenso (mit rosigem Hauch). Als Augenfarbe wird leuchtendes Grün bevorzugt, Bernstein akzeptiert

- **WEITERE MERKMALE:** herzförmiger Kopf mit großen, hoch stehenden Ohren mit abgerundeter Spitze; im Profil leichter Break, festes Kinn, insgesamt einem Löwenkopf ähnlich; relativ große, strahlende Augen, haben geschlossen einen asiatischen Schnitt; muskulöser, geschmeidiger Körper, zwischen Kurzhaar- und Siamtypus angesiedelt; Kätzinnen etwas graziler; gut proportionierte Beine mit glatten ovalen Pfoten; mittellanger, am Ansatz breiter, abgerundeter Schwanz

PROFIL
Die Koratkatze hat stets blaues, sehr feines Kurzhaarfell. Von ihrer Statur her ist diese ruhige Katze zierlich und klein.

KORAT
Die Koratkatze ist eine natürliche Rasse, die in ihrer Heimat Thailand noch heute als Glücksbringer gilt und Brautpaaren geschenkt wird.

HAVANA BROWN

Diese reine Zuchtrasse entstand, als britische Züchter in den 50er Jahren an einer Kreuzung zwischen Russisch Blau und Kurzhaar arbeiteten und gelegentlich schokoladenbraune Junge geboren wurden. Bald stellte sich heraus, daß nur dann schokoladenbrauner Nachwuchs zustande kam, wenn beide Eltern den Chocolate-Faktor aufwiesen. Wenn man zwei braune Exemplare paarte, erhielt man stets schokoladenbraune Jungtiere.

Die Katzen aus diesen frühen Kreuzungen wurden in Großbritannien als »Chestnut Brown Foreign Shorthair« geführt und mit Siam gekreuzt, um den orientalischen Typ zu festigen. Einige Exemplare gelangten in die USA, wo man mit ihnen eine neue Rasse gründete, die heute als Havana Brown einen eigenen Standard aufweist.

Charakter und Pflege
Die Rasse ist intelligent und sehr lebhaft. Die Stimme ist weniger durchdringend als bei der Siam. Die Havana ist verspielt und liebt menschliche Gesellschaft.

Das Fell ist pflegeleicht. Kämmen entfernt lose Haare. Wenn man das Tier mit der Hand oder einem Seidentuch abreibt, erhält das glänzende Braun einen schönen Schimmer.

OFFIZIELLE PUNKTESKALA

Die aufgeführten Punkte entsprechen dem US-Standard.

KOPF: 25 PUNKTE

AUGEN: 5 PUNKTE

FELL: 10 PUNKTE

KÖRPER und HALS: 15 PUNKTE

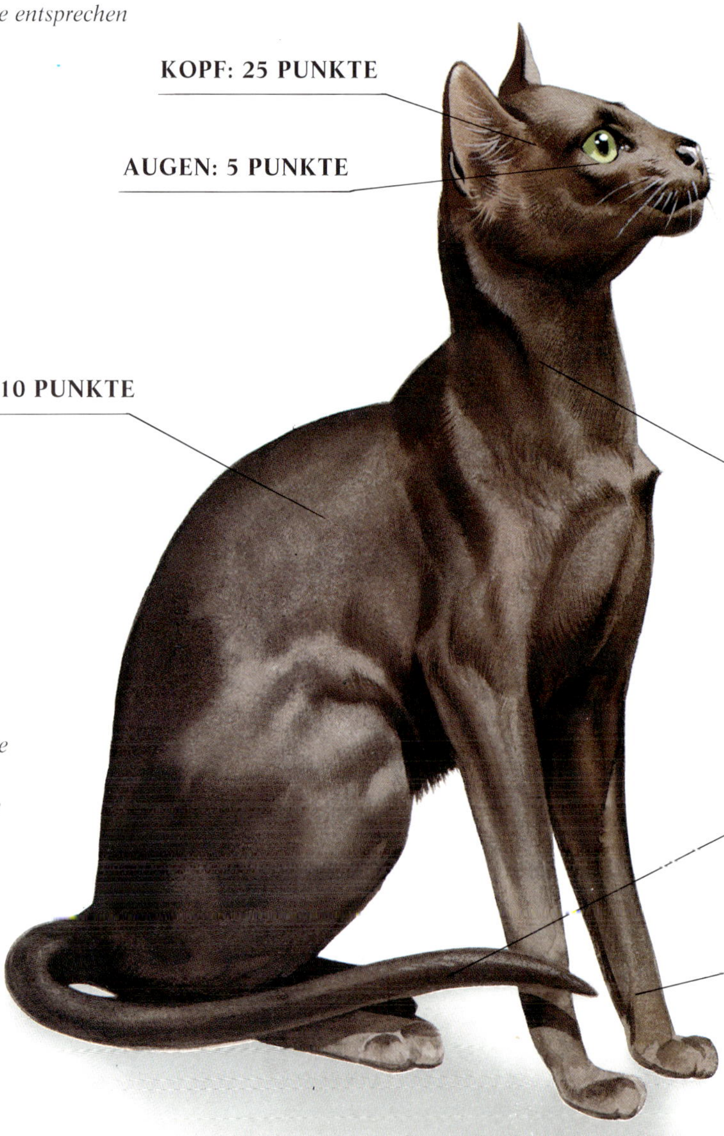

FARBE: 35 PUNKTE

*Fellfarbe, Pfotenballen,
Nasenspiegel: 25 Punkte
Augen: 5 Punkte
Schnurrhaare: 5 Punkte*

SCHWANZ: 5 PUNKTE

BEINE und PFOTEN: 5 PUNKTE

FEHLER

Falsche Farbe von Nasenspiegel, Pfotenballen oder Augen, Knickschwanz, weißes Medaillon oder »Buttons«.

HAVANA BROWN

*Die in den USA aus-
gestellte Havana
Brown stammt ab von
der aus Großbritan-
nien importierten
Chestnut Brown
Foreign Shorthair. Die
ausgefallene Rasse
ähnelt nur wenig der
Havana bzw. Oriental
Chocolate, wie man
sie in Europa und
Großbritannien
kennt.*

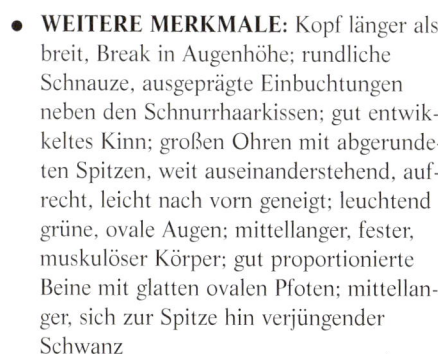

HAUPTMERKMALE

- **KATEGORIE:** Kurzhaar

- **KÖRPERBAU:** mittelgroß, muskulös

- **FELL:** kurz bis mittellang, glatt und schimmernd

- **FARBSCHLÄGE:** gleichmäßig durchgefärbtes Braun; bei Jungtieren werden
  Tabby-Geisterzeichnungen toleriert; brauner Nasenspiegel mit rosigem Hauch; rosa-
  farbene Ballen; leuchtend grüne Augen

- **WEITERE MERKMALE:** Kopf länger als
  breit, Break in Augenhöhe; rundliche
  Schnauze, ausgeprägte Einbuchtungen
  neben den Schnurrhaarkissen; gut entwik-
  keltes Kinn; großen Ohren mit abgerundeten Spitzen, weit auseinanderstehend, aufrecht, leicht nach vorn geneigt; leuchtend
  grüne, ovale Augen; mittellanger, fester,
  muskulöser Körper; gut proportionierte
  Beine mit glatten ovalen Pfoten; mittellanger, sich zur Spitze hin verjüngender
  Schwanz

HAVANA BROWN

*Große, aufmerksam
gespitzte Ohren und
lebhaft grüne, schräg
geschnittene Augen
geben dem Gesicht
der Havana Brown
seinen typischen
pfiffigen Ausdruck.
Das glatte, schim-
mernde Fell ist in
einem warmen Braun
gleichmäßig gefärbt.*

179

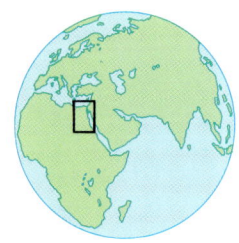

EGYPTIAN MAU

Diese Rasse darf nicht mit den Egyptian Mau verwechselt werden, die in den 60er Jahren in Großbritannien gezüchtet wurden und jetzt »Oriental Tabbys« heißen. Die Egyptian Mau wurde in den USA gezüchtet, mit Tieren, die 1953 aus Ägypten gekommen waren. Mau sind getupft und ähneln den auf altägyptischen Wandmalereien abgebildeten Katzen. Die offizielle Anerkennung durch die CFF erfolgte 1968, die der CFA 1977.

Charakter und Pflege

Die Mau ist eine recht scheue, dabei aber sehr zärtliche Katze. Meist schenkt sie ihre Zuneigung nur ein oder zwei Menschen. Sie ist recht aktiv und lernt unter Umständen sogar das eine oder andere Kunststück.

Das kurze Haarkleid benötigt nur gelegentliches Kämmen, damit lose Haare entfernt werden.

OFFIZIELLE PUNKTESKALA

Die aufgeführten Punkte entsprechen dem US-Standard.

KOPF: 20 PUNKTE

Schnauze: 5 Punkte
Schädel: 5 Punkte
Ohren: 5 Punkte
Augenform: 5 Punkte

FELL: 5 PUNKTE

Textur, Länge: 5 Punkte

**ZEICHNUNG:
25 PUNKTE**

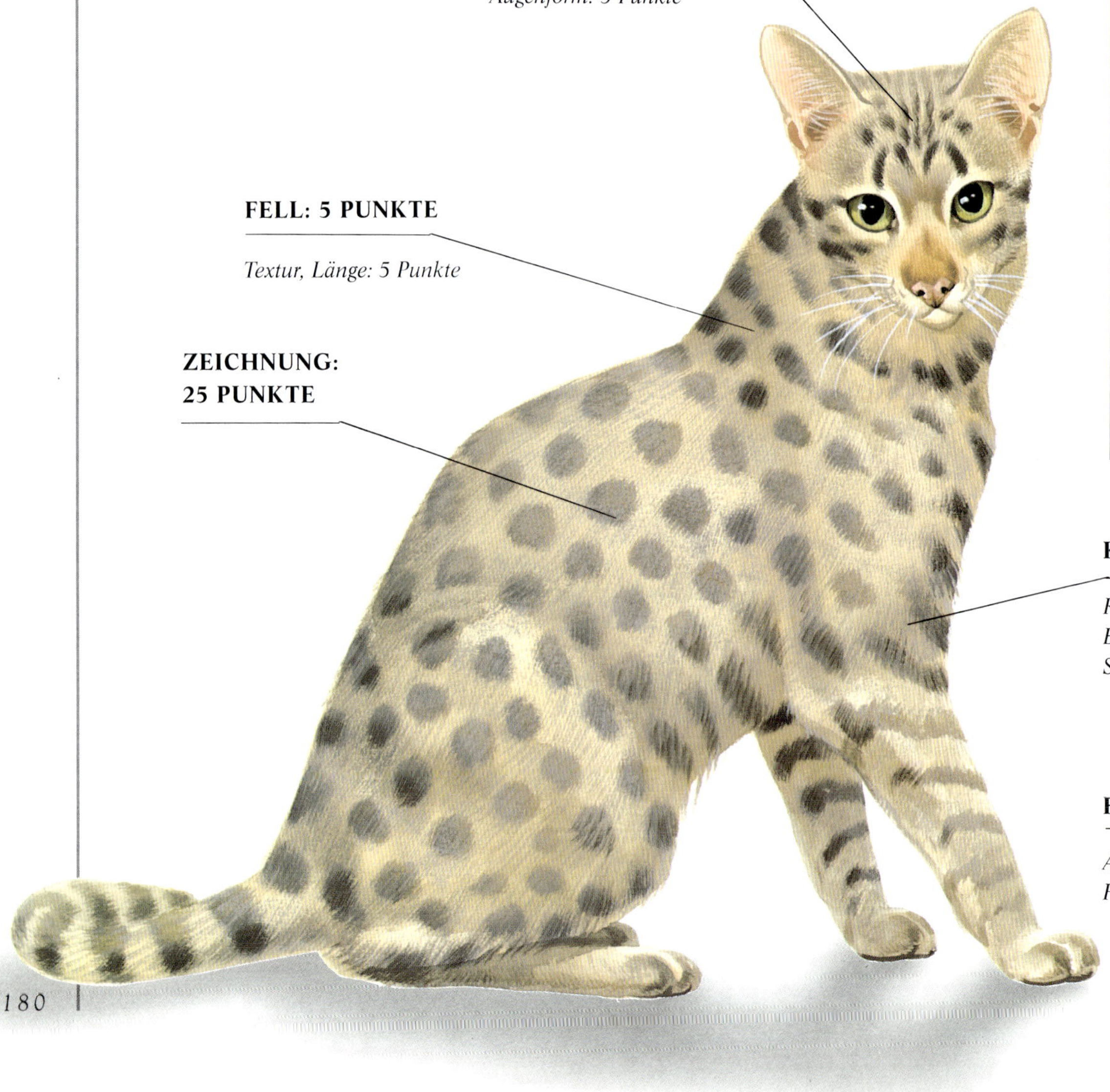

FEHLER

Kurzer oder runder Kopf, spitze Schnauze, kleine, runde oder orientalische Augen, dicker oder orientalischer Körper, kurzer oder peitschenförmiger Schwanz, schlechte Mau-Zeichnung, schlechte Kondition, Bernstein in den Augen älterer Tiere.

DISQUALIFIKATION
- Fehlen der Tupfen
- blaue Augen
- Knickschwanz oder Anomalien

KÖRPER: 25 PUNKTE

Rumpf: 10 Punkte
Beine und Füße: 10 Punkte
Schwanz: 5 Punkte

FARBE: 25 PUNKTE

Augenfarbe: 10 Punkte
Fellfarbe: 15 Punkte

MAU SILBER
Die silberne Egyptian Mau hat eine klare, anthrazitgraue Zeichnung auf blaß-silberner Grundfarbe. Die stachelbeergrünen Augen vervollständigen das recht exotische Gesamtbild.

MAU BRONZE
Die bronzefarbene Mau sieht den alt-ägyptischen Katzen vermutlich am ähnlichsten. Die dunkelbraune Zeichnung hebt sich kontrastreich vom hellen Bronzeton des Unterfells ab.

MAU SMOKE
Die ungewohnliche schwarze Zeichnung auf anthrazitgrauer Grundfarbe läßt das Fell dieser Katze bei fast jeder Bewegung wie changierende Seide schillern.

HAUPTMERKMALE

- **KATEGORIE:** Kurzhaar

- **KÖRPERBAU:** mittelgroß, langgestreckt und grazil, kräftige Muskulatur

- **FELL:** seidig-feines Haarkleid, dicht, elastisch und stark glänzend; mittellange Haare mit zwei- oder dreifacher Bänderung

- **FARBSCHLÄGE:** *Silber:* Sich deutlich absetzende, anthrazitgraue Zeichnung auf hellsilberner Grundfarbe. Ohrenrückseiten graurosa mit schwarzen Spitzen. Nase, Lippen und Augen schwarz umrandet. Kehle, Kinn und Nüsterngegend hell silbern, fast weiß. Nasenspiegel ziegelrot, Pfotenballen schwarz. Die Augen dieser Varietät weisen ein helles Stachelbeergrün auf. *Bronze:* Die hellbronzene Grundfarbe wird an der Unterseite von cremefarbenem Elfenbein abgelöst. Die Zeichnungen sind dunkelbraun. Die Rückseiten der Ohren sind goldbraun bis rosa mit dunkelbraunen Spitzen; Nase, Lippen und Augen dunkelbraun umrandet, der Nasensattel ist ocker. Kehle, Kinn und Umgebung der Nüstern sind blaß-cremeweiß. Der Nasenspiegel ist ziegelrot, die Pfotenballen sind schwarz oder dunkelbraun. *Smoke:* Auf der anthrazitgrauen Grundfarbe mit silberner Unterwolle befinden sich klar erkennbare schwarze Zeichnungen. Nase, Lippen und Augen sind schwarz umrandet. Kehle, Kinn und Nüsterngegend sind am hellsten. Nasenspiegel und Pfotenballen sind schwarz.

- **WEITERE MERKMALE:** leicht abgerundeter, keilförmiger Kopf, mittellang; weder stumpfe noch spitze Schnauze; mittel- bis große Ohren, aufgerichtet, spitz zulaufend; zartrosa Ohrmuscheln; Ohrbüschel akzeptiert; gut proportionierte Beine, Hinterbeine etwas höher; kleine, leicht ovale Pfoten; mittellanger, am Ansatz dicker Schwanz

OCICAT

Eine aus einer experimentellen Kreuzung von Abessiniern und Siamesen (mit Abzeichen) hervorgegangene Kätzin wurde mit einem Chocolate-Point-Siamkater gepaart. In diesem Wurf tauchte das erste Exemplar dieser Rasse auf. Das Jungtier wirkte auf seine Besitzerin wie ein kleiner Ozelot. Sie beschloß, solche Katzen zu züchten, und die daraus entstandene eigene Rasse wurde als Ocicat anerkannt.

Neben Ocicats selbst sind im Stammbaum Einkreuzungen von Abessiniern, American Shorthair und Siam zulässig. Die Ocicat ist eine relativ große, gut proportionierte, muskulöse, agile Katze mit typischem Wildkatzen-Aussehen. Auffällig sind das helle Tupfenmuster und die strahlend goldenen Augen.

Charakter und Pflege

Ocicats sind zärtlich und friedfertig, aber auch neugierig und verspielt. Sie eignen sich gut als Hauskatzen. Ihr Fell ist leicht zu pflegen; regelmäßiges Bürsten genügt.

TYPISCHE OCICAT
Mit Ausnahme der Schwanzspitze sind alle Haare gebändert. Innerhalb einer Zeichnung ist jedes Haar mit einer dunkleren Spitzenfärbung versehen. Der Gesamteindruck ist der einer kleinen, getupften Wildkatze.

OFFIZIELLE PUNKTESKALA

Die aufgeführten Punkte entsprechen dem europäischen Standard.

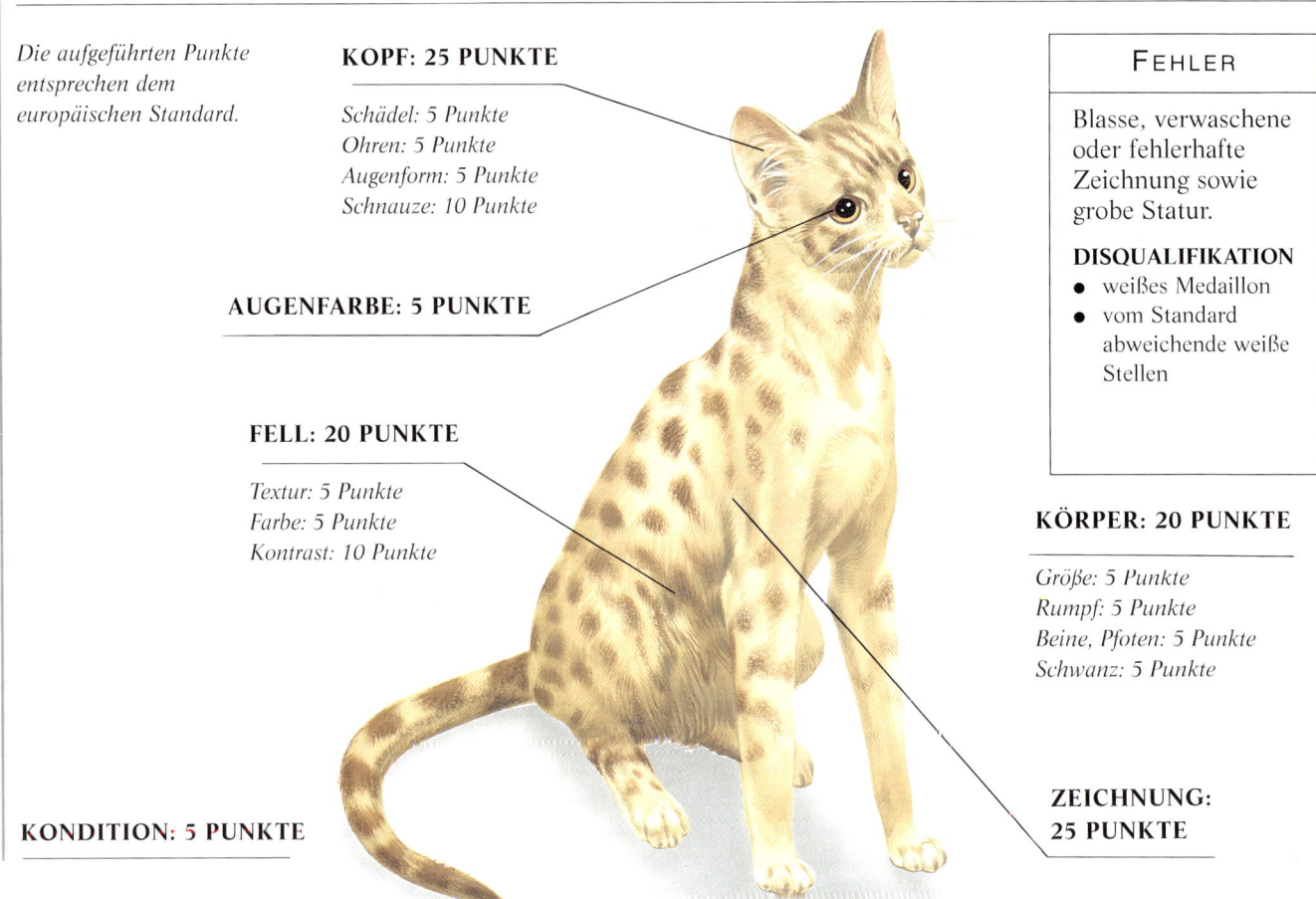

KOPF: 25 PUNKTE

Schädel: 5 Punkte
Ohren: 5 Punkte
Augenform: 5 Punkte
Schnauze: 10 Punkte

AUGENFARBE: 5 PUNKTE

FELL: 20 PUNKTE

Textur: 5 Punkte
Farbe: 5 Punkte
Kontrast: 10 Punkte

FEHLER

Blasse, verwaschene oder fehlerhafte Zeichnung sowie grobe Statur.

DISQUALIFIKATION
- weißes Medaillon
- vom Standard abweichende weiße Stellen

KÖRPER: 20 PUNKTE

Größe: 5 Punkte
Rumpf: 5 Punkte
Beine, Pfoten: 5 Punkte
Schwanz: 5 Punkte

ZEICHNUNG: 25 PUNKTE

KONDITION: 5 PUNKTE

CHOCOLATE SILVER

Diese Varietät zeigt eine schokoladenbraune Tabbyzeichnung auf reinsilbernem Unterfell.

- **KATEGORIE:** Kurzhaar

- **KÖRPERBAU:** mittelgroß bis groß, athletisch gebaut

- **FELL:** kurz und glatt, satinartig glänzend
  Ticking Die Haare sind, außer an der Schwanzspitze, gebändert. Innerhalb der Zeichnung weisen die Haare ein dunkleres Tipping auf als die Haare der Grundfarbe.
  Zeichnungen Die Zeichnungen müssen aus jedem Blickwinkel deutlich zutage treten. An Gesicht, Beinen und Schwanz dürfen sie dunkler sein als am Körper. Die Grundfarbe darf am Rücken dunkler und an Unterseite, Kinn und Unterkiefer heller sein.
  Muster Das Muster ist getupft. Die Rasse wird geschätzt wegen ihrer kraftvollen und zugleich anmutigen Wildkatzen-Wirkung.

- **FARBSCHLÄGE:** Black Spotted, Blue Spotted, Chocolate Spotted, Lavender Spotted, Cinnamon Spotted, Fawn Spotted; Black Silver Spotted, Blue Silver Spotted, Chocolate Silver Spotted, Lavender Silver Spotted, Cinnamon Silver Spotted, Fawn Silver Spotted. Alle Farben rein. Die hellste Tönung ist im Gesicht (um Augen und an Kinn und Unterkiefer), die dunkelste an der Schwanzspitze

- **WEITERE MERKMALE:** modifizierter keilförmiger Kopf; breite Schnauze; kräftiges Kinn; wachsam aufgestellte, mäßig große Ohren, mit Ohrbüscheln, weit auseinandergesetzt; große, Mandelaugen; langer, athletischer Körper mit gut entwickelter Muskulatur; mittellange Beine; ovale Pfoten; langer, leicht spitzer Schwanz

BLUE SPOTTED

Die Zeichnung an Gesicht, Beinen und Schwanz darf dunkler sein als am Körper, auch eine dunklere Grundfarbe am Rücken wird toleriert.

BLACK SILVER

Ein typgerechtes Jungtier mit schönem, klar getupftem Muster und korrekter Kopfzeichnung.

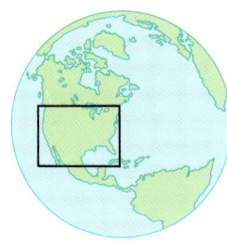

BENGALKATZE

Die ersten Bengalkatzen wurden, ausgehend von Kreuzungen von (ursprünglich wilden) asiatischen Leoparden- und Hauskatzen, in den Vereinigten Staaten gezüchtet. Offenbar hat sich dabei die Selbstsicherheit der Leopardenkatze mit der Zutraulichkeit der Hauskatze zu einem Mini-Leoparden von liebenswertem Naturell verbunden. Bengalkatzen sollen der ersten Generation möglichst ähnlich sehen, ohne daß man sie für eine echte Leopardenkatze halten könnte. Die Textur des Fells ist ganz außergewöhnlich, es fühlt sich an wie Satin oder Seide und glitzert, als hätte man Goldpuder darübergestäubt.

Die gurrenden, zirpenden Laute der Bengalkatzen haben wenig Ähnlichkeit mit gewöhnlichem Miauen und unterstreichen ihre Wildkatzen-Wirkung.

Charakter und Pflege

Die Bengalkatze ist ebenso selbstbewußt wie ihre »wilden« Vorfahren, sie hat aber darüber hinaus ein zutraulichem Naturell entwickelt.

Das dicke, prächtige Fell läßt sich mit ausgewogener Kost und regelmäßigem Bürsten gut in Schuß halten.

OFFIZIELLE PUNKTESKALA

Die aufgeführten Punkte entsprechen dem US-Standard.

FELL: 45 PUNKTE

Textur: 10 Punkte
Farbe: 10 Punkte
Zeichnung: 25 Punkte

KOPF: 20 PUNKTE

Form: 10 Punkte
Ohren: 5 Punkte
Augenform und -farbe:
5 Punkte

KÖRPER: 35 PUNKTE

Rumpf: 20 Punkte
Beine und Pfoten: 10 Punkte
Schwanz: 5 Punkte

HAUPTMERKMALE

- **KATEGORIE:** Kurzhaar (Foreign Shorthair)

- **KÖRPERBAU:** groß, stämmig und muskulös

- **FELL:** kurz bis mittellang, dicht, üppig und ausnehmend weich

- **KOPF:** breit, mittlere Keilform mit abgerundeten Ecken, relativ klein; im Profil eine leichte Biegung von der Stirn zum Nasensattel; vorstehende Brauen

- **NASE:** groß, breit, mit gepolstertem Nasenspiegel; breite, volle Schnauze mit ausgeprägten Schnurrhaarkissen

- **KINN:** kräftig

- **AUGEN:** oval oder leicht mandelförmig, groß, aber nicht vortretend, leicht schräg zum Ohr hin

- **OHREN:** mittelgroß bis klein, relativ kurz mit breitem Ansatz und gerundeten Spitzen; möglichst hoch, doch seitlich am Kopf angesetzt, im Profil nach vorn zeigend

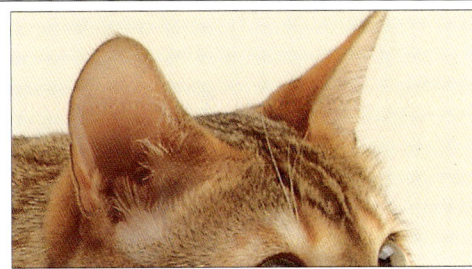

- **KÖRPER:** groß und stämmig mit breitem Brustkasten; sehr muskulös, jedoch lang und schlank; Hinterhand steht etwas höher

- **BEINE:** mittellang, stark und muskulös

- **PFOTEN:** groß und rund

- **SCHWANZ:** mittellang, dick und gleichförmig, mit runder Spitze

- **FARBSCHLÄGE:** Leopardentupfen oder marmorierte Zeichnung als Brown Tabby sowie Blue-Eyed Snow, Brown Snow und Blue

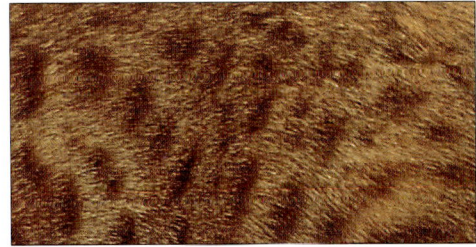

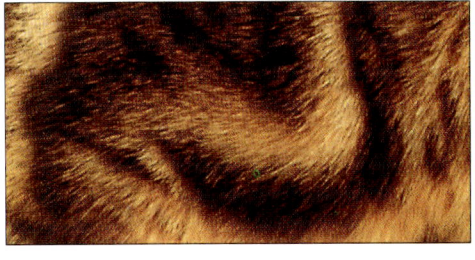

FEHLER

Als Fehler gelten bei der Bengalkatze ein langes, rauhes oder grobes Fell, Ticking, falsche Farbe von Schwanzspitze oder Pfotenballen, Peitschenschwanz, ungetupfter Bauch sowie weiße Flecken, abgesehen von Ocelli (helle Flecken an der Hinterseite der Ohren).

DISQUALIFIKATION
- aggressives, drohendes Verhalten

VARIETÄTEN

SOWOHL BEIM LEOPARDENMUSTER als auch bei der marmorierten Zeichnung sind die Umrandungen der Augen zu vertikalen Strichen verlängert, die an ein »M« auf der Stirn grenzen. Zu beiden Seiten des komplexen Skarabäusmusters auf dem Kopf laufen durchbrochene Streifen (bei der marmorierten) bzw. Flecken (bei der leopardengetupften Varietät) über den Nacken bis auf die Schultern. Erwünscht sind ein kräftiger »Kinnriemen«, eine ausgeprägte »Mascara«, Halsbänder mit und ohne Unterbrechungen sowie eine breite horizontale Streifung.

Die Zeichnung der einen Varietät besteht aus großen spiralförmigen Flecken oder Streifen, die ausgeprägt, aber nicht symmetrisch sein sollen, so daß ein marmorierter Effekt entsteht. Das Muster soll keine Ähnlichkeit mit dem klassischen Tabbymuster haben.

Das Leopardenmuster soll aus zufällig verteilten, pfeil- oder rosettenförmigen Tupfen bestehen, die einen extremen Kontrast zur Grundfarbe bilden. Der Bauch soll getupft sein, Beine und Schwanz sollen über die ganze Länge horizontale Streifen oder Tupfen auf-

weisen, die Schwanzspitze ist allerdings einfarbig dunkel. Wichtig ist, daß die Tupfen nicht vertikal wie beim Mackerel Tabby verlaufen.

BROWN TABBY Alle Varianten sind sowohl in Leopard Spotted als auch Marble Bengal erlaubt, bevorzugt wird jedoch ein rötliches Braun mit einem gelben, lederfarbenen, goldenen oder orangefarbenen Grundton. Insgesamt soll das Fell wirken, als sei es mit Goldstaub überzogen. Die Zeichnung kann schwarz oder braun in unterschiedlichen Schattierungen sein; erlaubt sind außerdem Ocelli (helle Flecken auf den Ohrenrückseiten). Schnurrhaarkissen und Kinn müssen sehr hell, Brust, Unterkörper und die Innenseiten der Beine sollen im Vergleich zur Grundfarbe heller sein. Augen, Lippen und Nase sind schwarz umrandet, der Nasenspiegel selbst ist ziegelrot. Pfotenballen und Schwanzspitze sind schwarz, die Augen golden, grün oder haselnußbraun, wobei intensiven Tönen der Vorzug gegeben wird.

**BENGALKATZE
BROWN SPOTTED**
Dieses Jungtier zeigt die pfeilspitzenförmigen Tupfen, die bei der leopardengetupften Bengalkatze bevorzugt werden.

BLUE-EYED SNOW (Blauäugige Schneeleopardenkatze). Dieser Farbschlag gehört zum Siam-Typ, d.h., das Muster ist auf die Abzeichen beschränkt. Grundfarbe ist Elfenbein bis Creme. Die Katze scheint mit Perlenstaub überzogen. Das Muster variiert von Anthrazit über Dunkel- bis Hellbraun; »Brille«, Schnurrhaarkissen und Kinn sind heller gefärbt, an beiden Ohren sind Ocelli erwünscht. Augen, Lippen und Nase sind schwarz umrandet, der Nasenspiegel ist ziegelrot. Die Pfotenballen weisen ein rosiges Braun auf, die Schwanzspitze ist anthrazit oder dunkelbraun, die Augen sind blau.

BROWN SNOW (Braune Schneeleopardenkatze). Bei dieser Varietät kommt die Fellzeichnung der Burma/Tonkinese zum Tragen. Grundfarbe ist Creme bis Hellbraun, die Katze wirkt wie mit Perlenstaub überzogen. Das deutlich gezeichnete Muster kann von Anthrazit bis Hellbraun variieren. Das Tier hat eine helle »Brille«. Schnurrhaarkissen und Kinn sind ebenfalls hell, Ocelli an beiden Ohren sind erwünscht. Augen, Lippen und Nase sind schwarz umrandet, der Nasenspiegel in der Mitte ziegelrot. Die Pfotenballen weisen ein rosiges Braun auf, die Schwanzspitze ist anthrazit oder dunkelbraun, die Augen sind gold, grün oder blaugrün.

BLUE Grundfarbe ist ein rosiges Gelbbraun oder warmes Beige. Die Katze wirkt insgesamt wie mit Perlenstaub überzogen. Das deutliche Muster ist blaßblau bis blaugrau. »Brille«, Schnurrhaarkissen und Kinn sind hell. Ocelli an beiden Ohren sind erwünscht. Augen, Lippen und Nase sind schiefergrau umrandet, der Nasenspiegel selbst dunkelrosa. Die Pfotenballen weisen einen malvenrosa Farbton auf, die Schwanzspitze ist dunkelblau. Die Augen sind gold, grün oder blaugrün.

BENGAL SNOW
Diese Varietät hat das Fellmuster der Burma-Tonkinese, bei dem die Points am intensivsten gefärbt sind. Das Tupfenmuster ist noch deutlich erkennbar.

BENGAL MARMORIERT
Die auffällige Zeichnung weist dieses Tier als marmorierte Bengal aus. Das Fell zeigt die typischen komplexen Spiralen, klaren Formen und scharfen Konturen. Es ähnelt es dem klassischen Tabby-muster nur minimal.

CORNISH REX

Auf einer Farm in der englischen Grafschaft Cornwall kam in einem normalen Wurf ein Jungtier mit lockigem Fell zur Welt. Die Gene wiesen Ähnlichkeiten mit denen der Rex-Kaninchen auf. Als der auf den Namen »Kallibunker« getaufte Kater geschlechtsreif wurde, paarte man ihn mit seiner Mutter, die daraufhin drei Junge mit Rex-Fell warf. Das Männchen mit Namen »Poldhu« zeugte später eine Tochter namens »Lamorna Cove«, die in die Vereinigten Staaten gebracht wurde und dort die Rasse der Cornish Rex begründete. Als Zuchttiere dienten in den ersten Jahren British Shorthair und Burma, bis es genügend Katzen mit gekräuseltem Fell gab, um eine eigenständige Rasse zu bilden, die registriert werden konnte. In Großbritannien wurde die Cornish Rex 1967 als vollwertige Rasse anerkannt, in den USA erst zwölf Jahre später.

Charakter und Pflege
Die Cornish Rex ist eine kluge, zutrauliche Katze mit extrovertiertem Wesen. Sie ist verspielt, ja schelmisch, eine gute Hausgenossin.

Das einzigartig gekräuselte Fell haart nicht und ist deshalb leicht zu pflegen, indem man es einfach mit der Hand glatt streicht oder gelegentlich kämmt.

OFFIZIELLE PUNKTESKALA

Die rechts aufgeführten Punkte entsprechen dem britischen, die unten dem US-Standard.

KOPF: 25 PUNKTE
Größe und Form:
5 Punkte
Schnauze und Nase:
5 Punkte
Augen: 5 Punkte
Ohren: 5 Punkte
Profil: 5 Punkte

KÖRPER: 30 PUNKTE
Größe: 3 Punkte
Rumpf: 10 Punkte
Beine und Pfoten:
5 Punkte
Schwanz: 5 Punkte
Knochenbau: 5 Punkte

FELL: 40 PUNKTE
Textur: 10 Punkte
Länge: 5 Punkte
Kräuselung, Ausprägung der Wellen: 20 Punkte
anliegend: 5 Punkte

AUGEN: 10 PUNKTE

KOPF: 15 PUNKTE

OHREN: 10 PUNKTE

SCHNURRHAARE, BRAUEN: 5 PUNKTE

FELL: 35 PUNKTE

Lockung, Qualität und Textur

SCHWANZ: 5 PUNKTE

Behaarung

KÖRPER und BEINE: 20 PUNKTE

HAUPTMERKMALE

- **KATEGORIE:** Kurzhaar, lockig (Foreign Shorthair, curled)

- **KÖRPERBAU:** mittelgroß, schlank gebaut

- **FELL:** kurz, plüschig, ohne Leithaare; Locken oder Wellen laufen über den Körper, insbesondere über Rücken und Schwanz; gekräuselte Schnurrhaare und Augenbrauen

- **KOPF:** mittelgroß, keilförmig; etwa ein Drittel länger als breit

- **NASE:** gerundete Schnauze; gerades Profil von der Stirnmitte bis zur Nasenspitze

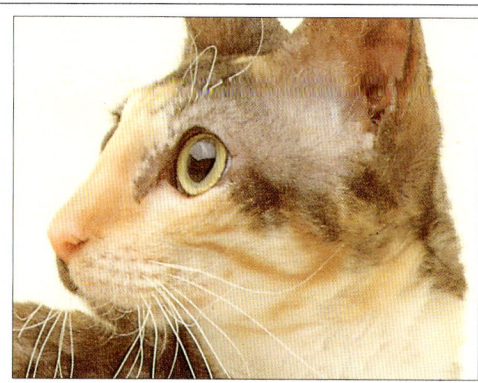

- **KINN:** kräftig

- **AUGEN:** mittelgroß bis groß, oval

- **OHREN:** groß, hoch angesetzt

- **KÖRPER:** mittelgroß, schlank, hart und muskulös

- **BEINE:** lang und gerade

- **PFOTEN:** klein und oval

- **SCHWANZ:** lang, schlank und spitz

- **FARBSCHLÄGE:** Die meisten Verbände erkennen so gut wie alle Farben und Muster an, abgesehen von weißen Stellen in Verbindung mit Siamabzeichen

FEHLER

Als Fehler gelten bei der Cornish Rex: struppiges oder zu kurzes Fell; zu sehr dem Kurzhaartypus ähnelnder oder allzu keilförmiger Kopf; kleine Ohren; plumper Körperbau; schlaffe Muskulatur; kurzer oder stellenweise nackter Schwanz; unbehaarte Stellen gelten bei Jungtieren als Fehler, bei ausgewachsenen Tieren als schwerwiegender Fehler.

VARIETÄTEN

UM DEN GENETISCHEN BESTAND zu erweitern und die Durchsetzungsfähigkeit der Rasse zu sichern, mußten die ersten Züchter andere Rassen einkreuzen, die die erwünschte Statur besaßen. Die Wahl fiel vor allem auf Kurzhaarrassen wie Havana und Oriental Lilac sowie auf Burma und Siam in verschiedenen Farbschlägen. Aus der Kreuzung von Cornish Rex mit anderen Rassen gingen zunächst nur Abkömmlinge mit normalem Fell hervor, obwohl sie das rezessive Gen für Lockung tru-

gen. Als die Nachkommen der ersten Generation untereinander oder mit Cornish Rex gepaart wurden, entstanden wiederum lockige Junge. Die vielen verschiedenen Farben und Muster der ersten Einkreuzungen führten bei der Cornish Rex zu einer breiten Palette von Farbschlägen. Schon bald entwickelte jeder Züchter eigene Vorlieben.

**CORNISH REX
BLACK SMOKE
MIT WEISS**
Der lange, dünne, spitze Schwanz der Cornish Rex muß vollständig mit lockigem Fell überzogen sein.

**CORNISH REX
BLACK SMOKE
VAN**
Fast alle Farben und Muster, die ein Katzenfell aufweisen kann, sind bei der Cornish Rex vertreten. Eines der merkwürdigsten ist das Van-Muster, bei dem die Grundfarbe Weiß ist und die farbigen Stellen nur an Kopf und Schwanz auftreten.

**CORNISH REX
RED**
Die rote Cornish Rex ist mittelgroß, geschmeidig und muskulös. Sie hat lange, schlanke Beine und ovale Pfötchen.

CORNISH REX CHOCOLATE SMOKE
Das kurze, dichte, plüschartige Fell weist vom Scheitelbein über den Rücken, Flanken und Hüften bis zur Schwanzspitze schmale Wellen auf.

CORNISH REX WEISS
Die Katze soll einen schmalen, flachen Schädel haben. Von der Stirn bis zur Nasenspitze bildet er eine gerade Linie.

CORNISH REX CHOCOLATE TORTIE
Die Augen der Cornish Rex sind mittelgroß, oval und stehen weit auseinander.

CORNISH REX TORTIE SMOKE MIT WEISS
Die Cornish Rex wirkt, als laufe sie auf Zehenspitzen.

191

DEVON REX

Zehn Jahre nach Auftauchen der ersten Cornish Rex wurde ein anderes lockiges Jungtier in der englischen Grafschaft Devon entdeckt. Katerchen »Kirlee« wurde später mit Cornish-Rex-Katzendamen gepaart. Doch die Nachkommen waren glatthaarig. Weitere Paarungen bestätigten die Vermutung, daß Kirlees Locken von einem anderen Gen ausgingen. Das Gen für das Fell der Cornish wurde als »Rex-Gen [i]«, das für das Fell der Devon als »Rex-Gen [ii]« bezeichnet. Die beiden rex-haarigen Varietäten wurden weiterentwickelt und bilden heute zwei eigenständige Rassen. Die Devon Rex mit ihrem drolligen Koboldgesicht und den großen Fledermausohren würde sogar mit normalem Fell ungewöhnlich aussehen.

In Großbritannien gibt es eine beliebte Unterart der Devon Rex, die »Si-Rex«. Sie vereinigt die Eigenschaften der Devon Rex mit Siamabzeichen und -farben.

Charakter und Pflege

Die Devon Rex ist eine Katze für Kenner. Sie ist anspruchsvoll, versucht ständig, Aufmerksamkeit zu erregen, ist aber auch zärtlich, verspielt und intelligent.

Das Fell ist leicht zu pflegen, indem man es einfach glatt streichelt oder kämmt. Oft sind am Körper spärlich behaarte Stellen zu sehen, die darauf hindeuten, daß das Tier mehr Wärme braucht. Die großen Ohren müssen regelmäßig gereinigt werden.

OFFIZIELLE PUNKTESKALA

Die Punkte rechts entsprechen dem britischen, die unten dem US-Standard.

KOPF: 35 PUNKTE
Form und Größe: 10 Punkte
Schnauze, Kinn: 5 Punkte
Profil: 5 Punkte
Augen: 5 Punkte
Ohren: 10 Punkte

KÖRPER: 30 PUNKTE
Rumpf: 10 Punkte
Beine und Pfoten: 10 Punkte
Schwanz: 5 Punkte
Hals: 5 Punkte

FELL: 30 PUNKTE
Dichte: 10 Punkte
Textur und Länge: 10 Punkte
Lockung: 10 Punkte

KOPF: 15 PUNKTE
Allgemeine Form, Nase, Kiefer und Zähne, Stirn, Kinn, Form und Farbe der Augen

OHREN: 10 PUNKTE
Form und Ansatz

AUGEN: 5 PUNKTE

SCHWANZ: 5 PUNKTE

KÖRPER, BEINE und HALS: 25 PUNKTE

FELL: 40 PUNKTE
Lockung, Qualität, Textur

HAUPTMERKMALE

- **KATEGORIE:** Kurzhaar, lockig (Foreign Shorthair, curled)

- **KÖRPERBAU:** mittelgroß, hart und muskulös, schlank, mit breitem Brustkasten

- **FELL:** sehr kurz, weich und fein, ohne Leithaare; lockig oder gewellt, vor allem an Körper und Schwanz

- **KOPF:** klein, modifizierte Keilform mit kurzer Schnauze und vorstehenden Wangenknochen

- **NASE:** keine Vorgaben

- **KINN:** keine Vorgaben

- **AUGEN:** groß, oval, weit auseinanderstehend, sollen den »Koboldblick« haben

- **OHREN:** groß, weit unten angesetzt

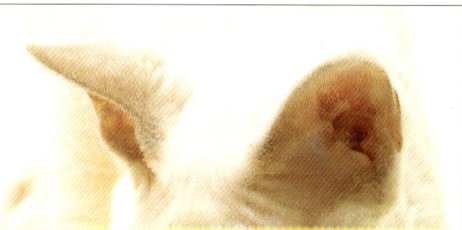

- **KÖRPER:** lang und gerade mit breitem Brustkorb

- **BEINE:** lang und schlank

- **PFOTEN:** klein und oval

- **SCHWANZ:** lang, dünn und spitz

- **FARBSCHLÄGE:** alle anerkannten Farben, ausgenommen weiße Stellen in Verbindung mit Siam-Abzeichen

FEHLER

Bei der Devon Rex gelten als Fehler: fehlerhafter Kopftyp; kurzer, haarloser oder buschiger Schwanz; struppiges Fell; plumper Körperbau; kleine oder hoch angesetzte, aufgerichtete Ohren; schlaffe Muskulatur; unbehaarte Stellen.

DISQUALIFIKATION
- Haarlosigkeit
- Knickschwanz oder sonstige Anomalien des Schwanzes
- Schielen
- schwache Hinterläufe

VARIETÄTEN

UNABHÄNGIG VON DER FELLFARBE müssen alle Devon Rex denselben strengen Anforderungen des Standards genügen. Das Fell der Devon Rex unterscheidet sich erheblich von dem der Cornish Rex und kann bei manchen Katzen sogar an der Unterseite spärlich oder flaumig sein, so daß die Farbe verwaschen wirkt. Ebenso wie die Cornish Rex gingen die ersten Devon Rex aus Kreuzungen mit Orientalischen Kurzhaarrassen hervor, die den Genbestand erweitern sollten. Oft wurden dazu Siamkatzen verwendet; die Nachkommen nannte man erst »Si-Rex«, eine heute nicht mehr zulässige Bezeichnung der Devon Rex mit Siam-Abzeichen. Weiße Stellen sind in Verbindung mit Siam-Points nicht erlaubt.

Abgesehen von dieser Einschränkung sind alle aus den Standards bekannten Farbschläge und -muster für die Devon Rex anerkannt, mit und ohne weiße Stellen.

WEISS MIT VERSCHIEDEN-FARBIGEN AUGEN
Weiße Devon Rex werden mit blauen, goldenen oder verschiedenfarbigen Augen anerkannt.

CHOCOLATE TORTIE POINT
Die Devon Rex mit Siam-Abzeichen, die man früher »Si-Rex« nannte, gibt es in vielen Farben.

DEVON REX BLACK SMOKE
Die Devon Rex sieht völlig anders aus als die Cornish Rex. In etwa gleich groß, unterscheiden sie sich in Kopftypus und Statur.

**TORTIE TABBY
MIT WEISS**
*Schildpattmuster mit
und ohne Weiß gibt es
in allen Farben; sie
können wie bei
diesem Jungtier sehr
kräftig ausfallen und
ausgesprochen
attraktiv sein.*

**DEVON REX
LILAC POINT**
*Siam-Abzeichen
kommen häufig vor,
die Augenfarbe bei
den Rex ist jedoch in
der Regel blasser als
bei den echten Siam.*

TORTIE TABBY
*Bei dieser Rasse
werden alle Farben
anerkannt, allerdings
erlauben einige
Verbände weiße
Zeichnungen
nur in Verbindung
mit Schildpatt.*

SPHINX

Die Sphinx ist nicht völlig unbehaart. Die Haut ist mit einem fast unsichtbaren Flaum überzogen. Zarte Haare sind an Ohren, Schnauze, Füßen, Schwanz und Hoden.

Die erste Sphinx tauchte 1966 in einem Wurf schwarzweißer Hauskatzen in Ontario, Kanada, auf. Ein Siam-Züchter übernahm das Jungtier und bemühte sich mit anderen Züchtern um die Entwicklung einer neuen Rasse. Die CFA erteilte der Sphinx vorläufigen Status, zog ihn jedoch später zurück. Die CCFF erkannte die Rasse 1971 mit Champion-Sta-

tus an, der erste Champion wurde ein Jahr später ermittelt. Bis heute wird diese seltene Rasse nur von wenigen Verbänden anerkannt.

Charakter und Pflege

Die Sphinx mag keine anderen Katzen. Sie wird nicht gern festgehalten oder liebkost. Oft streckt sie eine Pfote in die Luft. Sie zieht warme Unterlagen dem einfachen Boden vor.

Die Haut muß nicht gebürstet, aber durch Abreiben mit der Hand oder einem weichen Tuch gepflegt werden.

OFFIZIELLE PUNKTESKALA

Die aufgeführten Punkte entsprechen dem britischen Standard.

KOPF: 35 PUNKTE

Form, Größe, Stirn und Profil: 20 Punkte
Ohren: 10 Punkte
Augen: 5 Punkte

KÖRPER: 35 PUNKTE

Rumpf: 10 Punkte
Hals: 5 Punkte
Beine und Pfoten: 5 Punkte
Schwanz: 5 Punkte

FELL und HAUT: 25 PUNKTE

FARBE: 5 PUNKTE

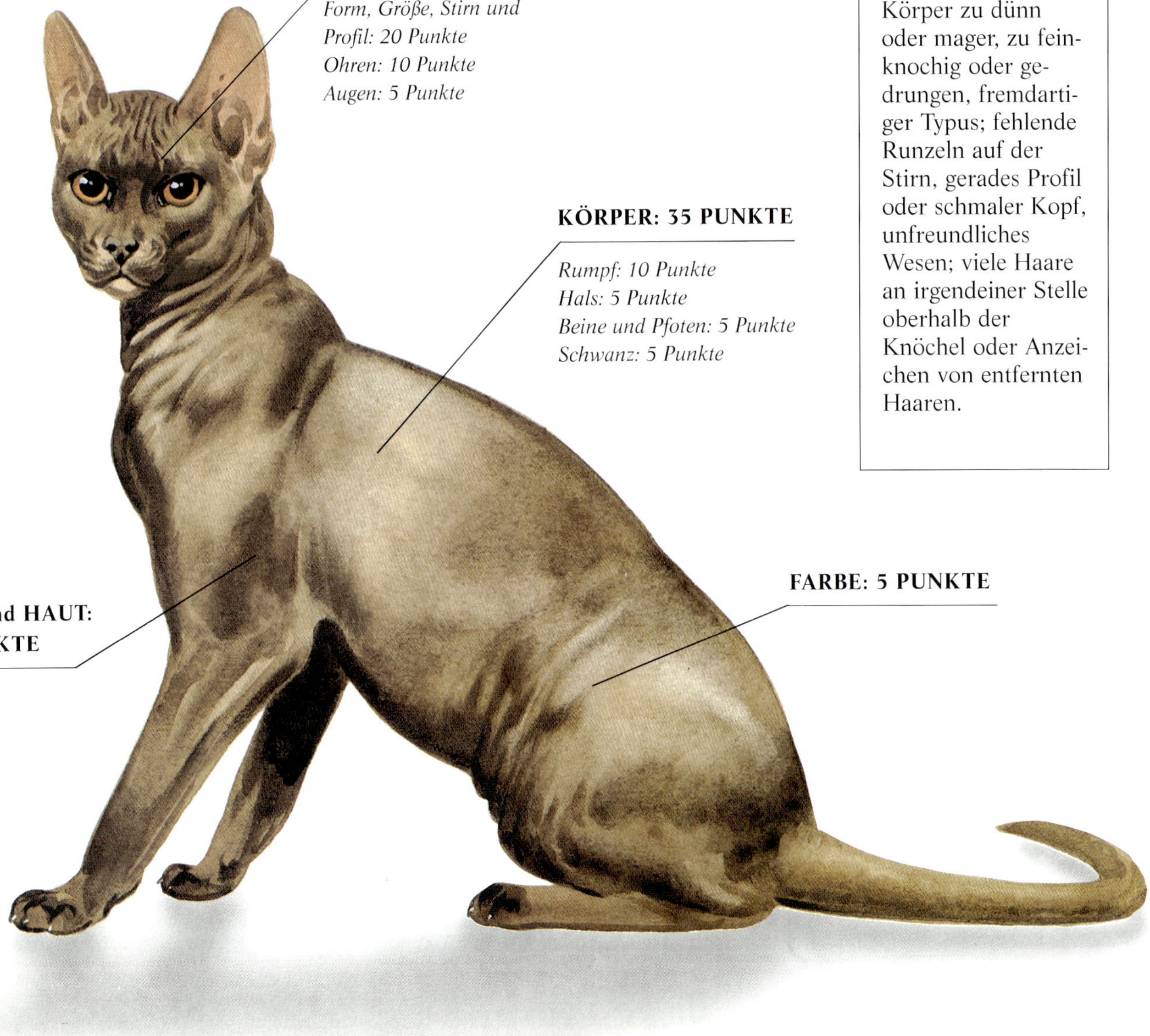

FEHLER

Insgesamt klein, Körper zu dünn oder mager, zu feinknochig oder gedrungen, fremdartiger Typus; fehlende Runzeln auf der Stirn, gerades Profil oder schmaler Kopf, unfreundliches Wesen; viele Haare an irgendeiner Stelle oberhalb der Knöchel oder Anzeichen von entfernten Haaren.

HAUPTMERKMALE

- **KATEGORIE:** Foreign

- **KÖRPERBAU:** mittelgroß, hart und muskulös

- **FELL:** scheinbar unbehaart, mit kurzem, feinem Flaum bedeckt; Jungtiere sind runzliger als ausgewachsene Tiere

- **FARBSCHLÄGE:** alle Farbschläge und Zeichnungen, auch weiße Medaillons und »Buttons«

- **WEITERE MERKMALE:** mittelgroßer Kopf in Form eines modifizierten Keils mit abgerundeten Ecken; leicht gerundeter Schädel, flache Stirn, vorstehende Wangenknochen; leichter Break, runde Schnauze mit ausgeprägter Einbuchtung neben den Schnurrhaarkissen; festes Kinn; große, fast runde Augen, zum Ohr hin leicht schräg; Ohren an der Basis breit, weit geöffnet, aufrecht auf dem Kopf angesetzt, innen haarlos, Rückseite leicht behaart; mittellanger Körper mit breitem Brustkorb und gut gerundetem Bauch; harter, muskulöser Körper von mittlerem Knochenbau; gut proportionierte Beine; Hinterläufe etwas länger als die muskulösen Vorderbeine, die weit auseinanderstehen; mittelgroße, ovale Pfoten mit langen, schlanken Zehen und dicken Ballen; peitschenförmiger Schwanz (ein »Löwenschwanz« mit Haarbüschel am Ende wird akzeptiert.)

Der Kopf der Sphinx ist keilförmig mit abgerundeten Ecken.

SPHINX SCHWARZWEISS
Die völlig unbehaart wirkende Sphinx ist meist mit sehr kurzem, feinem Flaum überzogen.

197

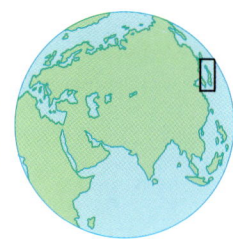

JAPANESE BOBTAIL

Die Japanese Bobtail ist eine natürliche Rasse, die in ihrem Ursprungsland Japan seit Jahrhunderten bekannt ist und dort als Glücksbringer im Haushalt gilt. Besonders beliebt ist die dreifarbige Varietät, die als Mi-Ke (dreifarbig) bezeichnet wird.

Die Züchter im Westen wurden zum ersten Mal auf die Bobtail aufmerksam, als ein amerikanischer Ausstellungsrichter in Japan diese Rasse sah und von ihr fasziniert war. 1968, wurden drei Bobtail-Katzen aus Japan in die USA exportiert. Ihnen folgten weitere, und schon 1971 bekamen die Bobtails von der CFA einen vorläufigen Status als Rasse.

Nach fünfjähriger sorgfältiger Weiterzucht war die Japanese Bobtail in den Staaten bereits recht populär und erhielt die volle Anerkennung der CFA mit Championtitel im Mai 1976. In Großbritannien wird die Rasse von der Cat Association anerkannt.

Charakter und Pflege
Japanese Bobtail sind ungemein liebenswert und mögen die Gesellschaft des Menschen. Sie sind gesprächig, haben eine sanfte Stimme mit vielen Modulationen. Als Hauskatze ist die Bobtail gut erzogen, intelligent und verspielt, als Ausstellungskatze problemlos.

Das seidige Fell ist pflegeleicht; weniges Bürsten und Kämmen genügen, danach streicht man mit der Hand oder einem Seidentuch darüber. Der pomponförmige Schwanz wird in Form gekämmt, die Ohren müssen regelmäßig mit einem Wattebausch gereinigt werden.

OFFIZIELLE PUNKTESKALA

Die aufgeführten Punkte entsprechen dem US-Standard.

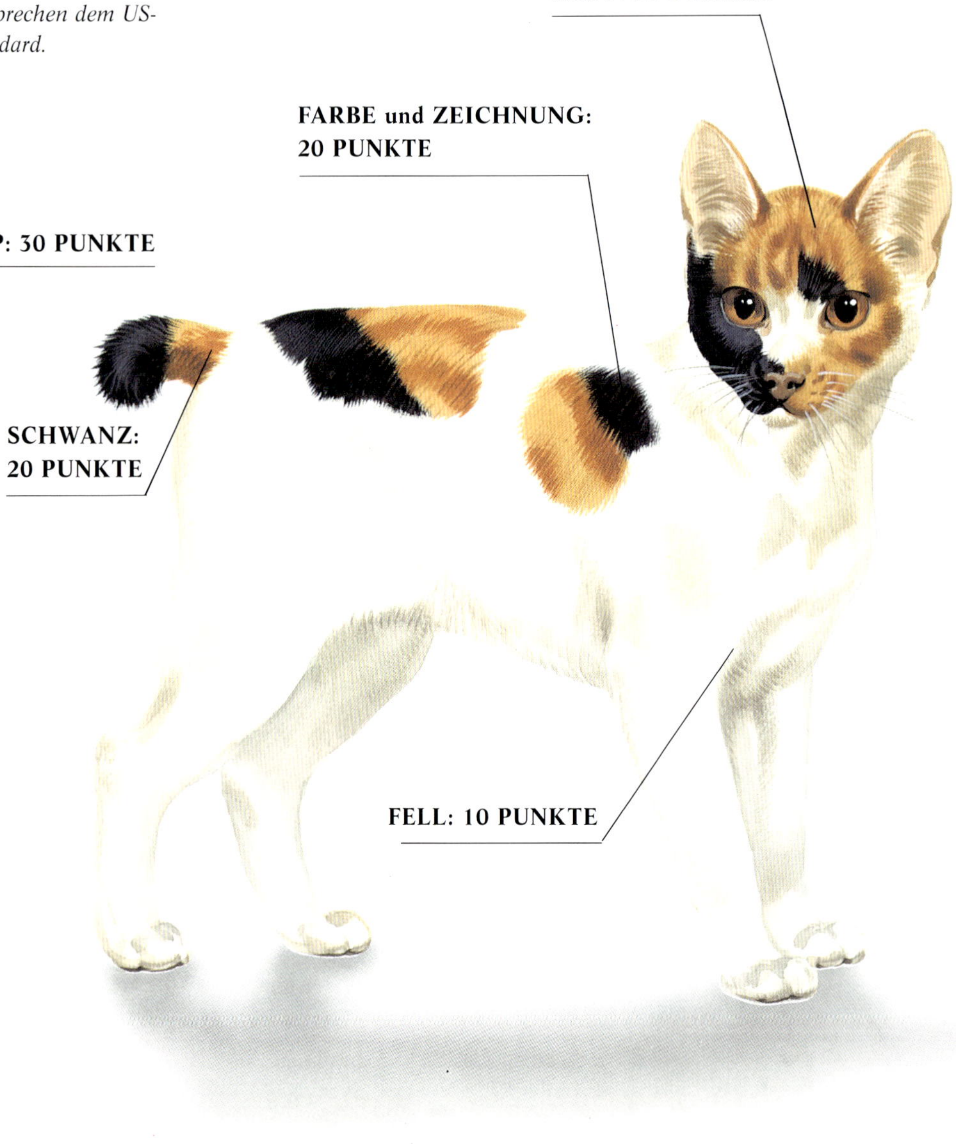

KOPF: 20 PUNKTE

FARBE und ZEICHNUNG: 20 PUNKTE

TYP: 30 PUNKTE

SCHWANZ: 20 PUNKTE

FELL: 10 PUNKTE

FEHLER

Als Fehler gelten bei der Bobtail kurzer, runder Kopf oder plumper Körperbau.

DISQUALIFIKATION
- Fehlen des Schwanzwirbels oder zu langer Stummel
- Schwanzwirbel ohne Pompon oder nicht flauschig
- »Verzögerter Pomponeffekt«, d.h., der Pompon beginnt nicht direkt an der Wirbelsäule.

BOBTAIL BROWN TABBY MIT WEISS
Japanese Bobtail sind anschmiegsame, »gesprächige« Tiere.

BOBTAIL BLAUÄUGIG VAN
Das seidige Fell ist leicht zu pflegen. Regelmäßiges Bürsten und Polieren mit einem Seidentuch reichen aus.

BOBTAIL VAN SCHWARZWEISS
Der eigenartige kurze Schwanz der Bobtail kann gerade oder ein- bzw. mehrfach gebogen sein. Er sieht aus wie ein Pompon.

HAUPTMERKMALE

- **KATEGORIE:** Kurzhaar

- **KÖRPERBAU:** mittelgroß, schlank und muskulös

- **FELL:** weich und seidig, mittellang, kein sichtbares Unterfell

- **FARBSCHLÄGE:** Weiß, Schwarz, Rot, Schwarzweiß, Rotweiß, Mi Ke (Dreifarbig Schwarz, Rot und Weiß), Schildpatt; außerdem alle anderen Farben, Muster und Kombinationen, mit Ausnahme von Siam-Points oder sogenannter Agouti (Abessinier-Bänderung); jegliche Art von Tabby-Zeichnung mit und ohne einfarbige Flächen wird akzeptiert (bevorzugt werden dramatische Zeichnungen und leuchtende Farben)

- **WEITERE MERKMALE:** langer, feiner Kopf in Form eines perfekten gleichseitigen Dreiecks mit weichen Ecken, hohen Wangenknochen und deutlicher Einbuchtung neben den Schnurrhaarkissen; breite Schnauze, zu den Schnurrhaarkissen hin rund; große, aufrechte Ohren, weit auseinander und im rechten Winkel vom Kopf abstehend; große, ovale, weit geöffnete, aufmerksame Augen; mittelgroßer, schlanker, muskulöser Körper; lange, schlanke Beine mit feinen ovalen Pfoten; der Stummelschwanz soll wie ein Hasensterz aussehen, ausgestreckt 5–8 cm lang (er hat meist nur ein einziges Gelenk an der Basis, der Stummel muß nicht gerade sein)

BURMA

Alle Burmakatzen stammen von der weiblichen Siamhybride »Wong Mau« aus Rangun ab, die 1930 in die USA geholt wurde. Wong Mau war mit vermutlich dem Typ zuzuordnen, den wir heute »Tonkinese« nennen. Erst wurde sie mit Siamkatern gepaart, dann wurden die Nachkommen miteinander gepaart, einige sogar mit Wong Mau zurückgekreuzt. Aus diesen Kombinationen entstanden drei Typen: Einige sahen aus wie Wong Mau, einige wie Siamesen, andere waren viel dunkler als die Mutter. Diese Katzen waren die Ahnen der Burma-Rasse, die 1936 von der Cat Fanciers' Association anerkannt wurde und die erste reinrassige Katze war, die ausschließlich in den USA gezüchtet wurde.

Da es nicht genug geeignete Burmakatzen gab, wurden von Zeit zu Zeit wieder Siamesen eingekreuzt. Aus diesem Grund weigerte sich die CFA von 1947 bis 1953, Zuchtbücher für Burmesen zu führen. Doch die Rasse stabilisierte sich, und so konnte ein strenger Punktestandard aufgestellt werden. Auf diese Weise wurde sichergestellt, daß die Burma ihr einzigartiges Aussehen beibehielt.

Burmesen wurden nach Großbritannien gebracht und in den 50er Jahren bei Ausstellungen gezeigt. Seither hat sich in Europa und den USA für diese Rasse ein unterschiedlicher Standard entwickelt.

Charakter und Pflege
Sie ist eine intelligente, sehr aktive Katze, aber höchst eigenwillig. Liebevolle Behandlung belohnt sie mit großer Anhänglichkeit. Das glänzende Fell ist kaum pflegebedürftig.

OFFIZIELLE PUNKTESKALA

Die rechts aufgeführten Punkte beziehen sich auf den britischen Standard, die unten aufgeführten Punkte gelten für die USA.

KOPF, OHREN und AUGEN: 30 PUNKTE
Rundung des Kopfes: 7 Punkte
Augenabstand und volles Gesicht: 6 Punkte
Korrektes Profil (einschl. Kinn): 6 Punkte
Stellung, Plazierung und Größe der Ohren: 6 Punkte
Plazierung und Form der Augen: 5 Punkte

KÜRPER, BEINE, PFOTEN und SCHWANZ: 30 PUNKTE
Rumpf: 15 Punkte
Muskeltonus: 5 Punkte
Beine und Pfoten: 5 Punkte
Schwanz: 5 Punkte

FELL: 10 PUNKTE
Kurz: 4 Punkte
Textur: 4 Punkte
Eng anliegend: 2 Punkte

FARBE: 30 PUNKTE
Körperfarbe: 25 Punkte
Augenfarbe: 5 Punkte

KOPF und OHREN: 20 (20) PUNKTE

FORM und STELLUNG DER AUGEN: 15 (15) PUNKTE

AUGENFARBE: 10 (10) PUNKTE

KÖRPERFARBE, FELLTEXTUR, KONDITION: 25 (20)* PUNKTE

KÖRPERBAU, BEINE, SCHWANZ und PFOTEN: 30 (35)* PUNKTE

* Für Torties gelten die Werte in Klammern

HAUPTMERKMALE

- **KATEGORIE:** Foreign Shorthair

- **KÖRPERBAU:** mittelgroß mit kräftigem Knochenbau und ausgeprägten Muskeln. Für ihre Größe ist die Katze erstaunlich schwer

- **FELL:** sehr kurz, eng am Körper anliegend, fein und glänzend, satinartige Textur

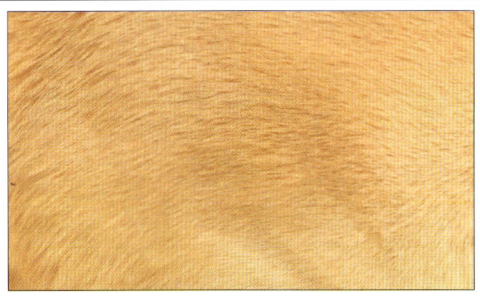

- **KOPF:** im Profil wie auch von vorne gesehen angenehm gerundet; volles Gesicht mit breiter, kurzer Schnauze

- **NASE:** deutlicher Break im Profil

- **KINN:** fest und gerundet

- **AUGEN:** groß, weit auseinander stehend, mit leicht orientalischem Schnitt

- **OHREN:** mittelgroß, weit auseinander stehend und leicht nach vorne geneigt; sie verleihen dem Gesicht einen aufmerksamen Ausdruck

- **KÖRPER:** muskulös, kompakt, kräftige Schultern und Hüften

- **BEINE:** gut proportioniert

- **PFOTEN:** rund

- **SCHWANZ:** mittellang und gerade

- **FARBSCHLÄGE:** *USA* In einigen amerikanischen Verbänden werden bei der Burma nur die Varietäten Braun und Sable (zobelfarben) anerkannt. Die Blau, Champagner, Chocolate, Platinum oder Lilac werden von einigen Verbänden als verdünnte (»dilute«) Untergruppe, von anderen als Malayan eingestuft. *GB* Alle akzeptierten Farben der Burma und Malayan werden als Burma eingestuft

FEHLER

Bei der Burma gelten grüne Augen als Fehler.

DISQUALIFIKATION
- blaue Augen
- Schwanzfehler, insbesondere Knickschwanz oder sonstige Anomalien
- weißes Medaillon oder weißer Fleck

EINFARBIGE VARIETÄTEN

DIE AMERIKANISCHEN und europäischen Standards für die ideale Burma sind unterschiedlich. Die amerikanische Burma hat einen runderen Kopf und einen schwereren Körper als ihre britische Verwandte. Auch haben sie oft eine bessere Augenfarbe. Die Augenfarbe läßt sich im Kunstlicht einer Ausstellung nur schwer ermitteln. Daher bringen Richter eine Burmakatze an ein Fenster, um sie bei natürlichem Licht besser beurteilen zu können.

ROT Eigentlich ist die Fellfarbe ein helles, gleichmäßiges Mandarinenrot, doch sind auch ganz leichte Tabby-Zeichnungen im Gesicht erlaubt. Die Ohren sind dunkler als der Körper. Nasenspiegel und Pfotenballen sind rosa. Die Augen können gelb bis goldfarben sein, dunklere Töne werden aber bevorzugt.

CREME Fellfarbe sollte Pastellcreme sein. Die Ohren sind etwas dunkler als der Körper. Nasenspiegel und Pfotenballen sind rosa. Die Augen können gelb bis goldfarben sein, wobei dunklere Farbtöne bevorzugt werden.

SABLE oder BRAUN Das satte Zobelbraun des Fells geht an der Unterseite des Körpers fast unmerklich in einen helleren Farbton über. Ansonsten zeigt das Fell keiney Schattierungen, Streifen oder Markierungen. Jungkatzen können heller gefärbt sein. Nasenspiegel und Pfotenballen sind braun. Die Augen sollten gelb bis goldfarben sein. Auch hier werden dunklere Töne bevorzugt.

BLAU Fellfarbe zartes Silbergrau, an Rücken und Schwanz ein wenig dunkler. Auf Ohren, Gesicht und Pfoten sollte ein deutlicher Silberschimmer liegen. Nasenspiegel und Pfotenballen blaugrau, Augen gelb bis goldfarben.

CHOCOLATE oder CHAMPAGNE Fell ist milchschokoladenfarben, möglichst gleichmäßig. Maske und Ohren ein wenig dunkler. Der Nasenspiegel ist schokoladenbraun; Pfotenballen zimtfarben bis schokoladenbraun, Augen gelb bis goldfarben.

LILAC oder PLATINUM Zart taubengraues Fell mit leichtem Rosaschimmer, möglichst gleichmäßig. Maske und Ohren dürfen etwas dunkler ausfallen. Nasenspiegel und Pfotenballen lavendelrosa. Augen gelb bis goldfarben; dunklere Töne sind hier beliebter.

BURMA ROT

Eigentlich ist die Fellfarbe eher ein helles Mandarinenrot. Die Burma Rot ist eine ausgesprochen hübsche Varietät, besonders wenn sie goldene Augen hat.

BURMA SABLE (USA)

Es ist interessant, diese amerikanische Burma mit den britischen Burmakatzen zu vergleichen und sich die kleinen Unterschiede, die von den verschiedenen Showstandards herrühren, zu vergegenwärtigen.

BURMA BRAUN

In den USA, wo diese Rasse erstmals gezüchtet wurde, wird ihr Farbschlag »Sable« genannt. Dort hat die Varietät dunkles, sattbraunes Fell und goldfarbene Augen.

BURMA CREME

Die helleren Farbschläge dieser Rasse zeigen oft eine sehr schwache Pointfärbung (USA: Himalayan). Die Points – Gesicht, Ohren, Beine, Pfoten und Schwanz – sind dabei ein wenig dunkler gefärbt.

BURMA LILAC
Wenn die Eltern sowohl die Gene für Chocolate als auch für Blau hatten, kamen bei den Nachkommen Junge vom Farbschlag Lilac vor. Zunächst wurden sie als »poor Blues« (»schlechte Blaue«) eingestuft, später aber als eigene Varietät anerkannt.

BURMA CHOCOLATE
Das warme Schokoladenbraun des Fells und die etwas dunkleren Points machen diese Varietät besonders attraktiv.

BURMA BLAU
Die Burma Blau, eine hellere Variante (»dilute«) der Braun, wurde als erster zusätzlicher Farbschlag akzeptiert.

TORTIE-VARIETÄTEN

DAS GEN FÜR ORANGE (Rot) wurde erstmals in Großbritannien mit drei verschiedenen Tieren in die Burma-Rasse eingekreuzt: einer Kurzhaar Red Tabby, einer Siam Red Point und einer Hauskatze des Farbschlags Tortie mit Weiß. Man entwickelte ein Zuchtprogramm, und um 1975 gelang es, viele einfarbige Burma Rot, Burma Creme und die weibliche Burma Tortie zu züchten; die meisten Tiere entsprachen genau dem Burmatyp

SEAL TORTIE Sealbraun, rot und/oder hellrot, gefleckt und/oder gesprenkelt. Nasenspiegel und Pfotenballen einfarbig oder gesprenkelt, sealbraun und/oder rosa. Augen gelb bis goldfarben, wobei dunklere Töne bevorzugt.

BLAUCREME und BLUE TORTIE Helle Blau- und Cremetöne, gefleckt und/oder gesprenkelt. Nasenspiegel und Pfotenballen einfarbig und/oder gesprenkelt, rosa und/oder blaugrau. Dunklere Varianten der gelb bis goldfarbenen Augen sind bevorzugt.

CHOCOLATE TORTIE Milchschokoladenbraun, rot und/oder hellrot, gefleckt und/oder gesprenkelt. Nasenspiegel und Pfotenballen einfarbig, milchschokoladenbraun hellrot oder rosa, oder gesprenkelt. Augen gelb bis goldfarben, dunklere Töne werden bevorzugt.

LILAC CREME oder LILAC TORTIE Lilac und helles Creme, gefleckt und/oder gesprenkelt. Nasenspiegel und Pfotenballen blaßrosa und/oder lavendelrosa. Die Augenfarbe wird wie bei der Chocolate Tortie beurteilt.

Varietäten mit Abzeichen (Points)

»Points« nennt man Maske (Gesicht), Ohren, Beine und Pfoten und Schwanz. Sie sollen mit der Grundfarbe harmonieren, aber keine großen Differenzen in der Farbdichte zeigen.

BLUE TORTIE
ODER BLAUCREME

Das Fell von Torties weist eine Mischung von Farben auf, bei der Blue Tortie sind es Blau und Creme. Die Burma Tortie kommt in vier Farbschlägen vor: Braun, Blau, Chocolate und Lilac

Bei allen Varietäten ist die Körperfarbe an den unteren Partien dunkler als an Rücken und Beinen. Augen gelb oder gold, dunklere Töne bevorzugt. Bei Nicht-Tabby-Varietäten dürfen Jung- und heranwachsende Katzen hellere sein; schwache Tabby-Muster und Geisterzeichnungen sind erlaubt. Bei ausgewachsenen Katzen (keine Tabby-Varietäten) sind Tabby-Muster und weiße Haare Fehler.

BURMA CHOCOLATE TORTIE
Nachdem das Gen für Rot und Orange in die Rasse eingekreuzt worden war, erhielt man schnell eine Vielzahl von Tortie-Varietäten.

TIFFANIE

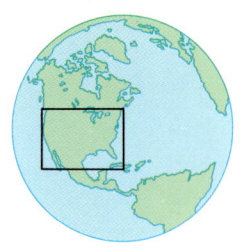

TIFFANIE
Die Tiffanie ist eine langschwänzige Katze des Burma-Typs. Alle Farben der Burma- und Malayan-Klasse werden akzeptiert.

Bei ihr verbinden sich Färbung und Körperbau der Burma mit einem schönen, langen, seidigen Fell. Die Tiffanie wurde zuerst in den USA gezüchtet, aus langhaarigen Kätzchen, die in den Würfen reinrassiger Burmesen auftauchten. Amerikanische Züchter konzentrierten sich auf die zobelfarbene (sable) Tiffanie, die bei ihrer Geburt ein helles, milchkaffeebraunes Fell hat, das später braun wird. In Großbritannien entstanden aus den Burmilla-Zuchtprogrammen langhaarige Katzen guten Burmatyps, die mit Burmesen rückgekreuzt wurden. So konnten Tiffanie-Kätzchen in allen Farbvarianten der Burmesen- und Malayan-Varietäten gewonnen werden. Zur Zeit (1995) wird die Tiffanie noch nicht als eigenständige Rasse anerkannt. Es auch noch keinen Punktestandard.

Charakter und Pflege
Wie ihre Burma-Vorfahren ist die Tiffanie verspielt und anhänglich, mit ihrem extrovertierten Wesen ein gutes Haustier. Das Fell läßt sich durch Kämmen oder Bürsten gut pflegen.

BROWN SMOKE
In Großbritannien ist die Tiffanie ein Produkt des Burmilla-Zuchtprogramms. es gibt sie in einer Reihe von Smoke-Farben

---

HAUPTMERKMALE

- **KATEGORIE:** Halb-Langhaar

- **KÖRPERBAU:** mittelgroß mit kräftigem Knochenbau; für ihre Größe erstaunlich schwer

- **FELL:** mittellang, fein und seidig, an der Halskrause (Kragen) länger; wehender, buschiger Schwanz

- **FARBEN:** USA Sable GB, alle Farbschläge der Burmesen und Malayan

- **ANDERE MERKMALE:** sanft gerundeter Kopf, im Profil wie von vorn gesehen; volles Gesicht; breite, kurze Schnauze; kurze Nase mit Break im Profil; kräftiges Kinn; große, weit auseinander stehende Augen (orientalische Krümmung des oberen Lids, untere Lidführung gerundet). Mittelgroße, weit auseinander stehende Ohren, breit am Ansatz, gerundete, nach vorn geneigte Spitzen; Körper mittellang, fest und muskulös; kräftige, abgerundete Brust und gerader Rücken; schlanke, gut proportionierte Beine; kleine, ovale Pfoten; Schwanz mittellang, ohne dicke Wurzel, nur leicht verjüngt zu abgerundeter Spitze, gut bedeckt mit langen, seidigen Haaren

SINGAPURA

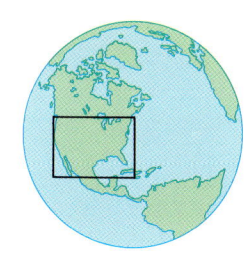

Diese Rasse wurde von der amerikanischen Züchterin Tommy Meadows durch Kreuzung von Katzen, die sie in Singapur entdeckt hatte, entwickelt. Sie beschloß, einige in die USA zu importieren, und erarbeitete ein sorgfältiges Zuchtprogramm für die Entwicklung dieser Rasse. Ihre Mühe wurde belohnt: Sie gewann eine lebhafte Rasse von großem ästhetischem Reiz. Die Singapura hat ein geticktes Fell, ähnlich wie die Abessinier, und entspricht in Typ und Knochenbau der gemäßigten Foreign Shorthair.

Charakter und Pflege

Die Singapura ist eine liebenswürdige, verspielte Katze. Ihr kurzes, feines Fell läßt sich leicht pflegen. Durch Kämmen werden lose Haare entfernt, Bürsten regt die Durchblutung der Haut an. Streicheln oder sanftes Abreiben mit einem Seidentuch verleiht dem Fell einen gesunden Glanz. Zur Zeit (1995) liegt für diese Rasse noch kein Standard vor.

HAUPTMERKMALE
● **KATEGORIE:** Foreign Shorthair
● **KÖRPERBAU:** klein bis mittelgroß, mäßig stämmig und muskulös
● **FELL:** sehr kurz und fein; das einzelne Haar ist mit mindestens einer doppelten Bänderung versehen, wobei das Haar unmittelbar über der Wurzel heller als die Spitze gefärbt ist
● **FARBSCHLÄGE:** Sepia Agouti. Die Grundfarbe ist ein warmer Elfenbeinton mit dunkelbraunem Ticking; Schnauze, Kinn, Brust und Bauch haben die Farbe von ungebleichtem Musselin; Ohren und Nasenrücken lachsfarben; Nasenspiegel hell bis dunkel lachsrosa mit dunkelbrauner Umrandung; Pfotenballen rosabraun, Augenumrandung dunkelbraun; Augen haselnußbraun, grün oder gelb
● **ANDERE MERKMALE:** gerundeter Kopf mit Whiskerbreak; kurze, stumpfe Nase; gut entwickeltes Kinn; große, mandelförmige Augen; weit stehende, große, leicht spitze Ohren, schwere Beine; kleine, ovale Pfoten; mittellanger Schwanz, stumpfe Spitze

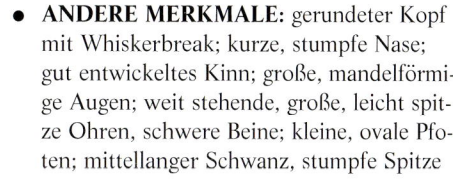

BROWN TICKED SINGAPURA
Mit ihrem kurzen, feinen Fell und ihrem liebenswerten, ausgeglichenen Wesen eignet sich die Singapura hervorragend als Haustier.

207

TONKINESE

Die Tonkinese (»Tonkanese«) entstand aus der Kreuzung von Burmesen mit Siamesen; sie hat die Merkmale von beiden. Verpaart man eine Burma mit einer Siam, erhält man Tonkinesen. Nach der Paarung zweier Tonkinesen gibt es meist einen Wurf mit zwei Tonkinesen, einer Siam und einer Burma erhält.

Die dunklen Points der Tonkinesen gehen langsam in die Körperfarbe über, die zwischen der hellen Siam- und der dunklen Burmafärbung liegt. Die Augen der Tonkinesen sind blaugrün oder türkis, nie blau wie bei der Siam oder goldfarben wie bei der Burma.

Charakter und Pflege

Die Tonkinese ist eine liebenswerte, anhängliche Katze, die stets zu Neckereien aufgelegt ist. Sie ist extrovertiert, intelligent und verträgt sich im allgemeinen gut mit anderen Katzen, aber auch mit Hunden und Kindern. Sie ist weniger »gesprächig« als die Siam.

Das Fell der Tonkinese ist sehr pflegeleicht. Regelmäßiges Kämmen entfernt lose Haare. Sanftes Abreiben mit einem Seidentuch oder Bürsten mit einem Pflegehandschuh verleiht dem Fell gesunden Glanz.

OFFIZIELLE PUNKTESKALA

Die aufgeführten Punkte entsprechen dem britischen Standard.

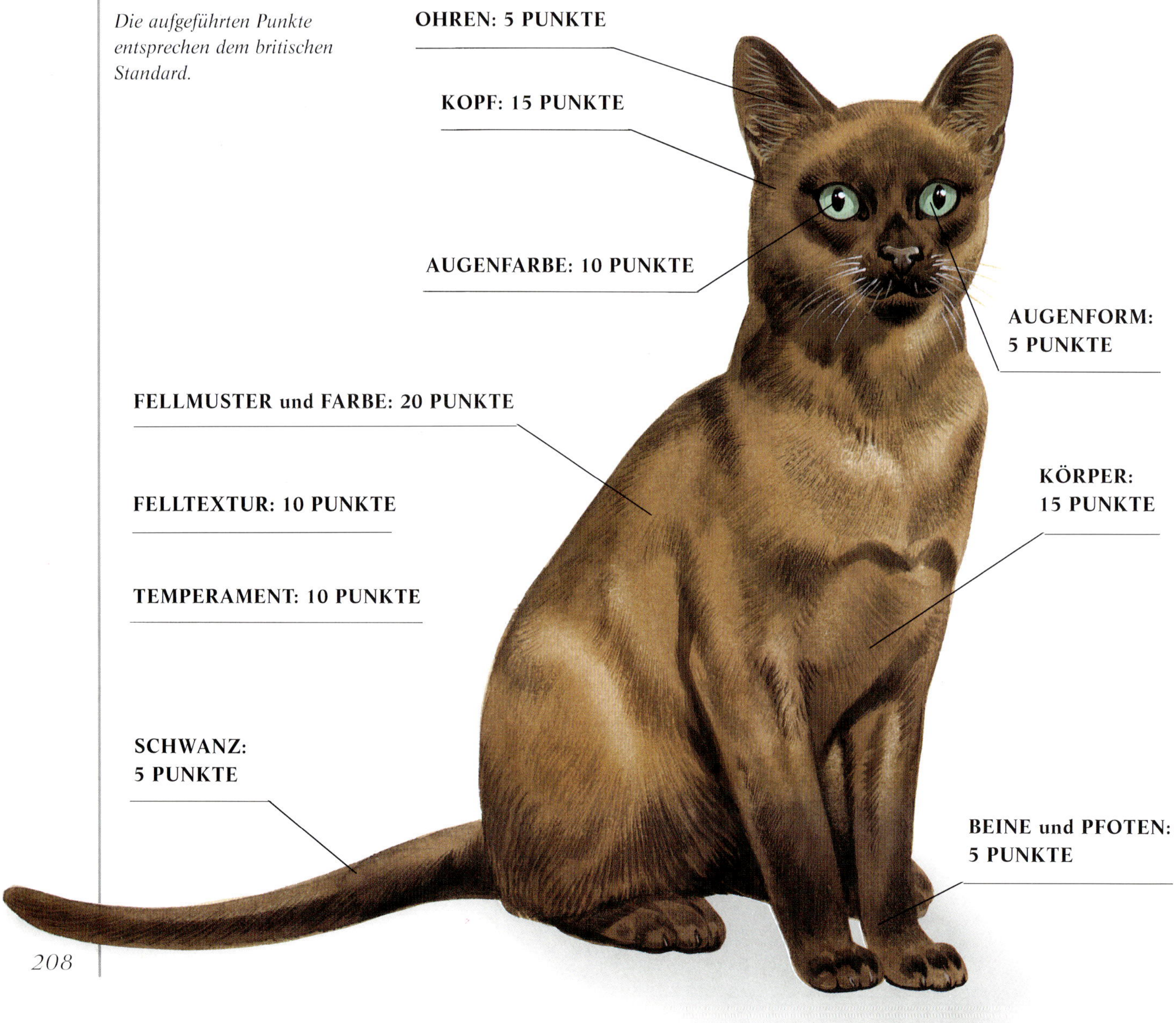

OHREN: 5 PUNKTE

KOPF: 15 PUNKTE

AUGENFARBE: 10 PUNKTE

AUGENFORM: 5 PUNKTE

FELLMUSTER und FARBE: 20 PUNKTE

KÖRPER: 15 PUNKTE

FELLTEXTUR: 10 PUNKTE

TEMPERAMENT: 10 PUNKTE

SCHWANZ: 5 PUNKTE

BEINE und PFOTEN: 5 PUNKTE

HAUPTMERKMALE

- **KATEGORIE:** Foreign Shorthair

- **KÖRPERBAU:** mittlere Größe, muskulös, erstaunlich schwer für ihre Größe

- **FELL:** kurz, fein und eng anliegend, von weicher, pelzartiger Textur

- **KOPF:** modifizierte Keilform, länger als breit, mit hohen, leicht abgeflachten Wangenknochen; Stirn, Wangen und Profil mit klaren Konturen; leichter Stop etwa in Augenhöhe; ein deutlicher Break ist unerwünscht. stumpfe Schnauze mit deutlichem Whiskerbreak

- **NASE:** kein Standard vorhanden

- **KINN:** kräftig, aber nicht massig

- **AUGEN:** mandelförmig, entlang der Wangenknochen zum äußeren Ohransatz hin abgeschrägt

- **OHREN:** mittelgroß mit ovalen Spitzen, weit auseinander gesetzt und leicht nach vorne geneigt; sehr kurze Behaarung

- **KÖRPER:** mittlere Länge, muskulös, aber nicht gedrungen, mit straffem Leib

- **BEINE:** schlank

- **PFOTEN:** eher oval als rund

- **SCHWANZ:** mittellang, spitz zulaufend

- **FARBSCHLÄGE:** Braun, Blau, Chocolate, Lilac, Rot, Creme, Brown Tortie, Blue Tortie, Chocolate Tortie, Lilac Tortie

FEHLER

Tastbare Schwanz-fehler gelten bei der Tonkinese als Fehler

DISQUALIFIKATION
- gelbe Augen
- weißes Medaillon oder weißer Fleck
- sichtbarer Knick-schwanz

MINK-VARIETÄTEN

DIE TONKINESE stammt aus der Verbindung von Siam mit Burma und liegt in Typ und Färbung zwischen diesen beiden Rassen. Als Haustier eignet sie sich gut für Leute, die einerseits den Showtyp Siam zu extrem finden, andererseits die stämmige, einförmig gefärbte Burma nicht mögen. Eine typische Tonkinese ähnelt dem »altmodischen« Siamtyp, den heute viele ansprechend finden.

BRAUN Diese Varietät hat mittelbraunes Fell, das zur Unterseite des Körpers hin allmählich heller wird. Points und Nasenspiegel sind dunkelbraun, die Pfotenballen mittel- bis dunkelbraun. Die Augen sind blaugrün.

BLAU Zart graublaue Färbung; an der Unterseite des Körpers etwas heller. Die Points sind schieferblau (deutlich dunkler als die Körperfarbe). Nasenspiegel und Pfotenballen sind blaugrau, die Augen blaugrün.

CHOCOLATE Körperfarbe ist ein gelblichbrauner Cremeton mit mittelbraunen Points. Nasenspiegel zimtbraun; Pfotenballen zimtrosa bis zimtbraun. Augen blaugrün.

ROT Fellfarbe ist ein Goldcreme, das an den unteren Körperpartien ins Apricot geht. Die Points sind hell- bis mittelrotbraun; Nasenspiegel und Pfotenballen sind caramelrosa. Auch diese Katze hat blaugrüne Augen.

LILAC Das zart silbergraue Fell hat einen warmen Schimmer (weiße oder cremefarbene Töne sind nicht erlaubt). Die Points – deutlich dunkler als die Körperfarbe – sind bleigrau. Der Nasenspiegel ist lavendelrosa bis lavendelgrau; die Pfotenballen sind lavendelrosa. Augenfarbe ist Blaugrün.

Varietäten mit Abzeichen (Points)

Als »Points« bezeichnet man Maske (Gesicht), Ohren, Beine, Pfoten und Schwanz. Die Points sind dunkel markiert, gehen aber sanft in die Körperfarbe über. Ihre Farbe entspricht der Körperfarbe, ist nur dunkler und kräftiger.

Bei einer ausgewachsenen Katze sollte die Körperfarbe gleichmäßig satt ausgeprägt sein und an der des Körperunterseite in eine hellere Farbe übergehen. Bei allen Varietäten besteht ein klarer Kontrast zwischen Points und Körperfarbe. Augenfarbe ist Blaugrün (Aquamarin), im Idealfall tief und brillant.

Anmerkung: Bei Jungkatzen und heranwachsenden Tieren darf die Körperfarbe heller sein, auch leichte Streifen sind zulässig. Die Farben werden mit der Zeit dunkler. Die komplette Ausfärbung kann besonders bei den hellen bzw. abgeschwächten (»dilute«) Farben bis zu 16 Monate dauern.

TONKINESE BRAUN
Sie ist die dunkelste Varietät und hat mittelbraunes Fell. Wie bei anderen Tonkinese-Varietäten ist auch hier die Augenfarbe Blaugrün.

TONKINESE CHOCOLATE
Da die Tonkinese Chocolate aus der Verbindung von Burmesen mit Siamesen hervorging, liegt ihre Färbung zwischen der Färbung dieser beiden Rassen.

TONKINESE LILAC
Wie die Burma Lilac und die Siam Lilac Point hat auch diese Katze ein zart silbergraues Fell mit warmem Schimmer.

NEUE VARIETÄTEN

MITGLIEDER DER Cat Association of Britain, die an der Züchtung neuer Farbschläge von Burmesen und Siamesen arbeiten, beschlossen, diese neuen Farbschläge auch bei Tonkinesen einzuführen. Die Zuchtprogramme wurden von der CA, bevor sie 1990 als britischer Vertreter der FIFe beitrat, vorläufig anerkannt. Die Cat Association of Britain verleiht daher besondere Preise für Tonkinesen in folgenden Farbschlägen: Seal, Blau, Chocolate, Cinnamon, Lilac, Fawn, Caramel, Beige, Rot, Creme, Apricot, Indigo sowie sämtliche Farben als Tortie, Tabby und Torbie.

TONKINESE CREME

Die Körperfarbe dieser Katze sollte ein sattes, warmes Creme mit etwas dunkleren Points sein. Die Beine dürfen allerdings heller sein als bei anderen Farbschlägen.

TONKINESE ROT

Die Farbschläge Rot und Creme sind sich oft so ähnlich, daß es schwierig ist, sie bei Jungkatzen zu unterscheiden.

BLUE TORTIE
Kennzeichen dieser hübschen Varietät ist ein bläuliches Silbergrau, das mit Cremetönen gefleckt oder vermischt ist.

CHOCOLATE TORTIE
Durch die Einführung des Gens für Orange oder Rot in die Tonkinesenzucht entstand eine breite Palette von Tortie-Varietäten.

TONKINESE LILAC TORTIE
Eine hellere Version der Blue Tortie mit zart taubengrauem Fell, das mit hellem Creme gemischt oder gefleckt ist. Wie ihre dunklere Cousine, die Lilac Tortie, hat auch diese Katze blaugrüne Augen.

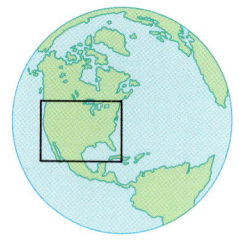

BOMBAY

Das glänzend pechschwarze Fell der Bombay hat man mit Lackleder und ihre strahlenden Augen mit glänzenden Kupfermünzen verglichen. Sie stammt aus einer Züchtung mit ausgesuchten schwarzen American-Shorthair- und Burma-Sable-Katzen, die sehr schnell zu dem gewünschten Typ führte, der sich nun rein züchten ließ. Die Bombay wurde 1976 von der CFA als eigenständige Rasse mit vollem Championstatus anerkannt.

Obwohl die Katze wie eine amerikanische schwarze Burma aussieht, gaben ihr die ersten Züchter, weil sie wie ein kleiner indischer Panther aussieht, den Namen »Bombay«.

Charakter und Pflege

Die Bombay ist sehr ausgeglichen. Sie ist im allgemeinen robust und gesund, zutraulich und verspielt und eignet sich gut als Haustier.

Durch gelegentliche Pflege und ausgewogene Ernährung bleibt das Fell in gutem Zustand. Durch sanftes Abreiben mit einem Seidentuch oder einem Handschuh aus Samt kann man den Glanz des Fells verstärken.

OFFIZIELLE PUNKTESKALA

Die aufgeführten Punkte entsprechen dem amerikanischen Standard.

KOPF und OHREN: 25 PUNKTE

Rundung des Kopfes: 7 Punkte
Volles Gesicht und richtiges Profil: 7 Punkte
Ohren: 7 Punkte
Kinn: 4 Punkte

AUGEN: 5 PUNKTE

Plazierung und Form: 5 Punkte

FELL: 20 PUNKTE

Kürze: 10 Punkte
Textur: 5 Punkte
Anliegend: 5 Punkte

KÖRPER: 20 PUNKTE

Körper: 15 Punkte
Schwanz: 5 Punkte

FARBE: 30 PUNKTE

Körperfarbe: 20 Punkte
Augenfarbe: 10 Punkte

FEHLER

Übermäßig gedrungener oder hochbeiniger Körperbau

DISQUALIFIKATION
- falsche Farbe an Nasenspiegel, Pfotenballen oder Augen
- unkorrekter Biß
- Knickschwanz oder sonstige Schwanzfehler
- weißes Medaillon oder weiße Flecken
- extremer Break, der Atmung oder Tränenfluß beeinträchtigt

BOMBAY

Die echte amerikanische Bombay entstand aus der Verbindung von Burma-Sable- und schwarzen American-Shorthair-Katzen. Sie hat ein glänzend pechschwarzes Fell und große goldene Augen.

HAUPTMERKMALE

- **KATEGORIE:** Foreign Shorthair

- **KÖRPERBAU:** mittlere Größe, muskulös und erstaunlich schwer für ihre Größe

- **FELL:** fein und kurz, von satinartiger Struktur, eng anliegend

- **FARBSCHLÄGE:** nur Schwarz; Fell bis zu den Haarwurzeln pechschwarz, schimmernd; Nasenspiegel, Pfotenballen schwarz; Augen gold- oder kupferfarben

- **ANDERE MERKMALE** Kopf rund, nicht kantig, volles Gesicht, guter Abstand zwischen den Augen, kurze, gut ausgeprägte Schnauze; sichtbarer Nasenbreak. Ohren mittelgroß mit leicht gerundeten Spitzen, weit auseinander stehend, leicht nach vorn geneigt. Muskulöser, mittelgroßer Körper, gut proportionierte Beine; runde Pfoten und gerader, mittellanger Schwanz

BOMBAY (BLACK ASIAN)

In Großbritannien wird die Black Asian, die aus Burmesen und Shorthair Katzen hervorgegangen ist, »Bombay« genannt.

215

BURMILLA

Aus der Verpaarung eines Burma-Lilac-Weibchens mit einem Chinchilla-Silver-Kater gingen 1981 vier kleine Black-Shaded-Silver-Kätzchen hervor. Sie verkörperten den Foreign-Typ und hatten kurzes, dichtes Fell. Sie sahen so attraktiv aus, daß ähnliche Kreuzungen versucht wurden. 1983 erkannte die Cat Association of Britain die Zuchtprogramme an und stellte einen Punktestandard für die »Burmilla« auf. Sie sollte als kurzhaarige Silver-Katze vom gemäßigten Foreign-Typ gezüchtet werden, mit einem auffälligen Kontrast zwischen dem rein silbernen Unterfell und der Shaded- oder Tipped-Haarspitzenfärbung. Die FIFe erkannte 1994 die internationalen Zuchtprogramme der Burmilla an.

Diese elegante Katze gehört zum gemäßigten Foreign-Shorthair-Typ, mit muskulösem Körper, langen, kräftigen Beinen und mitteldickem, langem Schwanz. Der Kopf ist leicht keilförmig; große Ohren, kurze Nase, große Augen. Auffälligstes Merkmal ist die schimmernde Shaded- oder Tipped-Fellfärbung (»Shell«). Grundfarbe ist reines Silberweiß,

OFFIZIELLE PUNKTESKALA

Die aufgeführten Punkte beziehen sich auf den europäischen Standard.

KOPF: 50 PUNKTE

*Form, Nase und Kinn:
20 Punkte
Plazierung und Form der
Ohren: 10 Punkte
Plazierung, Form und Farbe
der Augen: 20 Punkte*

KÖRPER: 25 PUNKTE

*Körper- und Knochenbau;
Beine und Pfoten; Form und
Länge des Schwanzes*

FELL: 20 PUNKTE

*Länge und Textur: 10 Punkte
gleichmäßiges Shading/Tipping:
10 Punkte*

KONDITION: 5 PUNKTE

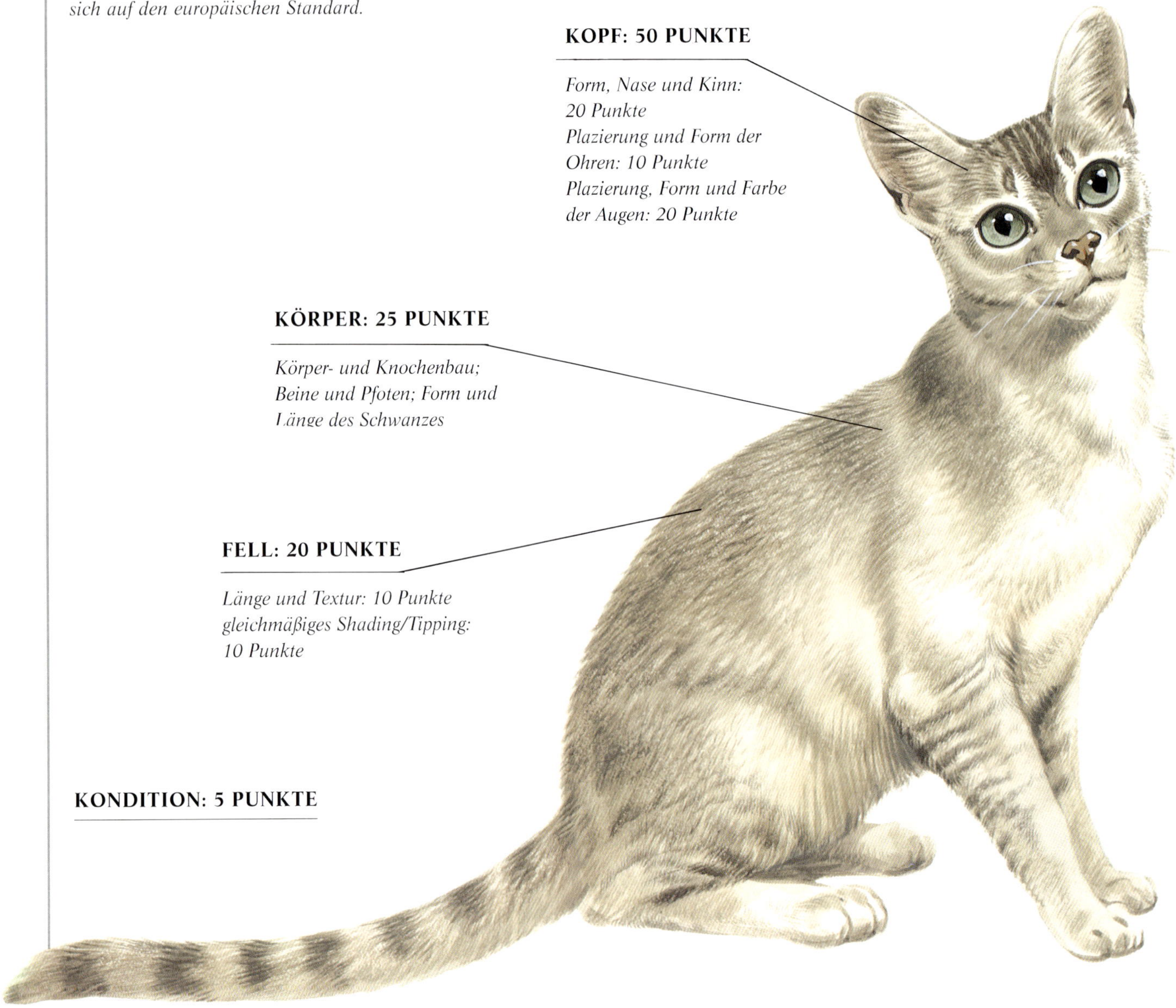

mit Shading oder Tipping in einer der Grund-
oder der Tortie-Farben. Augenlider, Lippen
und Nasenspiegel haben eine Umrandung in
der Grundfarbe; in den Points sind zarte Spuren von Tabby-Zeichnungen, die bei der Sha-
ded-Varietät noch deutlicher erkennbar sind.

Charakter und Pflege

Die Burmilla ist ausgeglichen, ruhig, verspielt
und sehr anhänglich. Das dichte Fell pflegt
man am besten mit einer Gummibürste, um
es von losen Haaren zu befreien.

FEHLER

Bei der Burmilla
gelten als Fehler:
schwaches Kinn;
falsche Augenfarbe,
stämmiger oder
orientalischer Typ
(bei ausgewachse-
nen Katzen); zu
langes oder zottiges
Fell.

HAUPTMERKMALE

- **KATEGORIE:** Foreign Shorthair

- **KÖRPERBAU:** mittlere Größe und Körperbau

- **FELL:** kurz und dicht, von seidiger Textur, mit genügend Unter- haar, um das Fell leicht zu heben

- **KOPF:** auf dem Schädel sanft gerundet, mittlerer Abstand zwischen den Ohren; in Augenhöhe breit, zu einer kurzen, stumpfen Schnauze auslaufend

- **NASE:** im Profil leichter sichtbarer Break

- **KINN:** kräftig, bildet mit der Nasenspitze eine gerade Linie

- **AUGEN:** groß, mit gutem Abstand; leicht schräg stehend; glänzend und ausdrucksvoll

- **OHREN:** mittelgroß bis groß, an der Basis breit, an den Spitzen abge- rundet, leicht nach vorne geneigt

- **KÖRPER:** mittlere Länge, gerader Rücken, runder Brustkorb

- **BEINE:** schlank, mit kräftigen Knochen; Hinterbeine etwas länger

- **PFOTEN:** zierlich und oval

- **SCHWANZ:** mittellang bis lang, ziemlich dick an der Wurzel, leicht verjüngt zu einer abgerundeten Spitze

- **FARBSCHLÄGE:** Shaded oder Tipped in folgenden Farben: Schwarz, Blau, Braun, Chocolate, Lilac, Rot, Creme, Red Tortie, Blue Tortie, Brown Tortie, Chocolate Tortie, Lilac Tortie

VARIETÄTEN

BLACK TIPPED
Das rein silberweiße Fell der Burmilla weist bei dieser Varietät ein leichtes schwarzes Tipping auf.

BURMILLA SIND ELEGANTE KATZEN vom gemäßigten Foreign-Shorthair-Typ, wobei der Kater größer und kräftiger ist als die zierliche Kätzin. Sie dürfen weder den feinen Knochenbau der Siam aufweisen noch den schweren Kurzhaar-Typ verkörpern; beides gilt als Fehler.
BLACK SHADED oder TIPPED Fell rein silberweiß, mit schwarzem Tipping oder Shading. Nasenspiegel ziegelrot; Pfotenballen und Sohlen schwarz. Augenfarbe ist Grün.
BLUE SHADED oder TIPPED Fell rein silberweiß, mit blaugrauem Shading oder Tipping. Nasenspiegel ziegelrot; Pfotenballen und Sohlen blaugrau. Augenfarbe ist Grün.
BROWN SHADED oder TIPPED Fell rein silberweiß, mit dunkelbraunem Shading oder Tipping. Nasenspiegel ziegelrot; Pfotenballen und Sohlen dunkelbraun; Augenfarbe Grün.
CHOCOLATE SHADED oder TIPPED Fell rein silberweiß, mit milchschokoladenbraunem Shading oder Tipping. Nasenspiegel zie-

BURMILLA CHOCOLATE TIPPED
Bei der Chocolate Tipped ist das rein silberweiße Unterfell milchschokoladen-braun getippt.

BURMILLA BROWN SHADED
Die Shaded- sind stärker getippt als die Tipped-Varietäten, ihre Färbung wirkt daher kräftiger. Die Brown Shaded hat silbernes Unterfell mit dunkelbraunem Shading.

BURMILLA BROWN TIPPED
Diese Burmilla Brown Tipped ist eine typische Vertreterin ihrer Rasse, verspielt und anhänglich.

gelrot; Pfotenballen schokoladenbraun mit rosa Schimmer; Sohlen schokoladenfarben; Augen grün.

LILAC SHADED oder TIPPED Fell rein silberweiß, mit lilacfarbenem Shading oder Tipping (hellgrau mit Rosaschimmer). Nasenspiegel ziegelrot; Pfotenballen lavendelrosa; Sohlen grau mit Rosaschimmer; Augen grün.

RED SHADED oder TIPPED Fell rein silberweiß, mit rotem Shading oder Tipping. Nasenspiegel und Pfotenballen rosa, Sohlen rot; Augenfarbe ist Grün oder Bernstein.

CREME SHADED oder TIPPED Fell rein silberweiß, mit hell cremefarbenem Shading oder Tipping. Nasenspiegel und Pfotenballen rosa, Sohlen cremefarben; Augenfarbe Grün oder Bernstein.

RED TORTIE SHADED oder TIPPED Fell reinweiß, mit schwarzem und rotem Shading oder Tipping in abgegrenzten Farbpartien. Nasenspiegel und Pfotenballen einfarbig schwarz oder rosa, oder in diesen Farben gesprenkelt; die Sohlen sind schwarz und/oder rot; Augen grün oder bernsteinfarben.

BLUE TORTIE SHADED oder TIPPED Fell reinweiß, mit blaugrauem und cremefarbenen Shading oder Tipping in abgegrenzten Farbpartien. Nasenspiegel und Pfotenballen

**BURMILLA
BLUE SHADED**
*Das silberweiße Fell
mit blaugrauem
Shading betont den
ziegelroten Nasen-
spiegel und die großen
leuchtend grünen
Augen.*

blaugrau oder rosa oder auch blaugrau und rosa gesprenkelt; Sohlen blaugrau und/oder cremefarben. Augen grün oder Bernstein.

BROWN TORTIE SHADED oder TIPPED
Fell reinweiß, mit dunkelbraunem und rotem oder hellrotem Shading oder Tipping in Farbpartien. Nasenspiegel und Pfotenballen dunkelbraun oder rosa, auch dunkelbraun und rosa gesprenkelt; Sohlen dunkelbraun und/oder rot. Augen grün oder bernstein.

CHOCOLATE TORTIE SHADED oder TIPPED Fell reinweiß, mit milchschokoladenbraunem und hellrotem Shading oder Tipping in abgegrenzten Farbpartien. Nasen-

spiegel, Pfotenballen schokoladenbraun oder rosa oder gesprenkelt; Sohlen schokoladenbraun und/oder hellrot. Augen grün oder Bernstein.

LILAC TORTIE SHADED oder TIPPED
Fell reinweiß, mit lilacfarbenem (Hellgrau mit Rosaschimmer) und cremefarbigem Shading oder Tipping in abgegrenzten Farbpartien. Nasenspiegel und Pfotenballen lavendelrosa, rosa oder auch lavendelrosa und rosa gesprenkelt; Sohlen grau mit leichtem Rosaschimmer. Augen Bernstein oder grün.

Hinweis: In allen Farbschlägen ist die Burmilla Tipped heller als die Burmilla Shaded.

**BURMILLA
BLACK SHADED**
*Wie bei allen Burmilla
harmonieren Pfotenbal-
len und Sohlen (Bereich
von Pfote bis Sprung-
gelenk) mit der Shading-
oder Ticking-Färbung
des silberfarbenen Fells.*

ASIATEN

DIE BURMILLA IST NUR EINE Vertreterin der großen Katzenfamilie, die man »Asiaten« (Asian) nennt. Alle Katzen dieser Gruppe entsprechen in Typ und Körperbau den Burmesen, haben jedoch weder die gleiche Fellfarbe noch die schwache Ausprägung der Points wie

TICKED TABBY
Das einzelne Haar ist mit zwei oder drei Farbbändern getickt, so daß das Fell ein wenig an das eines Wildkaninchens erinnert. Alle Ticked-Tabby-Asiaten sollten klare Tabby-Zeichnungen an Beinen und Schwanz aufweisen.

die typische Burma. Man könnte sagen, daß das Verhältnis der Asian zur Burma dem der Orientalen zur Siam entspricht. In der Asian-Gruppe findet sich eine Vielzahl von Katzen mit ungewöhnlichem, wunderschönem Fell, was sowohl Farben, Muster als auch Textur betrifft. Zur Asian gehören Burmilla, Asian Smoke, Asian Tabby, Bombay und Tiffanie. Die erfolgreichste und beliebteste Vertreterin ist die Burmilla. Die meisten anderen Asiaten

waren eher Zufallserscheinungen. Sie entstanden bei Zuchtprogrammen, die darauf abzielten, einerseits die Burmilla in möglichst vielen Farbschlägen zu züchten und andererseits einen umfangreichen und gesunden Grundstock von Tieren zu erhalten, mit dem Kreuzungen in zweiter und dritter Generation vorgenommen werden konnten.

ASIATISCHE AUGEN
Alle Varietäten der Asian-Gruppe haben große, ausdrucksvolle Augen, in gutem Abstand gesetzt. Sie sind von leicht orientalischem Schnitt, jedoch von der Form her weder orientalisch noch rund.

ORIENTALISCHE RASSEN

SIAMKATZEN

Die Siamkatze ist wohl die bekannteste aller Rassekatzen. Die heutigen Exemplare unterscheiden sich deutlich von denen, die es um 1900 gab. Dennoch hat die Siam noch den Himalaya-Faktor, jenes Gen, das die reine Fellfarbe auf die Points (Gesicht, Ohren, Beine, Pfoten und Schwanz) beschränkt.

Ende des 19. Jahrhunderts wurden Seal-Point-Siamkatzen am Königshof von Siam britischen und amerikanischen Diplomaten gezeigt. Seitdem erfreute sich diese Rasse stets eines beständigen öffentlichen Interesses.

Die ursprünglichen siamesischen Königskatzen hatten sealbraun gefärbte Points, bei einigen waren sie jedoch von hellerem Braun. Letztere wurden schließlich als eigenständige Farbvariante anerkannt, die den Namen »Chocolate-Point« erhielt. Darüber hinaus entdeckte man einen natürlichen Faktor, der für eine Verdünnung der Pigmente sorgte, als nämlich anstelle der fast schwarzen schiefergraue Points erschienen. Katzen mit einer solchen Pointsfärbung wurden ebenfalls als eigenständige Varietät anerkannt und erhielten den Namen »Blue-Point«.

Mit zunehmendem Wissen über die Farbgene erkannten die Züchter der Siam, daß sie die Zahl der Farbvarianten erhöhen konnten, indem sie ausgewählte Katzen anderer Rassen auskreuzten und die so entstandenen Exemplare wieder mit reinrassigen Siam kreuzten. Die Serie mit roten Points entstand durch Kreuzung mit roten, Red-Tabby und Schildpatt, und einige Farben bei Tabby-Point wurden durch Kreuzung mit Tabbies entwickelt.

So wie einige ausländische Verbände, vor allem der französische FIFe, erkennen die britischen Katzenverbände GCCF und CA alle

OFFIZIELLE PUNKTESKALA

Die neben der Abbildung aufgeführten Punkte beziehen sich auf den britischen Standard (einige Varietäten erhalten vom GCCF unterschiedliche Bewertungspunkte), die unten auf den der USA.

KOPF: 25 PUNKTE
Kopfform, Nase, Profil, Kiefer, Zähne, Stirn, Schnitt der Augen

AUGENFARBE: 15 PUNKTE

KÖRPER: 25 PUNKTE
Form, Größe, Knochenbau, Länge der Beine, Form der Pfoten, Schwanzlänge, -form

FELL: 30 PUNKTE
Fellfarbe Rumpf: 10 Punkte
Fellfarbe Points: 10 Punkte
Zustand, Textur: 10 Punkte

KONDITION: 5 PUNKTE

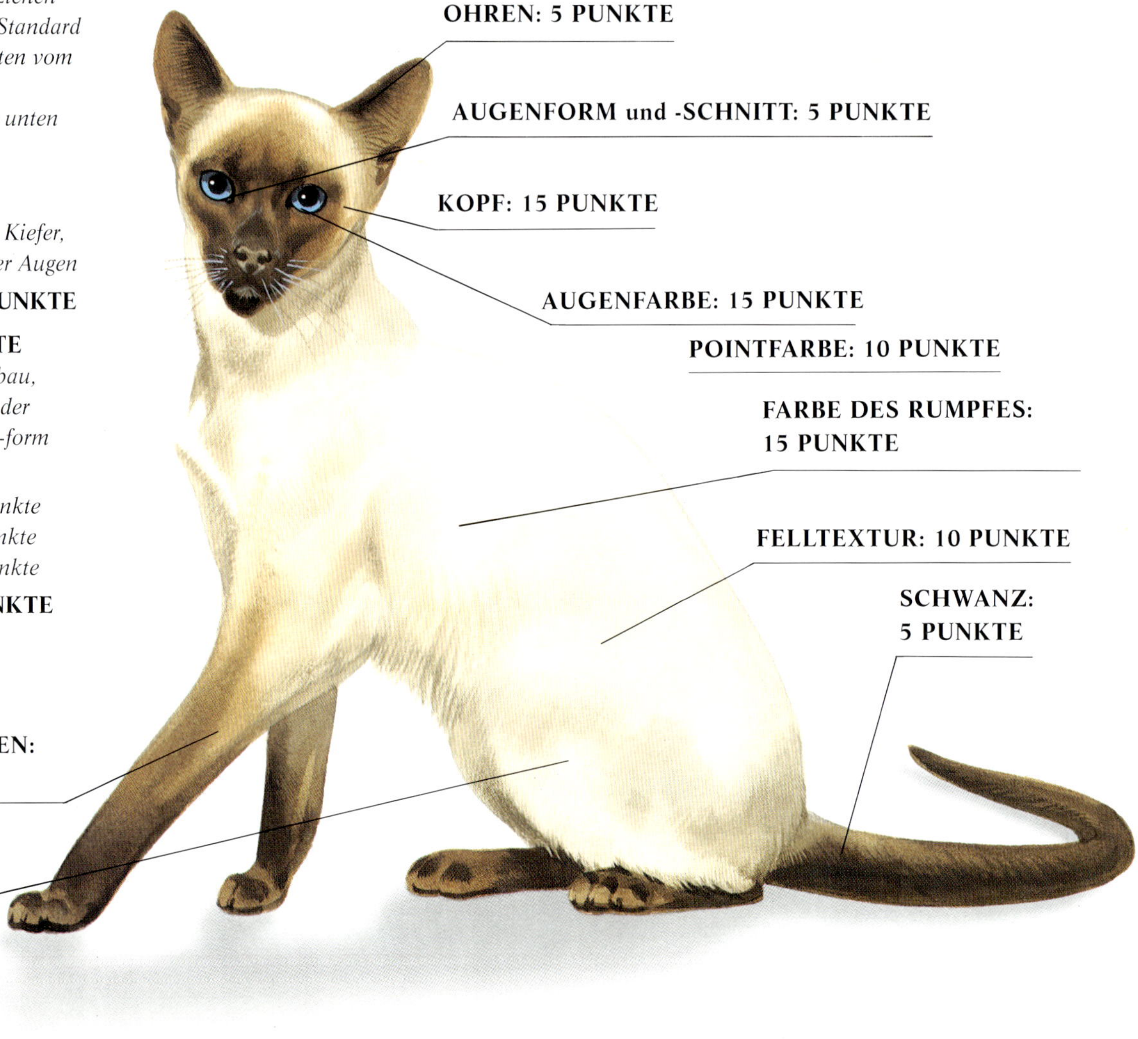

OHREN: 5 PUNKTE

AUGENFORM und -SCHNITT: 5 PUNKTE

KOPF: 15 PUNKTE

AUGENFARBE: 15 PUNKTE

POINTFARBE: 10 PUNKTE

FARBE DES RUMPFES: 15 PUNKTE

FELLTEXTUR: 10 PUNKTE

SCHWANZ: 5 PUNKTE

BEINE und PFOTEN: 5 PUNKTE

KÖRPER: 15 PUNKTE

Kurzhaarkatzen des orientalischen Typs mit Pointfärbung als Siamkatzen an. Der amerikanische CFA aber akzeptiert nur vier ursprüngliche, natürlich auftretende Farbschläge als Siam und führt rote und Tabbies (oder Lynx-Point) als Kurzhaar Colourpoint.

Charakter und Pflege

Die typische Siamkatze ist extrovertiert und liebenswert. Sie wirkt lebhaft, intelligent und kann zuweilen auch laut sein. Siamkatzen sind nicht gern länger allein; paarweise oder in kleinen Gruppen fühlen sie sich wohler. Sie sind sehr reinlich und eignen sich vorzüglich als Haustier. Das kurze Fell sollte man mit sauberen Händen oder einem Seidentuch abreiben. Die Ohren müssen regelmäßig gereinigt werden. Ein Kratzbaum und viel Spielzeug sollten zur Verfügung stehen.

FEHLER

Als Fehler gelten bei der Siamkatze: Flecken an Bauch oder Flanken; weiße oder hellere Haare in den Points; Streifen in den Points (außer bei der Tabby-Point); ungenügender Kontrast zwischen Körperfell und Points; weiße Flecken oder weiße Zehen; andere Augenfarbe als Blau; geknickter Schwanz; Fehlbiß

HAUPTMERKMALE

- **KATEGORIE:** Foreign Kurzhaar

- **KÖRPERBAU:** mittelgroß, langgestreckt und elegant

- **FELL:** sehr kurz, fein strukturiert, glänzend, seidig und eng anliegend.

- **KOPF:** mittelgroß im Verhältnis zum Körper; keilförmig mit geraden Linien - der Keil beginnt an der Nase und wird nach oben hin allmählich breiter; keine Einkerbung neben den Schnurrhaarkissen

- **NASE:** lang und gerade, ohne Einkerbung

- **KINN:** mittelgroß; die Spitze bildet eine vertikale Linie mit der Nasenspitze

- **AUGEN:** mittelgroß und mandelförmig; leicht zur Nase hin geneigt und in Harmonie mit den Linien des Keils

- **OHREN:** groß und spitz, breit am Ansatz, so gestellt, daß sie den Umriß des Keils fortsetzen

- **KÖRPER:** lang und grazil, muskulös, trotzdem zierlich und elegant; die Schultern sollten nicht breiter sein als die Hüften

- **BEINE:** lang und schmal, im harmonischen Verhältnis zum Körper

- **PFOTEN:** klein und oval

- **SCHWANZ:** sehr lang, dünn am Ansatz, spitz zulaufend

- **FARBSCHLÄGE:** Seal Point, Blue Point, Chocolate Point, Lilac Point, Red Point, Creme Point, Seal Tortie Point, Blue Tortie Point, Chocolate Tortie Point, Lilac Tortie Point, Seal Tabby Point, Blue Tabby Point, Chocolate Tabby Point, Lilac Tabby Point, Red Tabby Point, Creme Tabby Point, Seal Tortie Tabby Point, Blue Tortie Tabby Point, Chocolate Tortie Tabby Point, Lilac Tortie Tabby Point

VARIETÄTEN

DAS KÖRPERFELL sollte gleichmäßig gefärbt sein. Leichte Schattierungen werden nur bei bestimmten Farbschlägen zugelassen. Die Points – Maske, Ohren, Beine, Pfoten und Schwanz – müssen dieselbe Farbschattierung aufweisen und klar abgesetzt sein. Die Maske soll das gesamte Gesicht einschließlich der Schnurrhaarkissen bedecken und mit den Ohren durch Markierungen verbunden sein. Die Points dürfen nicht gefleckt oder mit weißen Haaren durchsetzt sein. Die Augenfarbe aller Varietäten ist Saphirblau.

SEAL POINT Das Fell ist beige bis cremefarben oder blaß rehbraun. Points, Nasenspiegel und Ballen sind dunkel sealbraun.

RED POINT Von einem cremeweißen Fell heben sich rötlich goldene Points ab. Der Nasenspiegel ist rosafarben, die Ballen sind rosa bis rot.

**SIAM
RED POINT**
Diese Katze mit ihren großen Ohren, die die Fortsetzung des keilförmigen Kopfes bilden, ist ein hervorragendes Ausstellungsexemplar. Das Fell schimmert cremeweiß. Die Points sind rötlich golden.

**SIAM
SEAL POINT**
Der ursprüngliche Farbschlag wurde früher »Siamesische Königskatze« genannt. Das Fell dieser Katze hat einen warmen Cremeton. Die dunkel sealbraunen Points scheinen fast schwarz.

226

SIAM BLUE POINT
Das Fell dieser Varietät ist häufig stärker schattiert als das anderer Farb-schläge.

BLUE POINT Fell bläulich weiß. Points, Nasenspiegel und Ballen sind blaugrau.
CHOCOLATE POINT Fell schimmert elfen-beinfarben. Points und Nasenspiegel kakaofa-rben, die Ballen zimt- bis kakaofarben.
LILAC POINT (Frost-Point) Das Fell ist magnolienfarben; die Points sind eisgrau und leicht rosa überhaucht. Nasenspiegel und Bal-len schimmern lavendelfarben.
CREME POINT Grundfarbe ist Cremeweiß; Points mit cremigem Pastellton. Nasenspiegel und Ballen sind rosafarben.
SEAL TORTIE POINT Das beigefarbene Fell zeigt eine rehbraune Schattierung. Die Points

SIAM CHOCOLATE POINT
Das Fell dieser Katze schimmert elfenbein-farben; ihre Points haben die Farbe von Kakao.

227

SIAM LILAC POINT

Mit ihrem magnolien-farbenen Fell und den rosa überhauchten, eisgrauen Points ist sie die blasseste unter den Siamkatzen. Einige Katzenverbände führen sie als »Frost-Point«.

sind einfarbig sealbraun, rot, hellrot oder meliert. Nasenspiegel und Ballen sind seal-braun und rosafarben.

BLUE TORTIE POINT Fell bläulich weiß. Points können blaugrau gefleckt oder creme-weiß meliert sein. Nasenspiegel und Ballen schimmern blaugrau und/oder rosafarben.

CHOCOLATE TORTIE POINT Fell elfen-beinfarben. Points kakaofarben und/oder hellrot gefleckt oder meliert. Der Nasenspie-gel schimmert kakaofarben und/oder rosa. Ballen zimt- bis kakaofarben und/oder rosa.

FROST TORTIE POINT Das Fell schimmert magnolienfarben. Die Points sind von rosa überhauchtem Eisgrau und hell cremefarben gefleckt. Nasenspiegel und Ballen leuchten rosa bis blaßrosa.

SEAL TABBY POINT Hier ist ein beiges Fell mit dunkel sealbraun gestromten Points kom-biniert. Augenränder und Nase sealbraun. Nasenspiegel ziegelrot, rosa oder sealbraun; die Ballen schimmern sealbraun.

BLUE TABBY POINT Bläulich weißes Fell mit blaugrau gestromten Points. Augenrän-der blaugrau. Nasenspiegel altrosa oder blau-grau; die Ballen schimmern blaugrau.

CHOCOLATE TABBY POINT Fell elfen-beinfarben. Points kakaofarben gestromt. Ränder um Augen und Nase schimmern kakaofarben. Nasenspiegel hellrot, rosa oder kakaofarben; Ballen zimt- oder kakaofarben.

FROST TABBY POINT Das Fell leuchtet magnolienfarben, die Points sind lilac ge-stromt – eisgrau mit leicht rosa überhauchten Tabby-Abzeichen; die Augenränder schim-mern lavendelfarben. Der Nasenspiegel ist lavendelfarben bis rosa. Auch die Ballen sind lavendelfarben.

RED TABBY POINT Fell gebrochen weiß mit leichtem Rotton. Points in warmem Oran-ge gestromt. Die Ränder um Augen und Nase

SIAM CREME POINT

Das cremig weiße Körperfell dieser Varietät wird durch den zarten Pastellton der Points akzentuiert.

schimmern dunkelrosa. Nasenspiegel ziegelrot oder rosa; die Ballen sind rosa.

CREME TABBY POINT Das Fell ist cremeweiß, die Points sind in einem kälteren Cremeton gestromt. Die Ränder um Augen und Nase schimmern dunkelrosa, Nasenspiegel und Ballen rosa.

SEAL TORBIE POINT Das Fell ist beige; Points mit sealbraunen Tabbyabzeichen, die mit roten oder hellroten Schildpattmustern gefleckt oder meliert sind. Ränder um die Nase sealbraun, Nasenspiegel und Ballen sealbraun, ziegelrot oder rosa bzw. sealbraun mit ziegelroten und/oder rosafarbenen Sprenkeln.

BLUE TORBIE POINT Vom bläulich weißen Fell heben sich Points mit blauen Tabby-Abzeichen ab, die mit cremefarbenem Schildpattmuster gefleckt oder meliert sind. Die Ränder um die Nase schimmern blaugrau; Nasenspiegel blaugrau, altrosa oder rosa bzw. blaugrau mit Altrosa und/oder Rosa gesprenkelt. Die Ballen sind blaugrau und/oder rosa.

CHOCOLATE TORBIE POINT Fell elfenbeinfarben getönt. Die kakaofarben gestromten Points sind mit rotem oder hellrotem Schildpattmuster gefleckt oder meliert. Die Ränder um die Nase schimmern schokoladenbraun, blaßrot oder rosa bzw. kakaofarben mit blaßroten oder rosafarbenen Sprenkeln. Ballen zimt- bis kakaofarben und/oder rosa.

FROST TORBIE POINT Das Fell schimmert magnolienfarben. Die Points sind lilac gestromt und mit Schildpattmuster in einem hellen Cremeton gefleckt oder meliert. Die Ränder um die Nase schimmern lavendelfarben; Nasenspiegel und Ballen lavendelfarben, blaßrosa oder lavendelfarben mit blaßrosa Sprenkeln.

SIAM BLUE TABBY POINT
Diese ursprünglich »Lynx-Point« genannte Siamkatze ging aus Kätzchen hervor, die durch Fehlpaarung entstanden waren.

SIAM RED TABBY POINT
Das gebrochen weiße Fell dieser Varietät ist leicht rot überhaucht. Die Points sind in einem warmen Orange gestromt.

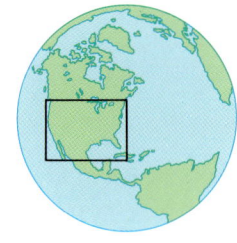

COLOURPOINT KURZHAAR

Als Siamkatzen mit anderen Varietäten – etwa mit einer gestromten Kurzhaarkatze – gekreuzt wurden, entstand die Colourpoint Kurzhaar. Da das Gen, das die Farbe bei den Siamkatzen auf die Extremitäten beschränkt, rezessiv ist, war das gesamte Fell dieser Katzen gefärbt.

Bei der anschließenden Kreuzung dieser eingekreuzten Katzen mit makellosen Siam entstand jedoch ein Wurf im Siamfarbschlag. Eine erfolgreiche Rückkreuzung mit Siamkatzen führte dazu, daß die neue Varietät den strengen Standards einiger Verbände entsprach. In Großbritannien wurden die neuen Farbschläge allmählich als Erweiterung der Siamvarietäten akzeptiert. In den Vereinigten Staaten beschlossen einige Verbände, diese Katzen als Colourpoint Kurzhaar zu führen.

Charakter und Pflege

Bis auf ihren Namen gleicht sie der Siamkatze. Sie ist intelligent, lebhaft und liebenswürdig. Um sie bei guter Gesundheit zu halten, ist eine ausgewogene Ernährung wichtig. Ihr feines Fell muß nur selten gekämmt werden, um ausgefallene Haare zu entfernen. Man sollte es zusätzlich entweder mit den Händen oder mit einem Seidentuch abreiben.

OFFIZIELLE PUNKTESKALA

Die neben der Abbildung aufgeführten Punkte beziehen sich auf den Standard in den USA.

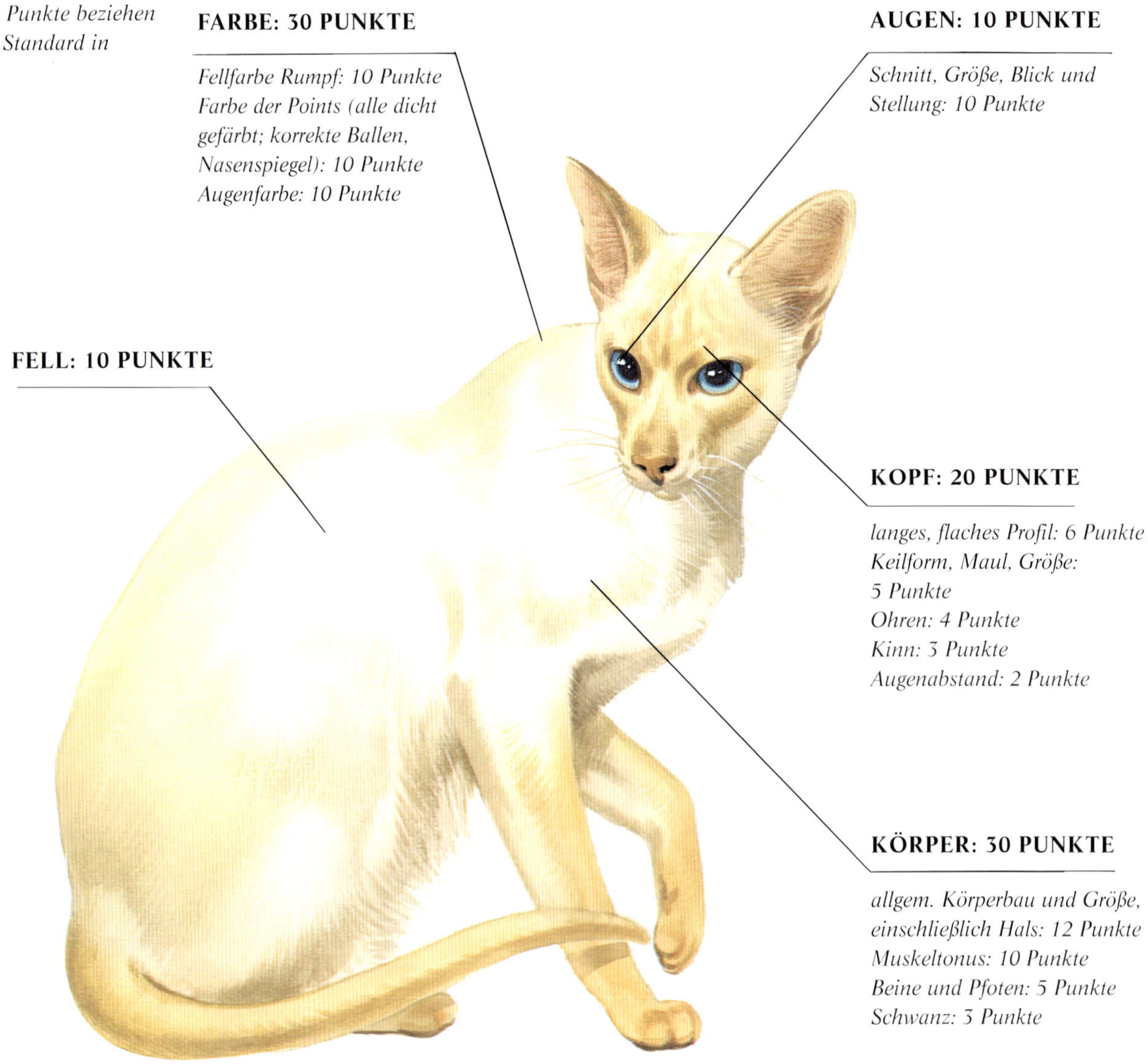

FARBE: 30 PUNKTE

Fellfarbe Rumpf: 10 Punkte
Farbe der Points (alle dicht gefärbt; korrekte Ballen, Nasenspiegel): 10 Punkte
Augenfarbe: 10 Punkte

AUGEN: 10 PUNKTE

Schnitt, Größe, Blick und Stellung: 10 Punkte

FELL: 10 PUNKTE

KOPF: 20 PUNKTE

langes, flaches Profil: 6 Punkte
Keilform, Maul, Größe: 5 Punkte
Ohren: 4 Punkte
Kinn: 3 Punkte
Augenabstand: 2 Punkte

KÖRPER: 30 PUNKTE

allgem. Körperbau und Größe, einschließlich Hals: 12 Punkte
Muskeltonus: 10 Punkte
Beine und Pfoten: 5 Punkte
Schwanz: 3 Punkte

HAUPTMERKMALE
• **KATEGORIE:** Foreign Kurzhaar
• **KÖRPERBAU:** mittelgroß, elegant und grazil
• **FELL:** kurz, fein strukturiert, glänzend und eng anliegend
• **KOPF:** langgezogen, spitz zulaufend und keilförmig mit spitzem Maul
• **NASE:** lang und gerade 
• **KINN:** Kinnspitze bildet eine Linie mit der Nasenspitze
• **AUGEN:** mittelgroß und mandelförmig, schräg zur Nase hin geschnitten
• **OHREN:** auffallend groß und spitz; Fortsetzung der Keilform des Kopfes 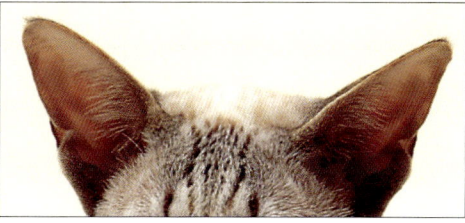
• **KÖRPER:** langgestreckt und schlank mit feinem Knochenbau, festen Muskeln und einem flachen Bauch. Schmale Schultern und Hüften.
• **BEINE:** lang und schlank
• **PFOTEN:** klein und oval
• **SCHWANZ:** lang und dünn, spitz zulaufend 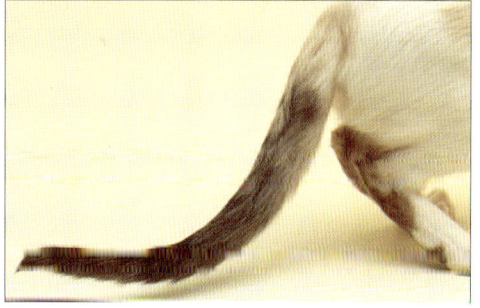
• **FARBSCHLÄGE:** Red Point, Creme Point, Seal Lynx Point, Blue Lynx Point, Chocolate Lynx Point, Lilac Lynx Point, Red Lynx Point, Seal Tortie Point, Chocolate Tortie Point, Blaucreme Point, Lilac Creme Point

VARIETÄTEN

SIAMKATZEN werden bei einigen amerikanischen Verbänden unter anderem Namen geführt. Die Gruppe der Colourpoint Kurzhaar umfaßt die Siamvarietäten, die zur Erhaltung der orangefarbenen (roten) Tabby-Gene durch Einkreuzung anderer Rassen entstanden sind.

RED POINT Fell reinweiß. Die Points können jegliche Schattierung von Apricot bis Tiefrot aufweisen. Dunklere, streifenfreie Schattierungen werden bevorzugt. Nasenspiegel und Ballen sind fleisch- oder korallenfarben. Die Augen sind saphirblau.

CREME POINT Das Fell ist reinweiß. Die Points können jegliche Schattierung von blassem Lederbraun bis zu hellem, rosa überhauchtem Creme ohne Streifen aufweisen. Nasenspiegel und Ballen sind fleisch- oder korallenfarben, Augen saphirblau.

SEAL LYNX POINT Fell cremefarben oder hell rehbraun mit einer helleren Schattierung an Brust und Bauch. Geisterzeichnung ist erlaubt. Die Points zeigen deutlich abgesetzte sealbraune Streifen, durch eine hellere Unterfarbe kontrastiert. Die Ohren sind sealbraun mit einem blasseren Daumenabdruck im Inneren. Der Nasenspiegel ist sealbraun oder rosa mit sealbraunen Rändern; die Ballen sind sealbraun, die Augen saphirblau.

BLUE LYNX POINT Fell kalt bläulich weiß bis platingrau, an Brust und Bauch hellere Schattierung. Geisterzeichnungen toleriert. Die Points zeigen deutlich gegen helle Unterfarbe abgesetzte blaugraue Streifen. Ohren tief blaugrau mit blasserem Daumenabdruck im Inneren. Nasenspiegel schimmert schiefergrau oder rosa mit schiefergrauen Rändern; Ballen schiefergrau, Augen saphirblau.

CHOCOLATE LYNX POINT Fell mit Elfenbeinschimmer. Geisterzeichnung ist erlaubt. Die Points zeigen kakaofarbene Streifen. Der Farbton der Ohren ist ein helles Kakaobraun; im Inneren befindet sich ein hellerer Daumenabdruck. Nasenspiegel zimtfarben oder rosa mit zimtfarbenen Rändern, die Ballen zimtfarben; Augen saphirblau.

LILAC LYNX POINT Magnolienfarbenes Fell, Geisterzeichnung als Schattierung zulässig. Die Points weisen gegen helle Unterfarbe abgesetzte rosa getönte Streifen auf. Ohren schimmern eisgrau mit blasserem Daumenabdruck im Inneren. Nasenspiegel lavendelfarben oder grau mit lavendelfarbenen Rändern. Ballen lavendelfarben, Augen saphirblau.

RED LYNX POINT Fell leuchtend weiß. Geisterzeichnung als Fellschattierung zulässig. Die Points weisen deutlich gegen helle Unterfarbe abgesetzte dunkelrote Streifen auf. Ohren tiefrot mit hellerem Daumenabdruck im Inneren. Nasenspiegel und Ballen fleisch- oder korallenfarben. Augen saphirblau.

SEAL TORTIE POINT Fell blaß rehbraun bis cremefarben, an Brust und Bauch hellere Schattierung. Bei älteren Katzen ist es teilweise cremefarben gesprenkelt. Points sealbraun und gleichmäßig rot und hellrot gesprenkelt. Blesse erwünscht. Nasenspiegel sealbraun; bei Gesichtsblesse sind fleisch- oder korallenfarbene Sprenkel erlaubt. Ballen schimmern sealbraun; fleisch- oder korallenfarbene Sprenkel sind möglich, wenn sich die Sprenkel bis zu den Ballen erstrecken. Augen saphirblau.

CHOCOLATE TORTIE POINT Fell elfenbeinfarben, bei älteren Katzen kann es gesprenkelt sein. Kakaofarbene Points, gleichmäßig (hell)rot gesprenkelt. Blesse erwünscht. Nasenspiegel zimtfarben; fleisch- oder korallenfarbene Sprenkel sind bei Gesichtsblesse erlaubt. Ballen schimmern zimtfarben; fleisch- oder korallenfarbene Sprenkel sind zulässig, wenn sich die Sprenkel der Points bis zu den Ballen ziehen. Leuchtend saphirblaue Augen.

BLAUCREME POINT Fell in bläulich weißem bis platingrauem Ton, an Brust und Bauch hellere Schattierung (bei älteren Katzen gesprenkelt). Points tief blaugrau, gleich-

SIAM CHOCOLATE TORTIE POINT

Die Tortie Point gibt es in vielen Farben. Sie sprechen vor allem die Katzenliebhaber an, die gerne eine einzigartige Katze besitzen wollen, da es keine Exemplare mit den gleichen Abzeichen gibt.

SIAM SEAL TABBY POINT

Das Fell ist häufig mit Geisterzeichnungen schattiert. Die Points zeigen ein Muster aus gestromten und Streifen in der Fellfarbe. Bei der Seal-Tabby sind die Abzeichen dunkel sealbraun.

mäßig cremefarben gesprenkelt. Blesse erwünscht. Nasenspiegel schiefergrau. Bei Gesichtsblesse sind fleisch- oder korallenfarbene Sprenkel erlaubt. Ballen schimmern schiefergrau; fleisch- oder korallenfarbene Sprenkel werden toleriert, wenn sich die Sprenkel zu den Ballen erstrecken. Augen saphirblau.

LILAC CREME POINT Magnolienfarbenes Fell, bei älteren Katzen evtl. gesprenkelt. Points mit rosa überhauchtem Eisgrau, creme gesprenkelt. Blesse erwünscht. Nasenspiegel lavendelfarben; fleisch- oder korallenfarbene Sprenkel bei Gesichtsblesse erlaubt. Ballen schimmern lavendelfarben; fleisch- oder korallenfarbene Sprenkel zulässig, wenn sie sich bis zu den Ballen erstrecken. Leuchtend saphirblaue Augen.

SEAL TORTIE POINT

Das Muster der Points besteht aus einer Mischung aus Schwarz und (Hell)rot. Einige Exemplare (wie die hier abgebildete) zeigen eine (hell)rote Gesichtsblesse.

233

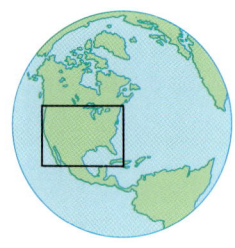

BALINESE

Die langhaarigen Kätzchen, die von Zeit zu Zeit vereinzelt in Würfen von Siamkatzen auftauchten, wurden zur Balinese weiterentwickelt. Zunächst sonderte man solche Kätzchen sofort aus und verkaufte sie als Hauskatzen. Aber in den 40er Jahren begannen zwei Züchter in New York und Kalifornien, aus ihnen eine separate Rasse zu entwickeln. Der Name wurde gewählt, weil die Katze in ihrer Anmut und Eleganz an die Bewegungen der Tänzer auf Bali erinnert. Die Rasse hatte bald viele Bewunderer, sie wurde aber erst im Jahre 1970 vom CFA anerkannt und bei Ausstellungen zugelassen. Das lange Fell zeigt keine Unterwolle und liegt flach am Körper an.

Charakter und Pflege

Wie von ihren Vorfahren zu erwarten, ähnelt die Balinese in ihrem Charakter der Siamkatze; sie ist anhänglich, sehr aktiv, neugierig und verlangt viel Aufmerksamkeit. Das Fell läßt sich mit regelmäßigem Kämmen pflegen; die Nackenkrause sollte gebürstet werden.

OFFIZIELLE PUNKTESKALA

Die neben der Abbildung aufgeführten Punkte beziehen sich auf den britischen, die unten auf den Standard in Europa.

KOPF: 25 PUNKTE

AUGENFARBE: 15 PUNKTE

KÖRPER: 25 PUNKTE

FELL: 30 PUNKTE
Farbe des Rumpfes und der Points: 10 Punkte
Zustand und Textur: 10 Punkte

KONDITION: 5 PUNKTE

ZUSTAND und FARBE DES FELLS: 50 PUNKTE

Augenfarbe: 15 Punkte
Farbe der Points: 10 Punkte
Fellfarbe des Rumpfes: 10 Punkte
Textur, Länge des Fells: 15 Punkte

TYP: 50 PUNKTE

Kopf: 15 Punkte
Ohren: 5 Punkte
Augenschnitt: 5 Punkte

HAUPTMERKMALE

- **KATEGORIE:** Langhaar

- **KÖRPERBAU:** mittelgroß, grazil und elegant

- **FELL:** fein und seidig

- **KOPF:** mittelgroß, zum Kinn hin spitz zulaufende Keilform; keine Einkerbung neben den Schnurrhaarkissen

- **NASE:** lang und gerade, zur Stirn verlaufend

- **KINN:** mittelgroß; die Spitze bildet eine vertikale Linie mit der Nasenspitze

- **AUGEN:** mittelgroß und mandelförmig, leicht zur Nase hin abgeschrägt

- **OHREN:** groß, spitz zulaufend mit breitem Ansatz; setzen die Keilform des Kopfes fort

- **KÖRPER:** langgestreckt und elegant, muskulös, aber grazil; die Schultern sollten nicht breiter als die Hüften sein

- **BEINE:** lang und schmal in Proportion zum Körper

- **PFOTEN:** klein, zierlich und oval

- **SCHWANZ:** sehr lang, dünn und spitz zulaufend; die Schwanzhaare breiten sich wie ein Federbusch aus

- **FARBSCHLÄGE:** alle bei Siamkatzen (und Colourpoints) anzutreffenden = Seal Point, Blue Point, Chocolate Point, Lilac (Frost) Point, Red Point, Creme Point, Seal Tortie Point, Blue Tortie Point, Chocolate Tortie Point, Lilac (Frost) Tortie Point, Seal Tabby Point, Blue Tabby Point, Chocolate Tabby Point, Lilac (Frost) Tabby Point, Red Tabby Point, Creme Tabby Point, Seal Tortie Tabby Point (Seal Torbie Point), Blue Tortie Tabby Point (Blue Torbie Point), Chocolate Tortie Tabby Point (Chocolate Torbie Point), Lilac (Frost) Tortie Tabby Point (Lilac (Frost) Torbie Point); einige Katzenverbände akzeptieren nur Seal Point, Blue Point, Chocolate Point und Lilac (Frost) Point

FEHLER

Als Fehler gelten bei der Balinese fehlende Pigmentierung des Nasenspiegels und der Ballen sowie Schielen.

DISQUALIFIKATION

- Anzeichen mangelnder Gesundheit
- schwächliche Hinterbeine
- Mundatmung aufgrund von Nasenverstopfung
- Knickschwanz
- andere Augenfarbe als Blau
- weiße Zehen oder Pfoten
- flaumige Unterwolle

VARIETÄTEN

CHOCOLATE POINT Gegen ein elfenbein-farbenes Fell heben sich kakaofarbene Points ab. Der Nasenspiegel ist ebenfalls kakaofar-ben, die Ballen sind zimt oder kakaofarben.
LILAC POINT Das Fell hat magnolienfarbe-ne Tönung. Points eisgrau, rosa überhaucht. Nasenspiegel und Ballen schimmern rosa.
RED POINT Das cremeweiße Fell wird mit leuchtend orangefarbenen Points akzentuiert. Nasenspiegel rosa, Ballen rosa oder rot.
CREME POINT Fell cremeweiß, die Points haben einen cremigen Pastellton. Nasenspie-gel und Ballen sind rosa.
SEAL TORTIE POINT Das beige Fell schat-tiert zu rehbraun; Points sealbraun und rot und/oder hellrot gefleckt oder meliert. Na-senspiegel und Ballen sealbraun bis rosa.
BLUE TORTIE POINT Das Fell ist bläulich weiß. Die Points sind blaugrau und mit einem cremigen Pastellton gefleckt oder meliert. Nasenspiegel und Ballen schimmern seal-braun und/oder rosa.
CHOCOLATE TORTIE POINT Das Fell schimmert elfenbeinfarben. Points kakaofar-ben und rot und/oder hellrot gefleckt oder meliert. Nasenspiegel kakaofarben und/oder rosa. Ballen zimt- bis kakaofarben und/oder rosafarben.
LILAC TORTIE POINT Magnolienfarbenes Fell. Points sind von einem rosa überhauch-ten Eisgrau und in blassem Creme gefleckt oder meliert. Nasenspiegel und Ballen schim-mern lavendelfarben und/oder blaß rosa.
SEAL TABBY POINT Fell mit beigem Farb-ton; Points dunkel sealbraun gestromt; die Ränder um Augen und Nase schimmern seal-braun. Der Nasenspiegel ist ziegelrot, rosa oder sealbraun; die Ballen sind sealbraun.

BALINESE CREME
Die balinesische Katze ist eine langhaarige Varietät der Siamkatze und wird in den gleichen Farbschlägen akzeptiert.

DAS FELL SOLLTE möglichst gleichmäßig ge-färbt sein. Leichte Schattierungen sind nur in bestimmten Farbvarianten erlaubt. Die Points müssen alle die gleiche Schattierung haben und klar abgesetzt sein. Die Maske soll das gesamte Gesicht bedecken, auch die Schnurr-haarkissen, und mit den Ohren durch Abzei-chen verbunden sein. In den Points darf es kein Ticking und keine weißen Haare geben. Augenfarbe der Varietäten: Saphirblau.
SEAL POINT Das Fell ist beige bis creme-farben oder blaß rehbraun. Points, Nasen-spiegel und Ballen sind dunkel sealbraun.
BLUE POINT Das Fell schimmert bläulich weiß und ist eisgrau überhaucht. Points, Nasenspiegel und Ballen sind blaugrau.

BALINESE BLUE POINT
Weil in den Zuchtpro-grammen für Baline-sen nur erstklassige Siamkatzen verwendet wurden, sind die meisten der heutigen Balinesen von hervorragendem Typ.

BLUE TABBY POINT Fell leuchtend bläulich weiß; die Points sind blaugrau gestromt; die Ränder um Augen und Nase schimmern blaugrau. Der Nasenspiegel ist altrosa oder blaugrau, die Ballen sind blaugrau.

CHOCOLATE TABBY POINT Das Fell ist elfenbeinfarben, und die Points sind kakaofarben gestromt; die Ränder um Augen und Nase sind ebenfalls kakaofarben. Der Nasenspiegel ist hellrot, rosa oder kakaofarben; die Ballen sind zimt- oder kakaofarben.

LILAC TABBY POINT Fell magnolienfarben getönt; Points lilac gestromt – eisgrau mit leicht rosa getönten Tabby-Abzeichen. Lavendelfarbene Ränder um Augen und Nase. Der Nasenspiegel ist lavendelfarben oder rosa, die Ballen sind lavendelfarben.

RED TABBY POINT Fell gebrochen weiß mit leichtem Rotton; Points sind warm Orange gestromt. Die Ränder um Augen und Nase schimmern dunkelrosa. Der Nasenspiegel ist ziegelrot oder rosa; die Ballen sind rosa.

CREME TABBY POINT Fell cremeweiß; die Points sind in einem kalten Cremeton gestromt. Ränder um Augen und Nase schimmern dunkelrosa, Nasenspiegel und Ballen rosa.

SEAL TORTIE TABBY POINT Fell beige; Points mit sealbraunen Tabby-Abzeichen, mit roten oder hellroten Tortie-Abzeichen gefleckt oder meliert. Die Ränder um die Nase schimmern sealbraun. Nasenspiegel und Ballen sealbraun, ziegelrot oder rosa bzw. sealbraun und ziegelrot und/oder rosa gesprenkelt.

BLUE TORTIE TABBY POINT Fell bläulich weiß schimmernd, Points mit blauen Tabby-Abzeichen, mit cremefarbenen Tortie-Abzeichen gefleckt/meliert. Ränder um Nase blaugrau. Nasenspiegel blaugrau, altrosa oder rosa bzw. blaugrau und altrosa und/oder rosa gesprenkelt. Ballen blaugrau und/oder rosa.

CHOCOLATE TORTIE TABBY POINT Von dem elfenbeinfarbenen Fell heben sich Points mit kakaofarbenen Tabby-Abzeichen ab, mit (hell)roten Tortie-Abzeichen gefleckt oder meliert. Ränder um die Nase schimmern kakaofarben. Nasenspiegel kakaofarben, blaßrot oder rosa bzw. kakaofarben und blaßrot oder rosa gesprenkelt. Ballen zimt- bis kakaofarben und/oder rosa.

BALINESE CHOCOLATE TORTIE POINT
Kakaofarben und hellrot gefleckte oder melierte Points machen diese Katze mit dem elfenbeinfarbenen Fell zu einer außergewöhnlich schönen Varietät.

BALINESE SEAL TABBY POINT
Diese Katze verkörpert die balinesische Rasse in Reinform.

ORIENTALISCH KURZHAAR

Hierbei handelt es sich um Katzen mit dem typischen Körperbau der Siam, bei denen aber die reine Farbe nicht auf die Extremitäten (Points) beschränkt ist. Von einigen Katzenverbänden werden sie als »Orientalisch Kurzhaar« bezeichnet.

Abgesehen von Fellfärbung und Augenfarbe ist die Orientalisch Kurzhaar in jeder Hinsicht mit der Siam identisch. Orientalische Katzen sind schon seit vielen Jahren bekannt. Populär wurden sie aber erst in den 60er Jahren, als einige Liebhaber damit begannen, sie in vielen Farben zu züchten. Manche spezialisierten sich dabei auf nur ein oder zwei Farben bzw. Muster, wählten jedoch die ersten Paarungsexemplare mit großer Sorgfalt aus, um daraus gesunde Katzen zu erhalten. Einige der orientalischen Katzen entstanden als Nebenlinie der Zuchtprogramme für Siamkatzen mit einer Färbung der Points in Red-, Tortie- und Tabby- oder Lynx-Point. Andere

wurden nach langen genetischen Forschungen entwickelt.

Die Entdeckung eines hellbraunen Farbgens führte zur Entwicklung einer Serie attraktiver Fellfarben. Der britische GCCF bezeichnet einfarbige Katzen des Siamtyps als »Foreign«; daher sind sie als Foreign White, Foreign Black, Foreign Blue, Foreign Lilac usw. bekannt. Nur die Foreign Chocolate wird »Havana« genannt; der europäische FIFe, die Cat Association of Britain und der größte amerikanische Verband, der CFA, erkennen die Gruppe als Orientalisch Kurzhaar an.

Die Bezeichnung der Farben variiert ebenfalls: Ebenholzfarben für Schwarz, Kastanienfarben für Chocolate, Lavendelfarben für Lilac. Hinsichtlich der Farbschläge Zimt, Caramel und Rehbraun (Fawn) gibt es ebenfalls Kontroversen. Das Ausstellungssystem des CFA erwies sich für Züchter von Orien-

OFFIZIELLE PUNKTESKALA

Die neben der Abbildung aufgeführten Punkte beziehen sich auf den britischen Standard (für die Foreign White s. Seite 240), die unten aufgeführten auf den europäischen.

KOPF: 25 PUNKTE

AUGENFARBE: 15 PUNKTE

KÖRPER: 25 PUNKTE

FELL: 30 PUNKTE
Fellfarbe: 20 Punkte
Zustand und Textur: 10 Punkte

KONDITION: 5 PUNKTE

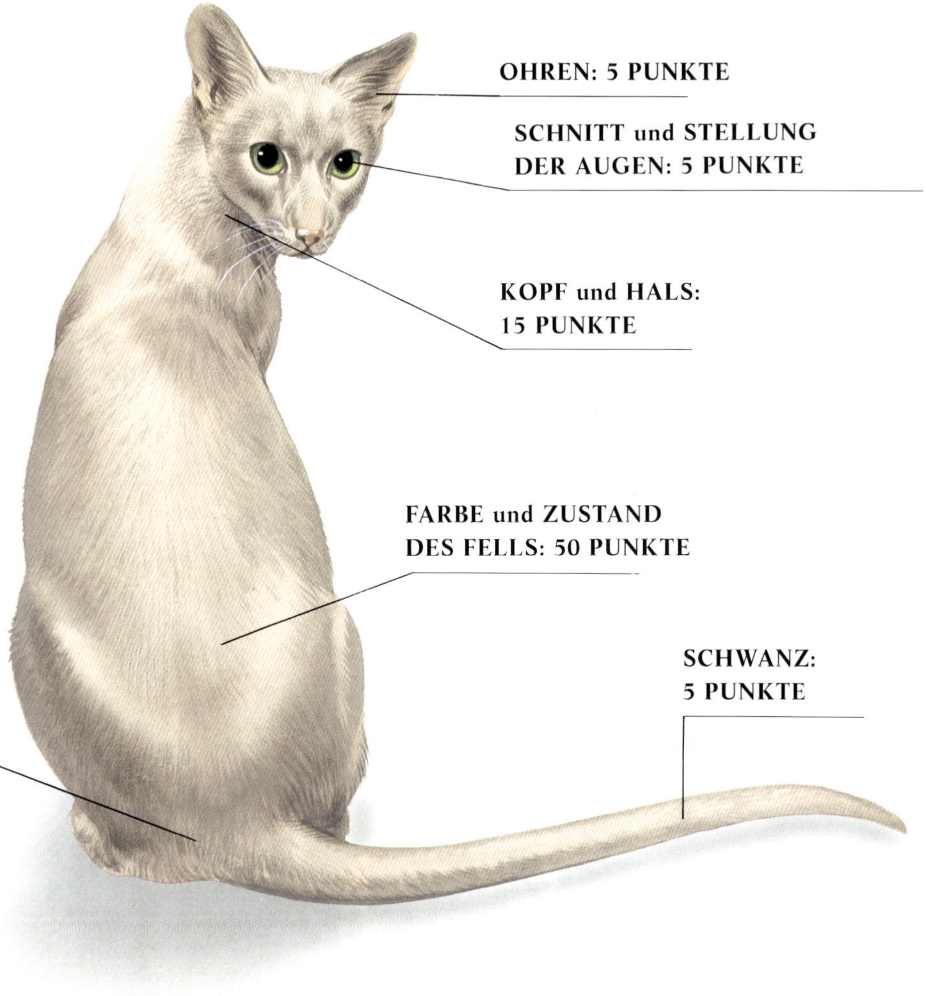

OHREN: 5 PUNKTE

SCHNITT und STELLUNG DER AUGEN: 5 PUNKTE

KOPF und HALS: 15 PUNKTE

FARBE und ZUSTAND DES FELLS: 50 PUNKTE

SCHWANZ: 5 PUNKTE

KÖRPER: 15 PUNKTE

BEINE und PFOTEN: 5 PUNKTE

talen als am besten geeignet, da es die Rasse in fünf Gruppen unterteilt: Einfarbige, Shaded, Smoke, Tabbies und Vielfarbige. Auf diese Weise erhielt die Orientalisch Kurzhaar 1977 Championship-Status. In Großbritannien mußte jeder einzelne Farbschlag getrennt durch eine Zuchtnummer anerkannt werden, und noch heute herrscht im GCCF Uneinigkeit über ihren Gruppenstatus.

Charakter und Pflege

Die Orientalisch Kurzhaar ist extrovertiert, intelligent und liebevoll zu Mitgliedern ihrer Familie und zu Freunden – eine aktive und verspielte Katze, die ungern länger allein ist.

Sie ist reinlich. Ihr sehr kurzes, schönes Fell wird am besten täglich bürstet und mit einem Seidentuch abgerieben. Die großen Ohren müssen regelmäßig gereinigt werden. Die Orientalisch Kurzhaar sollte einen Kratzbaum und viel Spielzeug haben.

HAUPTMERKMALE
• **KATEGORIE:** Foreign Kurzhaar
• **KÖRPERBAU:** mittelgroß, lang und elegant
• **FELL:** sehr kurz und fein, glänzend, seidig und eng anliegend
• **KOPF:** im Verhältnis zum Körper mittelgroß; keilförmig mit geraden Linien – der Keil beginnt an der Nase und wird in gerader Linie bis zu den Ohren breiter. Keine Einkerbung neben den Schnurrhaarkissen

• **NASE:** lang und gerade, ohne Break

• **KINN:** mittelgroß; die Spitze bildet eine vertikale Linie mit der Nasenspitze

• **AUGEN:** mittelgroß und mandelförmig, leicht zur Nase hin geneigt und in Harmonie mit den Linien der Keilform

• **OHREN:** groß und spitz zulaufend, am Ansatz breit, die Linie der Keilform fortsetzend

• **KÖRPER.** langgestreckt und elegant, muskulös, aber grazil; die Schultern sollten nicht breiter sein als die Hüften

• **BEINE:** lang und schmal, gut proportioniert

• **PFOTEN:** klein und oval

• **SCHWANZ:** sehr lang und dünn; dünn am Ansatz und spitz zulaufend

• **FARBSCHLÄGE:** Schwarz, Weiß, Blau, Havana Chocolate, Lilac, Cinnamon, Caramel, Rehbraun (Fawn), Rot, Creme, Black Tortie, Blue Tortie, Chocolate Tortie, Lilac Tortie, Cinnamon Tortie, Caramel Tortie, Fawn Tortie, Black Smoke, Blue Smoke, Chocolate Smoke, Lilac Smoke, Cinnamon Smoke, Caramel Smoke, Fawn Smoke, Red Smoke, Black Tortie Smoke, Blue Tortie Smoke, Chocolate Tortie Smoke, Lilac Tortie Smoke, Cinnamon Tortie Smoke, Caramel Tortie Smoke, Black Shaded, Blue Shaded, Chocolate Shaded, Lilac Shaded, Cameo, Black Tabby, Blue Tabby, Chocolate Tabby, Lilac Tabby, Red Tabby, Creme Tabby, Cinnamon Tabby, Fawn Tabby, Silver Tabby; Tipped (alle anerkannten Farbschläge)

EINFARBIGE VARIETÄTEN

ORIENTALISCH KURZHAAR WEISS

Sie ist eigentlich eine Siam mit reinweißem Fell, aber mit typischen saphirblauen Augen. Sie wird nach einem eigenen Punktestandard bewertet.

STANDARDS IN GROSSBRITANNIEN

Orientalisch Kurzhaar Weiß

KOPF und OHREN: 20 PUNKTE

SCHNITT und STELLUNG DER AUGEN: 5 PUNKTE

KÖRPER: 15 PUNKTE

BEINE und PFOTEN: 10 PUNKTE

SCHWANZ: 10 PUNKTE

FELL und FELLZUSTAND: 10 PUNKTE

AUGENFARBE: 15 PUNKTE

FELLFARBE: 15 PUNKTE

TEXTUR und LÄNGE DES FELLS: 15 PUNKTE

ORIENTALISCH BLAU

Alle Blauschattierungen sind bei dieser Varietät erlaubt. Die helleren sind jedoch beliebter.

ALS SIAMKATZEN ohne ohne Himalayafaktor waren die ersten orientalischen Katzen aus halb-siamesischen Würfen schwarz und blau. Später sorgte das schwer zu erhaltende Chocolate-Gen für die Entstehung der (kastanienbraunen) »Chestnut-Brown-Foreign« – eine einfarbig schokoladenbraune Katze, die heute in Großbritannien »Havana« und in anderen Züchterkreisen »Oriental-Chestnut« genannt wird. Einige der ersten Chestnut-Brown wurden in die USA exportiert, wo sie den Stamm einer vollkommen anderen Rasse mit eigenen charakteristischen Merkmalen bildete, die »Havana-Brown«. Als das für die Ausdünnung der Farbe verantwortliche Gen auch bei den Katzen, die für die Zucht von Chocolate-Exemplaren verwendet wurde, auftauchte, gab es Kätzchen in Lilac oder Lavendel.

ORIENTALISCH KURZHAAR WEISS, FOREIGN WEISS, SIAM WEISS Das reinweiße Fell ist frei von Abzeichen und Schattierungen. Nasenspiegel und Ballen sind rosa, die Augen saphirblau.
Hinweis: Der CFA verlangt von der Orientalisch Kurzhaar Weiß grüne oder blaue Augen. Mehrfarbigkeit wird nicht akzeptiert.
SCHWARZ Fell von den Haarwurzeln bis zu den Spitzen pechschwarz und ohne Rostton, weiße Haare oder andere Abzeichen auf. Der Nasenspiegel ist schwarz, die Ballen sind schwarz oder sealbraun. Ihre Augen leuchten in einem lebhaften, intensiven Grün.
BLAU Helle Blaugrau-Schattierungen bevorzugt. Die Farbe muß klar und gleichmäßig über das ganze Fell verteilt sein, ohne weiße Haare, Schattierungen oder Abzeichen. Nasenspiegel und Ballen blaugrau, Augen grün.

CHOCOLATE (CHESTNUT) Das kakaofarbene (Kastanie) Fell muß gleichmäßig gefärbt sein. Weiße Haare, Schattierungen oder Abzeichen sind nicht erwünscht, ebensowenig graue Unterwolle. Der Nasenspiegel ist kakaofarben; die Ballen sind zimt- bis kakaofarben. Auch hier ist die Augenfarbe Grün.

LILAC Das Fell zeigt einen blassen leicht rosa Lilaton und hat keine weißen Haare, oder Abzeichen. Nasenspiegel und Ballen lavendelfarben oder blaßlila. Augen grün.

CINNAMON Die gleichmäßige Färbung des zimtbraunen Fells wird nicht von weißen Haaren, Schattierungen oder Abzeichen unter-

brochen. Nasenspiegel zimtbraun. Ballen zimtfarben bis rosa, Augen leuchtend grün.

CARAMEL Fell bläulich rehbraun, gleichmäßig gefärbt, ohne weiße Haare, Schattierungen oder Abzeichen. Nasenspiegel und Ballen bläulich rehbraun, Augen grün.

REHBRAUN (FAWN) Fell mit rehbraunem Ton, gleichmäßig gefärbt und ohne weiße Haare, Schattierungen oder andere Abzeichen. Der Nasenspiegel ist rosa-rehbraun; die Ballen sind rosa bis rehbraun; die Augen leuchten in einem intensiven Grün.

ORIENTALISCH CINNAMON
Diese ungewöhnliche Farbvariante begeisterte zahlreiche Genetiker, als sie vor wenigen Jahren zum ersten Mal auftauchte.

HAVANA BROWN
Ihr Name beschrieb ursprünglich die satte, tabakbraune Fellfarbe dieser Rasse, die an Havannazigarren erinnert. Das klingt weitaus anschaulicher als andere Namen, die zur Beschreibung des warm braunen Fells dienen.

ORIENTALISCH LILAC
Die Lila oder Lavendel war eine der ersten Varietäten der Orientalisch oder Foreign Kurzhaar; sie wurde aus der Havana oder Orientalisch Kurzhaar Chocolate gezüchtet.

241

ROT Das Fell schimmert in tiefdunklem, klarem und leuchtendem Rot; es sollte gleichmäßig gefärbt sein und keine weißen Haare, hellere Schattierungen oder andere Abzeichen haben. Nasenspiegel und Ballen sind ziegelrot oder rosa; Augenfarbe leuchtend Grün.
Hinweis: Leichte Schattierung an Gesicht und Beinen, dunkle Schnurrhaare erlaubt.
CREME Das Fell zeigt einen blassen, cremefarbenen Pastellton; es soll keinen warmen Farbton aufweisen und gleichmäßig gefärbt sein. Weiße Haare, Schattierungen oder andere Abzeichen sind nicht zulässig. Die Katze darf keine helle oder weiße Unterwolle haben. Nasenspiegel und Ballen rosa; intensives Grün ist die bevorzugte Augenfarbe.
Hinweis: Eine leichte Schattierung an Gesicht und Beinen sowie dunkle Schnurrhaare sind erlaubt.

ORIENTALISCH KURZHAAR ROT
Bei der Orientalisch Kurzhaar handelt es sich im Grunde um eine Siam. Jedoch fehlt ihr der Himalaya-Faktor, der die Fellfarbe auf die Extremitäten beschränkt. Das Fehlen dieses Faktors bewirkt ferner eine Veränderung der Augenfarbe von Blau zu Grün.

ORIENTALISCH CREME
Im Fell dieser Varietät dürfen Tabby-Abzeichen auftauchen. Einer ansonsten schönen Katze werden dafür keine Punkte abgezogen.

ORIENTALISCH TORTIE
Die Grundfarbe aller Orientalisch-Kurzhaar-Schildpatt-Varietäten muß bis zu den Haarwurzeln gleich-mäßig sein und darf keine Tabby-Abzeichen aufweisen.

MIT EINFÜHRUNG des geschlechtsgebundenen Gens, das für die roten und cremefarbenen Tiere verantwortlich ist, tauchten in den Würfen weibliche Kätzchen mit verschiedenen Farbkombinationen im Fellmuster auf, »Schildpatt« (Tortoiseshell, Tortie) genannt.

BLACK TORTIE Schwarzes Fell, (hell)rot gefleckt oder meliert. Nasenspiegel, Ballen schwarz, ziegelrot oder rosa bzw. schwarz mit ziegelroten und/oder rosafarbenen Sprenkeln.

BLUE TORTIE Fell mit hellem blaugrauem Ton, in einem blassen Cremeton gefleckt oder meliert. Nasenspiegel und Ballen sind blau-grau oder rosa bzw. blaugrau mit Rosa.

CHOCOLATE TORTIE Kakaofarbenes Fell, (hell)rot gefleckt oder meliert. Der Nasen-spiegel schimmert kakaofarben, blaßrot oder rosa bzw. kakaofarben mit blaßroten und/-oder rosa Sprenkeln; die Ballen sind zimt- bis kakaofarben, blaßrot oder rosa bzw. zimt- bis kakaofarben mit blaßroten und/oder rosa Sprenkeln.

LILAC TORTIE (LAVENDEL CREME) Das Fell schimmert in einem leicht rosa über-hauchten, blassen Lilaton und ist in einem blassen Cremeton gefleckt oder meliert. Na-senspiegel und Ballen blaß lavendelfarben bzw. lavendelfarben mit blaßrosa Sprenkeln.

CINNAMON TORTIE Das Fell hat einen warmen, zimtbraunen Farbton und ist (hell)rot gefleckt oder meliert. Nasenspiegel und Ballen sind zimtbraun, rosarot oder rosa bzw. zimtbraun mit rosaroten und/oder rosa Sprenkeln.

CARAMEL TORTIE Das Fell hat einen bläulichen Rehbraunton und ist beige und/oder cremefarben gefleckt oder meliert. Na-senspiegel und Ballen sind bläulich rehbraun oder rosa bzw. bläulich rehbraun mit rosafar-benen Sprenkeln.

TABBY

CARAMEL SPOTTED TABBY
Eine junge orientalische Tabby mit gutem Allgemeintypus. Sie zeigt ein schön gepunktetes Fellmuster und eine herrliche Farbe.

ORIENTALISCHE TABBY-KATZEN können folgende Tabby-Abzeichen haben: Classic, Mackerel, Spotted oder Ticked. Bei den Classic Tabbies sollten die Markierungen dicht, breit und klar abgesetzt sein. Die Beine müssen gleichmäßig geringelt sein, die in die Abzeichen am Körperfell übergehen. Der Schwanz soll gleichmäßig gestreift sein. Am Hals und im oberen Brustbereich sollen im Fell einige ununterbrochene Bänder auftauchen. In der Gesichtszeichnung erscheint ein »M«. Bei Mackerel Tabbies ist erwünscht, daß das Fell dichte und klar abgesetzte Linien zeigt, wie Bleistiftstriche. Die Beine müssen gleichmäßig mit Ringeln bedeckt sein, die sich mit den Abzeichen am Körperfell verbinden. Der Schwanz soll gestreift sein; an Hals und Brust sollten deutliche kettenartige Bänder erscheinen. Der Kopf

soll gestreift sein und auf der Stirn ein »M« erkennen lassen. Bei den Spotted Tabbies können die Punkte des Fells in Form und Größe unterschiedlich ausfallen, aber runde, gleichmäßig verteilte Punkte werden bevorzugt. Sie dürfen nicht zu einem Mackerel-Muster zusammenlaufen. Ein Streifen entlang des Rückgrats verläuft bis zur Schwanzspitze und besteht im besten Fall aus Punkten.

Jedes einzelne Haar ist getickt (gebändert oder geringelt), und im Fell tauchen keine weiteren Punkte, Bänder oder Streifen auf. Typische Tabby-Abzeichen einschließlich des »M« erscheinen im Gesicht, und die Hinterseiten der Ohren haben Daumenabdrücke.

BLACK TABBY (EBONY) Grundfarbe des Fells leuchtendes Kupferbraun. Abzeichen pechschwarz. Lippen und Kinn sollen dieselbe Farbe haben wie die Ringe um die Augen. Beinrückseiten schimmern schwarz von den Pfoten bis zu den Fersen. Nasenspiegel schwarz oder ziegelrot mit schwarzem Rand. Ballen schwarz oder sealbraun, Augen grün.

BLUE TABBY Das Fell einschließlich Lippen und Kinn zeigt einen blaß bläulichen Elfenbeinton oder ein warmes Grau in geticktem Tabby-Muster; Abzeichen können jede Schattierung von Blaugrau haben, in gutem Kontrast zur Grundfarbe. Die Hinterseiten der Beine von den Pfoten bis zu den Fersen in einer dunkleren Blaugrau-Schattierung. Nasenspiegel blau oder altrosa mit blauem Rand, Ballen blaugrau oder rosa, Augen grün.

CHOCOLATE CLASSIC TABBY
Das klassische Tabby-Muster ist bei dieser orientalischen Kurzhaarkatze nahezu perfekt.

**CHOCOLATE
SPOTTED TABBY**
*Alle Tabby-Abzeichen
an Kopf, Beinen und
Schwanz sind korrekt.
Markantere Punkte
sind erwünscht.*

CHOCOLATE TABBY (CHESTNUT) Das Fell einschließlich Lippen und Kinn ist von einem warmen Rehbraun- oder Sandton in geticktem Tabby-Muster; die Abzeichen sind schokoladenbraun. Beinrückseiten von den Pfoten bis zu den Fersen schokoladenbraun. Nasenspiegel schokoladenbraun oder blaßrot mit schokoladenbraunem Rand. Ballen zimt- bis schokoladenbraun, Augen grün.

LILAC TABBY (LAVENDEL) Fell gebrochen weiß bis zart violett; Abzeichen lila (rosa über- hauchtes gräuliches Lila) oder lavendelfarben, guter Kontrast zur Grundfarbe. Beinrücksei- ten haben von den Pfoten bis zu den Fersen einen dunkleren Lilaton. Nasenspiegel laven- delfarben oder rosa mit lavendelfarbenem Rand. Ballen lavendelfarben, Augen grün.

RED TABBY Fell rot, Abzeichen dunkelrot. Beinrückseiten schimmern von den Pfoten bis zu den Fersen dunkelrot; Nasenspiegel ziegel- rot oder rosafarben; Ballen rosa (Europa)

oder ziegelrot (USA); Augen in Schattierung von Kupfer bis Grün, Grün bevorzugt.

CREME TABBY Fell einschließlich Lippen und Kinn blaß creme; Abzeichen in dunkle- rem Cremeton, in gutem Kontrast zur Grund- farbe. Beinrückseiten von den Pfoten bis zu den Fersen in dunklem Creme. Nasenspiegel und Ballen rosa. Augen in jeder Schattierung von Kupfer bis Grün – Grün bevorzugt.

**ORIENTALISCH
KURZHAAR MIT
CHOCOLAT TICKING**
*Das einzelne Haar der
Orientalisch Kurzhaar mit
Ticking hat zwei oder drei
Farbbänder (Ticking).
Die Grundfarbe ist auch an
den Fersen der Hinterbeine
und an der Schwanzspitze
zu erkennen.*

ORIENTALISCH KURZHAAR MIT CINNAMON TICKING

Ein Exemplar mit perfekt geticktem zimtfarbenem Fell, das dem der roten Abessinier ähnelt.

CINNAMON TABBY Fell dunkel apricot, Abzeichen klares Zimt. Beinrückseiten von den Pfoten bis zu den Fersen zimtbraun. Der Nasenspiegel ist blaßrosa; die Ballen schimmern zimtbraun bis rosa-braun.

CARAMEL TABBY Fell kühl beige; die Abzeichen in bläulichem Rehbraun. Beinrückseiten zeigen von den Pfoten bis zu den Fersen denselben dunkleren Ton wie der Nasenspiegel, der auch rosafarben mit braunem Rand sein kann. Ballen rosa bis rehbraun.

FAWN TABBY Das matte Beige der Grundfarbe ist durchsetzt mit gut kontrastierenden beigebraunen Markierungen. Die Hinterseiten der Beine zeigen einen dunkleren Beigeton. Nasenspiegel rosa, Ballen rosa-rehbraun.

SILVER TABBY Das Fell einschließlich Lippen und Kinn schimmert in einem reinen, blassen Silberton; Markierungen und Hinterseiten der Beine schwarz gefärbt. Nasenspiegel schwarz oder ziegelrot mit schwarzem Rand; Ballen schwarz.

Hinweis: Bei den Silver Tabbies gibt es noch weitere Farbschläge: Blue Silver Tabby, Chocolate Silver Tabby, Lilac Silver Tabby, Red Silver Tabby, Creme Silver Tabby, Cinnamon Silver Tabby, Caramel Silver Tabby, Fawn Silver Tabby. Ist die Farbe der Abzeichen bei diesen Varietäten auch die gleiche wie bei den Nicht-Silber Varietäten, hat das Fell jedoch eine blaßsilberne Grundfarbe.

ORIENTALISCH KURZHAAR CINNAMON SPOTTED

Das Tabby-Muster, ob getickt oder gepunktet, läßt die Grundfarbe strahlender erscheinen.

TORTIE TABBY (GEFLECKT)

In der Gruppe dieser orientalischen Kurzhaarkatzen ist jeder Farbschlag anerkannt. Bei den
nicht-ausgedünnten Farben ist das Fell mit
roten oder hellroten Partien gefleckt oder
meliert; bei den Caramel- und Fawn-Varietä-
ten sind die Partien dunkelbeige oder cremefarben. Der Nasenspiegel hat den Farbton der
Grundfarbe, ist rosa umrandet oder rosa
gesprenkelt. Die Ballen weisen die Grundfarbe mit rosa Sprenkeln auf. Die Augen können jede Schattierung von Kupfer bis Grün
aufweisen, Grün wird aber bevorzugt.

**BLACK SILVER
SPOTTED**

*Im Idealfall hat diese
Katze weitere deutlich
ausgeprägte Punkte.*

**CHOCOLATE TORTIE
MIT SILVER-TICKING**

*Diese typische orientali-
sche Kurzhaarkatze zeigt
eine wundervolle Kombi-
nation von Farbe und
Muster.*

247

SMOKE-, SHADED- UND TIPPED-VARIETÄTEN

ORIENTALISCH CHOCOLATE SILVER SHADED
Die Abzeichen dieser Varietät sind dunkler schokoladenbraun als die Grundfarbe.

ORIENTALISCH KURZHAAR BLACK SMOKE
In Ruhe erscheint das Fell wie das einer Black; erst wenn die Katze sich bewegt, wird die hellere Unterwolle sichtbar.

DIE EINFÜHRUNG DER FARBE SILBER in das Zuchtprogramm der orientalischen Kurzhaarkatzen begeisterte viele Katzenfreunde, und bald wurden Katzen mit einem kurzen, feinen, silbrig-weißen Fell mit Tipping in verschiedenen Farben gezüchtet. Die Katzen mit dem dunkelsten Tipping sind die sogenannten Smoke-Varietäten; die mit dem hellsten werden einfach »Tipped« genannt, und die dazwischenliegenden heißen »Shaded«.

Das einzelne Haar der Smoke-Katzen hat ein dichtes, silbrig-weißes Band an der Wurzel, das nur sichtbar wird, wenn man das Fell scheitelt. Im Ruhezustand erscheint die Katze einfarbig, aber wenn sie sich bewegt, wird die silbrig-weiße Unterwolle deutlich sichtbar. Bei den Shaded-Exemplaren ist das einzelne Haar zu etwa einem Drittel getippt, und die Unterwolle schimmert weiß, wodurch die charakteristische leuchtende Tönung entsteht. Gesicht und Beine können mit einem Tipping schattiert sein. Bei Katzen mit Tipping ist das gesamte Fell sehr gleichmäßig. Gesicht und Beine können schattiert sein, aber bei ausgewachsenen Katzen werden Geister-Tabby-Abzeichen als schwere Fehler bewertet. Das Fell der Tipped ist deutlich heller als das der Shaded.

SEYCHELLOIS

Einige an orientalischen Katzen interessierte Züchter entwickelten die Seychellois nach einem von der Cat Association of Britain anerkannten Programm. Die Katze ist mittelgroß, vom Typ der Orientalisch Kurzhaar. Sie hat einen langgestreckten Körper, dünne Beine und zierliche Pfoten. Der Kopf mit großen, spitzen Ohren und mandelförmigen Augen wirkt keilförmig. Ihr ungewöhnliches überwiegend weißes Fell zeigt an Kopf, Körper und Beinen einige Farbtupfer bzw. am Schwanz durchgehende Tönung. Seychollois-Abzeichen werden in drei Gruppen unterteilt. Die Seychellois-Langhaar ist, abgesehen von der Fellänge, wie die Kurzhaar. Das Fell ist mittellang, weich, seidig und länger als die Nackenkrause. Die Katze hat Ohrbüschel und einen langen, buschigen Schwanz.

SEYCHELLOIS NEUVIÈME Fast vollkommen weiß mit einem gefärbten Schwanz und wenigen winzigen Abzeichen am Kopf.

SEYCHELLOIS HUITIÈME Bunt, aber überwiegend weiß; gefärbter Schwanz und Farbspritzer an Kopf und Beinen.

SEYCHELLOIS SEPTIÈME zeigt sich Weiß noch als Grundfarbe; Schwanz, Kopf, Beine und Körper sind gefärbt wie bei der Neuvième und der Huitième.

HAUPTMERKMALE

- **KATEGORIE:** Foreign Kurzhaar (Oriental)

- **KÖRPERBAU:** mittelgroß, langgestreckt und elegant

- **FELL:** Kurzhaar: sehr kurz und fein, glänzend, seidig und eng anliegend; Langhaar: mittellang, fein, seidig und an Nacken (Krause) und Schwanz länger

- **FARBSCHLÄGE:** alle Farben und Farbkombinationen erlaubt

- **ANDERE MERKMALE:** mittelgroßer, keilförmiger Kopf, mit geraden, an der Nase beginnenden Linien, die zu den Ohren breiter werden; keine Einkerbung neben den Schnurrhaarkissen; lange, gerade Nase; mittelgroßes Kinn, Spitze bildet eine vertikale Linie mit der Nasenspitze; mittelgroße, mandelförmige, leicht zur Nase geneigte Augen; große, am Ansatz breite, spitze Ohren setzen keilförmige Linie fort; langgestreckter, muskulöser, aber graziler Körper; Schultern höchstens so breit wie die Hüften; lange, dünne, gut proportionierte Beine; kleine, ovale Pfoten; sehr langer, dünner, spitz zulaufender Schwanz; Langhaar: federbuschähnlicher Schwanz

---

SEYCHELLOIS KURZHAAR

Eine seltene Rasse vom orientalischen Typ – eine überwiegend weiße Katze mit Farbspritzern an Kopf, Schwanz und Körper.

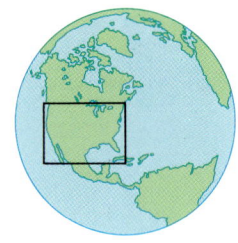

JAVANESE

DIESE HEUTE »JAVANESE« GENANNTE orientalische Langhaarkatze entstand durch Kreuzung gewöhnlicher orientalischer Katzen mit Langhaarkatzen außergewöhnlichen orientalischen Typs. Den Namen verlieh der CFA den Balinesischen Katzen, die nicht den vier Hauptfarbschlägen der Siamkatzen (Seal Point, Blue Point, Chocolate Point und Lilac Point) entsprachen. Dabei handelte es sich um Katzen mit einem Fell roter oder gestromter Grundfarbe, bei den Kurzhaarvarianten »Colourpoints« genannt. In Neuseeland, wo die Langhaarkatzen in Red, Tabby oder Lynx Point mit den vier Hauptfarbschlägen der Siamkatze akzeptiert werden, nennt man die gepunkteten und einfarbigen Varianten »Javanese«. In Großbritannien akzeptiert der CA alle Langhaarfarbschläge bei orientalischen Katzen als Javanese.

Die Katze hat mittellanges, feines und seidiges Fell ohne Unterwolle. Es fließt über den Körper und formt eine Krause um Nacken und Schultern. Der Schwanz ist buschig.

Charakter und Pflege

Diese aktive, stets wachsame und neugierige Katze hat ein extrovertiertes Wesen, ist intelligent und recht laut. Sie ist sehr anhänglich, liebt menschliche Gesellschaft und wird nicht gern über längere Zeit allein gelassen.

Regelmäßiges, sanftes Bürsten erhält das Fell in gutem Zustand; Nackenkrause, Unterseiten und Schwanz können mit einem Kamm mit breiten Zinken sanft gekämmt werden.

OFFIZIELLE PUNKTESKALA

Die neben der Abbildung aufgeführten Punkte beziehen sich auf den europäischen Standard.

AUGENFARBE: 15 PUNKTE

KOPF: 25 PUNKTE

FELL: 30 PUNKTE

*Farbe des Körperfells: 20 Punkte
Textur und Qualität: 10 Punkte*

KONDITION: 5 PUNKTE

KÖRPER: 25 PUNKTE

FEHLER

Zeichen mangelnder Gesundheit; schwache Hinterbeine; Mundatmung wegen Nasenverstopfung; sichtbarer Knickschwanz; Verkleinerung; weißes Medaillon; Tabby-Streifen oder -Bänder bei Non-Agouti-Varietäten.

JAVANESE SEAL LYNX POINT

In den USA bezeichnet der Name Javanese die langhaarigen Varietäten der Siamesischen Farbschläge, die man dort »Colourpoints« nennt.

HAUPTMERKMALE

- **KATEGORIE:** Semi-Langhaar (Foreign Langhaar)

- **KÖRPERBAU:** mittelgroß, grazil und elegant

- **FELL:** fein und seidig

- **FARBSCHLÄGE:** (Großbritannien und Europa) Orientalisch Kurzhaar: Schwarz, Blau, Chocolate, Lilac, Rot, Creme, Cinnamon Rehbraun (Fawn), Schildpatt (alle Farben), Smoke (alle Farben), Tabby (alle Farben), Tabby-Schildpatt oder Torbie (alle Farben); die Augenfarbe ist ausnahmslos Grün

- **ANDERE MERKMALE:** mittelgroßer, keilförmiger Kopf; keine Einkerbung neben den Schnurrhaarkissen; lange, gerade Nase, die Linie der Stirn ohne Einkerbung fortsetzend; mittelgroßes Kinn, dessen Spitze mit der Nasenspitze eine vertikale Linie bildet; mittelgroße, mandelförmige Augen, leicht zur Nase hin abgeschrägt; Ohren breit am Ansatz, groß und spitz zulaufend, die Linie der Keilform fortsetzend; langgestreckter, eleganter, muskulöser, aber graziler Körper; Schultern nicht breiter als die Hüften; lange, dünne, gut proportionierte Beine; kleine, ovale Pfoten; sehr langer, dünner Schwanz, spitz zulaufend mit federbuschartigem Fell.

JAVANESE BLUE LYNX POINT

Diese Katze vom selben Typ und Körperbau wie die Siam- und orientalische Katze wirkt langgestreckt und elegant. Das dichte, seidige Fell ist sehr pflegeleicht.

REGISTER

DANKSAGUNG

Wir danken allen Katzenbesitzern für die Genehmigung, ihre Katzen für dieses Buch fotografieren zu lassen, sowie Rose Forrester für ihre wertvolle Mitarbeit an diesem Buch.

Zusätzliche Fotos wurden uns zur Verfügung gestellt von:
Seite 8 Nick Nicolson und Harry Rinker; **9** Solitaire Photographic; **11 l, Mo** Archive; **11 r** Mansell Collection: **12** Ardea; **13 o** CM Dixon; **14 l** CM Dixon; **18 M** Marc Henrie, Asc.; **21 o & 26 r** Solitaire Photographic; **27 M** Marc Henrie, Asc.; **27 ul & 26 ur** Solitaire Photographic; **28 ol** Image Bank; **34 or** Solitaire Photographic; **35 ul & 37** Marc Henrie, Asc.; **38, 42, 43** Solitaire Photographic; **50–51** Marc Henrie, Asc.; **53 or** Bradley Viner; **54 or** Solitaire Photographic; **148** TFH Publications, Inc.

(Abkürzungen: **o** = oben, **u** = unten, **M** = Mitte, **l** = links, **r** = rechts)

Alle weiteren Fotos: © Quarto Publishing.